Gerhard Hartmann

Der Bischof

Gerhard Hartmann

Der Bischof

Seine Wahl und Ernennung

Geschichte und Aktualität

Verlag Styria

Grazer Beiträge zur Theologiegeschichte und
Kirchlichen Zeitgeschichte
Band 5
Herausgegeben von Maximilian Liebmann

CIP-Titelaufnahme der Deutschen Bibliothek

Hartmann, Gerhard:
Der Bischof: seine Wahl und Ernennung; Geschichte und Aktualität / Gerhard Hauptmann. – Graz; Wien; Köln: Verl. Styria, 1990
ISBN 3-222-11945-7

Umschlaggestaltung: Nadja Furlan-Lorbek
Printed in Germany
Gesamtherstellung: Bercker Graphischer Betrieb, Kevelaer
ISBN 3-222-11945-7

Inhaltsverzeichnis

Vorwort

Das Jahr 1988 wird zweifelsohne eine wichtige Signatur im Verhältnis von Staat und Kirche der jüngsten Kirchengeschichte des deutschen Sprachraumes sein. Die Ernennung von Wolfgang Haas im März 1988 zum Bischof-Koadjutor von Chur sowie die Wahlen und Ernennungen von Joachim Kardinal Meisner und Georg Eder zu Erzbischöfen von Köln und Salzburg Ende 1988 haben innerhalb und außerhalb der Kirche zu lebhaften Diskussionen geführt, die aus vielerlei Gründen noch nicht zu Ende sind.

Die seit 1945 friedliche Entwicklung zwischen Staat und Kirche, die letztendlich auch in der endgültigen Durchsetzung der freiheitlichen demokratischen Grundordnung in der Bundesrepublik Deutschland und in Österreich ihre Ursache hat, schien 1988 jäh in Frage gestellt zu sein. Es waren nicht machtpolitische Ansprüche des Staates gegenüber der Kirche in Personalentscheidungen, wie sie für die Zeit des 19. Jahrhunderts und vor allem vorher kennzeichnend waren, sondern eigentlich innerkirchlich begründete Ursachen, die den Staat als völkerrechtlichen Vertragspartner des Heiligen Stuhles herausforderten. Trotz der immer mehr fortschreitenden Säkularisierung der Gesellschaft wurde deutlich, daß ein auf lange historische Traditionen fußendes Beziehungsgeflecht zwischen Staat und Kirche besteht, und daß es nicht so leicht ist, daran vorbei zu gehen.

Ob es nun Zufall ist oder nicht, daß im selben Jahr in allen drei deutschsprachigen Staaten des freien Westens derartige Konflikte wegen Bischofsernennungen entstanden sind, hat zu unterschiedlichen Diskussionen und Bewertungen geführt.

Diese hatten und haben noch weiterhin zwei Ebenen. Einmal die Einschätzung der vom Heiligen Stuhl favorisierten und dann auch durchgesetzten Kandidaten vor allem in Österreich und der Schweiz. An dieser Diskussion wird sich dieses Buch jedoch nicht beteiligen. Die Beurteilung einer bischöflichen Amtsführung kann seriöserweise nur der späteren Kirchengeschichtsschreibung überlassen werden.

Anders steht es jedoch mit der zweiten Ebene, nämlich den ereignisgeschichtlichen Abläufen und staatskirchenrechtlichen Problemfeldern. Gerade weil bei dieser Diskussion kirchenpolitische Standpunkte und Ansichten mit jenen der eigentlichen Verfahren vermengt und durcheinander gebracht werden, ist es notwendig, eine sachliche und nüchterne Information darüber zu bieten, um Ungenauigkeiten, Fehleinschätzungen und dergleichen zu begegnen.

Dieses Buch will daher in drei Teilen dem Leser Informationen zu diesem Thema bieten. Im ersten Teil wird die Entwicklung der Bischofsbestellung seit Bestehen der Kirche behandelt. Es soll damit gezeigt werden, daß die Wahl des Bischofs, in welcher Form auch immer, die ursprünglichere ist. Das freie Ernennungsrecht des Papstes ist eine relativ späte Entwicklung der Kirchengeschichte.

Im zweiten Teil werden die gegenwärtig gültigen Bestimmungen des Kirchenrechts und der Konkordate, vornehmlich des deutschen Sprachraums, behandelt. Die derzeitige Rechtslage ist das Ergebnis einer langen historischen Entwicklung, die in Vereinbarungen des 19. und 20. Jahrhunderts ihren Niederschlag gefunden hat.

Im dritten Teil wird versucht, anhand derzeit zugänglicher authentischer Quellen die ereignisgeschichtlichen Abläufe dieser Ernennungen zu rekonstruieren. Dem Verfasser ist bewußt, daß aufgrund der mehrfach rechtlich festgelegten Verschwiegenheitspflicht eine vollständige Aufhellung dieser Vorgänge seriöserweise erst im nächsten Jahrtausend möglich sein wird. Trotzdem wurde dieser Versuch unternommen, um auf dem Wege authentischer Informationen und Informanten einen möglichst hohen Annäherungswert zu erreichen. Dies nicht nur, um dem berechtigten und notwendigen Informationsbedürfnis zu dienen, sondern auch um viele Falschmeldungen und Falschmeinungen revidieren zu helfen. Aber es ging auch um die Absicherung ereignisgeschichtlicher Sachverhalte. Es ist heute leichter, die Umstände und den Ablauf der Kölner Bischofswahl des Jahres 1688 (siehe S. 33f.) zu rekonstruieren als in fünfzig Jahren die des Jahres 1988. Warum? Die Erfindung des Telefons und deren zunehmende Nutzung macht in Hinkunft eine quellenmäßige Absicherung bedeutender Abläufe immer schwieriger. Es gehört zudem auch zur Kultur der „Streitbeilegung", eher zum Telefon zu greifen, als Schriftliches aus der Hand zu geben. Insofern versucht das Buch, diesen Mangel auszugleichen, um auch eine Grundlage für spätere Studien zu sein.

Es war auch nicht zu vermeiden, aufgrund des historischen Befundes Wertungen zu staatskirchenrechtlichen Vorgängen vorzunehmen. Eine dadurch neu entstehende Diskussion soll jedoch nicht gescheut werden. Das Bestreben von Kirche (Heiliger Stuhl) und Staat sollte für die Hinkunft sein, Auseinandersetzungen wie die im Jahr 1988 und danach zu vermeiden. Nutznießer der konkordatären Abmachungen ist zweifelsohne die Kirche, sie wäre nicht gut beraten, diese aufs Spiel zu setzen. Es geht ja letztendlich auch um die Absicherung pastoraler Arbeit und um die Glaubwürdigkeit in einer säkularisierten Gesellschaft.

Ohne die Hilfe vieler Personen und Institutionen wäre diese Arbeit nicht zustande gekommen, ihnen gilt mein innigster Dank!

Für den Bereich Köln sind dies vor allem der Kölner Dompropst, Prälat Bernard Henrichs, und der Leiter des Büros des Ministerpräsidenten von Nordrhein-Westfalen, Peer Steinbrück. Beide erteilten bereitwillig Auskunft und gaben wertvolle Informationen. Sowohl bei diesen wie bei den folgenden Informanten sei betont, daß sie keine Sachverhalte preisgegeben haben, die der Verschwiegenheitspflicht unterliegen. Für diesen Bereich sind noch zu nennen das Pressearchiv der Deutschen Bischofskonferenz (hier gilt der Dank den Herren Manfred Kuhl und Bernd Marz) sowie das Landespresse- und Informationsamt Nordrhein-Westfalen.

Für Österreich waren es vor allem der Salzburger Domdechant Prälat Sebastian Ritter sowie die weiteren Domkapitelmitglieder Prof. Dr. Hans Paarhammer und Prälat Dr. Johannes Neuhardt.

Weitere Informationen gaben dankeswerterweise: P. Walbert Bühlmann (Arth, Schweiz), Gernot Facius (Bonn), Prof. Dr. Josef Gelmi (Brixen), Prälat Dr. André Heiderscheid (Luxemburg), Prof. Dr. Alexander Hollerbach (Freiburg/Br.), Franz Hummer (Wien), Dr. Peter Löffler (Münster), Joachim Widera (Aachen) und Dr. Bernhard Worms, MdL (Düsseldorf).

Keine Antwort auf konkrete Fragen gaben der ehemalige regierende Bürgermeister von Berlin, Eberhard Diepgen, der Vorsitzende der Deutschen Bischofskonferenz, Bischof Dr. Karl Lehmann, Prof. Dr. Joseph Listl (Augsburg/Bonn) sowie das Bundesministerium für Auswärtige Angelegenheiten (Wien). Sie begründeten ihre Weigerungen. Diese wurden zwar akzeptiert, jedoch wird bedauert, daß einiges zur Erhellung der Vorgänge nicht zur Verfügung steht.

Es gibt noch eine weitere Reihe von Personen, die auf verschiedenste Weise (Zurverfügungstellen von Informationen und Material, wertvolle Hinweise, Lesen des Manuskripts, selber Informant) an der Entstehung dieses Buches entscheidend mitgewirkt haben. Sie haben jedoch gebeten, ihnen im Vorwort kein Dankeswort abzustatten. Dies geschah aus den verschiedensten, oft persönlichen Gründen, die zu respektieren sind. Trotzdem möchte ich ihnen – wenn auch anonym – meinen besonderen Dank für viele Mühe abstatten. Es mag bedenklich stimmen, daß einige wegen möglicher beruflicher Nachteile gebeten haben, auf die Namensnennung zu verzichten.

Zum Schluß gilt der besondere Dank meinem Kollegen Helmut Machowetz vom Verlag Styria für das Korrekturlesen des Manuskriptes.

Köln, am Fest der Heiligen Leopold von Österreich und Albertus Magnus 1989

Gerhard Hartmann

Zur Geschichte des Wahl- und Ernennungsrechtes der Bischöfe

In der frühen Kirche

„Und sie stellten zwei Männer auf: Josef, genannt Barsabbas, mit dem Beinamen Justus, und Matthias. Dann beteten sie. Herr, du kennst die Herzen aller; zeige, wen von diesen beiden du erwählt hast... Dann gaben sie ihnen Lose; das Los fiel auf Matthias, und er wurde den elf Aposteln zugerechnet." (Apg 1,23–24.26)

Die *Nachwahl des Apostels Matthias* anstelle von Judas Iskariot ist wohl die älteste Überlieferung einer Bischofsbestellung. Zwei Elemente sind dabei kennzeichnend: Die Auswahl zweier Kandidaten durch die versammelte Gemeinde und der Losentscheid. Dieser war eine alte Form, um den göttlichen Willen zu erfragen. Solche Losentscheide finden wir im Alten Orient und in der Antike, aber er war auch im Tempeldienst zu Jerusalem üblich. Darum kann dieses Vorgehen nicht als eigentümlich christliche Beauftragung betrachtet werden. Losentscheide oder ähnliche Formen finden sich daher in der alten Kirche nicht mehr oder kaum.[1]

Lediglich bei der Wahl des römischen Bischofs Fabianus finden wir ein ähnliches Vorkommnis. Eusebius von Caesarea beschreibt diese angeblich am 10. Januar 236 vorgenommene Wahl: „Plötzlich soll da vom Himmel eine Taube herabgeflogen sein und sich auf das Haupt des Fabianus niedergelassen haben... Daraufhin habe das ganze Volk ihn wie von dem einen göttlichen Geist getrieben in aller Begeisterung würdig gerufen..."[2]

Aber zurück zu den *neutestamentlichen Schriften,* die bei

der Einsetzung der Vorsteher ein differenziertes Bild abgeben. Wir finden einerseits eine Auswahl und Bestellung durch Apostel (Apg 14,23) und Apostelschüler (Tit 1,5), andererseits erwecken die Amtsträger in Philippi den Eindruck, daß sie durch Wahl der Gemeinde mit Bestätigung der Apostel bestellt wurden. (Phil 2,25–29) Dies ist verständlich, denn bei den zahlreichen Gemeindegründungen durch die Missionsreisetätigkeit des Apostel Paulus war kaum eine Wahl möglich und die Einsetzung vernünftig, während bei der Jerusalemer „Kerngemeinde" und anderen alten Gemeinden die Wahl normal gewesen sein dürfte.

Auf jeden Fall klingt immer eine Mitverantwortung der Gemeinde bei der Bestellung der Amtsträger an, auf welche Art auch immer; sie ist ein Akt des Gottesvolkes, dem die Ordination korrespondiert.[3]

Das erste nachneutestamentliche Zeugnis für eine Ämterbestellung findet sich im *1. Clemensbrief.*[4] Die wissenschaftliche Forschung schreibt heute diesen Brief einhellig Clemens von Rom zu, der der dritte Nachfolger des hl. Petrus gewesen sein soll. Aufgrund von Anhaltspunkten in diesem Brief wird seine Entstehung zwischen 96 und 98 datiert. Wir sind damit in der ersten Generation nach den Aposteln. Also ein höchst wichtiges schriftliches Dokument frühchristlicher Geschichte. Der Anlaß dieses Briefes sind Wirrnisse in Korinth wegen der Absetzung von Vorstehern. In der für uns interessanten Passage heißt es: „Daß nun die, die von jenen oder hernach von anderen angesehenen Männern unter Zustimmung der ganzen Gemeinde eingesetzt wurden, … daß diese vom Dienst abgesetzt werden, halten wir nicht für recht." (44,3)

Über einen genauen Modus der Bestellung von Amtsträgern findet sich im 1. Clemensbrief nichts, da er offensichtlich als bekannt vorausgesetzt wurde. Der Brief befaßt sich ja nicht mit der Einsetzung, sondern mit der widerrechtlichen Absetzung von Vorstehern. Jedoch lassen sich zwei Kriterien einer Bestellung erkennen: Es muß sich um erprobte Männer handeln, und sie werden durch eine Gruppe „angesehener Männer" mit Zustimmung der Gemeinde eingesetzt.

Deutlicher ist der Beleg für die Bischofswahl in der *Didache.*[5] Sowohl Zeit und Ort ihrer Abfassung sind nicht unumstritten. Eine Theorie datiert sie in die Jahre 50 bis 70 in den Bereich der Antiochenischen Gemeinden, die zweite Position nimmt den Zeitraum 100 bis 130 an und lokalisiert sie in Syrien oder Kleinasien. Auf jeden Fall dürfte die Didache zeitlich ungefähr mit dem 1. Clemensbrief korrespondieren. Während dieser eher die Übung des römisch-hellenistischen Raumes widerspiegelt, dokumentiert die Didache diese im syro-palästinensischen Gebiet.

Für uns ist interessant, daß die Didache im Gegensatz zum 1. Clemensbrief einen umgekehrten Einsetzungs- und Wahlmodus kennt. Die Gemeinde (und nicht auserwählte Männer) wird für die Wahl verantwortlich gemacht. In Kapitel 15,1.2 heißt es: „Wählt euch also Bischöfe und Diakone, die des Herrn würdig, Männer voll Milde und frei von Geldgier, voll Wahrheitsliebe und erprobt sind." Damit wird in der Didache auch ein ganz anders strukturierter Gemeindeaufbau erkenntlich.

Für die Entwicklung der frühen Kirche sind diese beiden ersten altchristlichen Dokumente nicht ohne Bedeutung. Der Osten bewahrte sich etwas vom Geist der Didache, während sich im Westen das Ordnungsdenken eines Clemens von Rom immer stärker durchsetzte. Auch die weiteren Zeugnisse der nachapostolischen Zeit und der Patristik weisen der Gemeinde die entscheidende Rolle bei der Bischofsbestellung zu.[6]

Die in der ersten Hälfte des 3. Jahrhunderts verfaßte *Didaskalie* belegt, daß die gesamte Gemeinde durch Zeugnisgeben an der Einsetzung des Vorstehers beteiligt war.

In der Kirchenordnung des *Hippolyt von Rom* († 235) („Apostolische Überlieferung", 2) heißt es: „Als Bischof werde geweiht, wer vom gesamten Volk gewählt wurde. Wenn sein Name bekanntgegeben und er angenommen ist, soll sich das Volk mit dem Presbyterium und den Bischöfen, die anwesend sind, an einem Sonntag versammeln. Mit Zustimmung aller sollen diese ihm dann die Hände auflegen." Diese Bestimmung ist in die sogenannten „Apostolischen Konstitutionen" eingegangen, die wohl größte Sammlung kirchenrechtlicher Normen, um 360 entstanden, wo es heißt, daß „als Bischof ein Mann geweiht werde, der ... vom ganzen Volk gewählt ist" (VIII 4,2). Interessant ist, daß der Urheber dieser Rechtssammlung die Wahl der Bischöfe durch das Volk als göttliche Vorschrift ausgibt und damit der unmittelbaren Einsetzung widerspricht.

Die Briefsammlung des *Cyprian von Karthago* († 258) liefert ein anschauliches Bild der lateinischen Kirche. In seinem Schreiben an Antonianus heißt es u. a.: „Erhoben aber wurde Cornelius zum Bischof aufgrund des Urteils Gottes und seines Gesalbten, aufgrund des Zeugnisses fast aller Kleriker, aufgrund der Abstimmung des damals anwesenden Volkes und der Zustimmung altbewährter Bischöfe..." (Epistula 55,8) Cornelius war übrigens der Nachfolger des Fabianus als Bischof von Rom.

Über die Einsetzung des Bischofs Fabianus schreibt übrigens Cyprian: „Aufgrund der Abstimmung der gesamten Gemeinde und des Urteils der Bischöfe..." (Epistula 67,5) An anderer Stelle nennt Cyprian drei Elemente bei der Bischofserhebung: divinum iudicium, populi suffragium und coepiscoporum consensus (Epistula 58,5).

Diese genannten Stellen lassen in ihrer Gesamtheit keinen Zweifel übrig, daß der Gemeinde ein Wahlrecht im vollen Sinn und nicht nur ein Vorschlagsrecht zukam. Auch Cyprian mißt der aktiven Beteiligung des Volkes bei der Wahl eine derartige Bedeutung zu, daß er sie auf göttliche Anordnung zurückführt (Epistula 67,4).

In der Zeit vor der konstantinischen Wende wurde die Ämterbestellung rein innerkirchlich geregelt, es gab keinerlei staatliche oder andere Einflüsse, wenn man einmal von den Christenverfolgungen und den daraus resultierenden Schwierigkeiten absieht. Mit der Anerkennung des Christentums unter Kaiser Konstantin (306–337) gab es einen Wandel, weil das bischöfliche Amt zusehendst politisches Gewicht erhielt und für die Mitglieder höherer Gesellschaftsschichten erstrebenswert wurde. Trotz alledem gab es keine einschneidende Änderung in der Praxis, wonach Volk und Klerus ihren Bischof wählten. Lediglich die Nachbarbischöfe erhielten stärkeren Einfluß.[7]

Im Jahre 314 fanden zwei Synoden statt. In *Arles* (c. 20) wurde verlangt, daß ein Bischof allein keinen anderen weihen durfte, sondern weitere sieben oder mindestens drei anwesend sein mußten. In *Ankyra* (c. 18) wurde für den Fall, daß ein Bischof von einer Diözese nicht akzeptiert wurde, Partei zugunsten der Gemeinde ergriffen. Der Wille der Gemeinde war entscheidend.

Weitere Synoden (Antiochien, 341, und Laodicea, 380) sowie das *Konzil von Nicäa* (325) betonten die Rolle der Konprovinzialbischöfe bzw. des Metropoliten bei der Bischofswahl. Diese Synoden verschweigen jedoch die Mitwirkung der Gemeinde bei der Bischofsbestellung. Der seit Konstantin einsetzende Massenzustrom zum Christentum machte eine Wahl durch das ganze Volk schwierig. Des weiteren wuchs vor allem im Osten der politische Einfluß (Kaiser), wogegen sich das 2. Konzil von Nicäa (787) zur Wehr setzte. Während dort die Bischofsbestellung zunehmend Sache der Provinzbischöfe wurde, wie es zum Teil noch heute üblich ist, verlief im Westen die Entwicklung anders. Hier blieb das Wahlrecht der Gemeinde bestehen.

Die Wahl des *hl. Ambrosius* zum Bischof von Mailand im 4. Jahrhundert ist ein anschauliches Beispiel für die Beteiligung des Volkes, wo auf eine spontane Äußerung hin ein einfaches Gemeindemitglied zum Bischof gewählt wurde. In seinem Brief an die Gemeinde von Vercelli (396) wird ausführlich auf diese Bischofswahl Bezug genommen. An der Wahl nehmen die Gemeindemitglieder der Stadt wie die Konprovinzialbischöfe teil. Diese können nicht einen Kandidaten weihen, der nicht die Zustimmung des Volkes hat.

Papst *Cölestin I.* (422–432) vertrat in einem Brief an die gallischen Bischöfe den Grundsatz, daß niemand gegen den Willen der Gemeinde zum Bischof bestellt werden darf.

Papst *Leo der Große* (440–621) betont in einem Brief an den Bischof von Thessalonike, daß man als Bischof den vorziehen soll, „auf den sich in einträchtigem Verlangen die übereinstimmende Mehrheit von Klerus und Volk gerichtet hat“. Weitere schriftliche Zeugnisse dieses Papstes bestätigen den Brauch der Bischofswahl durch Klerus und Volk (Brief an den Bischof von Narbonne, Brief an die Bischöfe der Provinz von Vienne). Als Begründung diente ihm: „Wer allen vorstehen soll, muß auch von allen gewählt werden" („Qui praefuturus est omnibus, ab omnibus eligatur.", PL 54, 634). Gerade bei Papst Leo I. ist es interessant, daß er die Wahl des Bischofs durch Klerus und Volk als ein überkommenes Recht darstellt, wobei nur bei Unzulänglichkeiten der Metropolit entscheiden sollte. Denn Leo I. war es ja, der besonderen Anteil an der frühen Ausformulierung des Primatsbewußtseins hatte.

Aus der Zeit der *Völkerwanderung* (Spätantike/frühes Mittelalter) sind im Westen zwei Äußerungen interessant. Die 3. Synode von Paris (557) ist sehr deutlich, wenn sie formuliert: „Kein Bischof soll gegen den Willen der Bürger geweiht werden, sondern nur der, den die Wahl seitens Volk und Klerus in vollkommener Freiheit verlangt."

Auch Papst *Gregor der Große* (590–604) weist in seinen Briefen deutlich auf die Wahl der Bischöfe durch das Volk hin.

Faßt man also die Praxis der Bischofsbestellung der frühen Kirche zusammen, so kann man nach dem leider allzu früh verstorbenen Münchner Kirchenhistoriker Peter Stockmeier festhalten: „Es steht außer Zweifel, daß hinsichtlich der Bischöfe von Anfang an eine Wahl durch das Volk und den Klerus praktiziert wurde. So variabel die Formen waren, auf eine bloße Akklamation läßt sich die Rolle des Volkes insgesamt nicht reduzieren."[8]

Früh- und Hochmittelalter

Das Ende des weströmischen Reiches und die Zeit der Völkerwanderung brachten für die abendländische Kirche neue Entwicklungen. Auf dem Gebiet der alten römischen Provinz Gallien entstand das Reich der Franken, das im 8. und 9. Jahrhundert die anderen germanischen Stämme (insbesondere Sachsen und Bajuvaren) in Abhängigkeit brachte.

Dort herrschte zuerst das Geschlecht der Merowinger. Deren Hausmeier wurden sukzessive mächtiger, bis sie (das Geschlecht der Karolinger) im 8. Jahrhundert die Königswürde erhielten. Nach dem Tode Karls des Großen zerfiel in der Folge das Frankenreich in einen westfränkischen Teil, aus dem Frankreich entstand, und in einen ostfränkischen Teil, aus dem sich das deutsche Königreich entwickelte, später das „Heilige Römische Reich Deutscher Nation".

Für das weitere historische Verständnis scheint es wichtig zu sein, die Entwicklung der Bischofsbestellung im Frankenreich und in der Folge unter den deutschen Königen und Kaisern zu beobachten.[9]

Bis Ende des 5. Jahrhunderts wurden in Gallien die Bischöfe ohne jeglichen staatlich-politischen Einfluß gewählt. Nach Eindringen der Franken, dem Untergang des weströmischen Reiches und der Christianisierung der Franken bzw. der Taufe ihres Königs Chlodwig (um 500) wandelte sich die Situation. Das neue fränkische Königtum nahm für sich in Anspruch, die Bischöfe einzusetzen.

Dieses Einsetzungsrecht des Königs schloß aber eine kanonische Wahl durch Klerus und Volk nicht aus. Im Gegenteil, das alte Wahlrecht in den Bistümern bestand fort und wurde auch in den meisten Fällen ausgeübt, nur war es zu einer Art Vorschlagsrecht herabgesunken. Es ist daher besser, von einem Einsetzungssrecht des Königs statt von einem Ernennungsrecht zu sprechen.

Schon bald regte sich der Widerstand gegen diese königliche Gewalt. Auf mehreren Synoden wurde auf die kanonische Wahl durch Klerus und Volk gedrängt, so auf der zu Orléans (533), zu Clermont (535), wiederum zu Orléans (538) und vor allem auf der bereits erwähnten Synode zu Paris (557).

Spätestens seit den Söhnen Chlodwigs war die Abfolge der Bischofsbestellung folgende: Wahl, Konsekrationsdekret durch den König und Weihe, obgleich die Wahl oft nicht stattfand. Das königliche Einsetzungsrecht und die kanonische Wahl schlossen zwar einander nicht aus, aber die Wahl durch Klerus und Volk trat an Bedeutung hinter die Übertragung des Amtes durch den König zurück.

Im Jahre 614 trat die 2. Synode von Paris zusammen, die die Aufgabe hatte, das nun unter Chlothar II. wieder geeinte Frankenreich in den kirchlichen Belangen zu ordnen. Der

c. 2 bestimmte, daß ein Bischof vom Metropoliten, den Konprovinzialbischöfen, vom Diözesanklerus und -volk zu wählen sei. Jedoch zeigt das Edikt Chlothars II., eine „Ausführungsbestimmung" der Synode, ein anderes Bild. Danach steht das Wahlrecht dem Diözesanklerus und -volk zu. Metropolit und Konprovinzialbischöfe haben nur Konsekrationsrechte. Nach erfolgter Wahl muß diese vom König bestätigt werden. Ab Mitte des 7. Jahrhunderts gehen diese Bestätigungs- bzw. Einsetzungsrechte auf die Hausmeier über. Für diese Zeit sind die Quellen jedoch über die Art und Weise der Bischofsbestellung sehr spärlich.

Im Jahre 742 hielt der Hausmeier Karlmann eine Reformsynode ab, deren Ziel die Wiederbesetzung der austrasischen Bistümer (Ostfrankenreich) und die Einsetzung des hl. Bonifatius zum Erzbischof über die ganze austrasische Kirche war. Bei der Reformsynode von Soissons (744) unter Pippin dem Kurzen für das Westreich ist ebenfalls von der Einsetzung der Bischöfe die Rede, obwohl es sich ja um keine Neugründungen handelte. Von einer Wahl des Volkes war in keiner der beiden Synoden die Rede. Doch waren sie deswegen nicht ausgeschlossen, wie zahlreiche Quellen belegen. Die spätere Entwicklung setzt ja voraus, daß auch damals noch die kanonische Wahl durch Klerus und Volk die Regel war.

Karl der Große dürfte im weitgehendsten Maße das Ernennungsrecht der Bischöfe ausgeübt haben, das lassen die spärlichen Quellen vermuten. Im oberitalienischen Bereich des Frankenreiches blieb das kanonische Wahlrecht durch Privilegien Karls erhalten. Und um 773 wurde dem Bischof von Chur, Constantius, und dessen Nachfolgern garantiert, daß Klerus und Volk den Bischof wählen können, allerdings wurde die königliche Bestätigung als notwendig erklärt.

Der Nachfolger Karls, Kaiser Ludwig der Fromme, versuchte, seine Rechte bei der Besetzung der Bistümer auszudehnen. Zwar stimmte er der auf der Reichssynode von Aachen (817) wiederum geforderten Wahl durch Klerus und Volk zu, aber in Wirklichkeit kam es zur Einrichtung des Eigenkirchenwesens, durch das die Bistümer Lehen des Reiches wurden, die der König vergibt. Dagegen kämpfte vor allem Hinkmar von Reims, der sich für die freie Bischofswahl und gegen das königliche Ernennungsrecht einsetzte. Und Papst Nikolaus I. forderte 863 die Bischöfe im Reiche Lothars II. auf, die Wahl durch Klerus und Volk durchzusetzen.

Nach der endgültigen Teilung des Frankenreiches im 9. Jahrhundert ist für das Ostfrankenreich zu beobachten, daß sich in den alten rheinischen und schwäbischen Bistümern, die ihre Entstehung zum Teil bis in die Römerzeit zurückdatieren können, die Wahl des Bischofs durch Klerus und Volk halten konnte und durchaus die Regel war, während in den Neugründungen, vor allem im Gebiet der Sachsen und Bajuvaren, sich eher das Ernennungsrecht des Königs durchsetzte, wobei aber auch hier Wahlprivilegien (in Paderborn 885, Halberstadt 902, Freising 906 u. a.) nachzuweisen sind.

Auch im westfränkischen Reich bestand das Bestreben, etwa König Karls II. des Kahlen, die Bischöfe zu ernennen. Auf der Synode von Valence (855) fand man einen praktikablen Kompromiß, der einen Mittelweg zwischen den alten kanonischen Regeln und dem germanischen Gewohnheitsrecht fand. Das Bischofswahlrecht des Klerus und der Laien blieb gewahrt, jedoch war dieses konkret von der Genehmigung des Königs abhängig. Klerus und Volk konnten erst dann zu einer Wahl schreiten, wenn der König dazu die spezielle Erlaubnis gegeben hatte (congé d'élire).[10]

Gegen Ende des 10. Jahrhunderts scheint jedoch das Königtum immer häufiger in die Wahlfreiheit der Gemeinden eingegriffen zu haben. Unter Kaiser Heinrich II. kam es schließlich zum Versuch, das Wahlrecht systematisch einzuschränken. Die Wahl durch Klerus und Volk sollte nicht unterdrückt oder gar abgeschafft werden, aber sie sollte nur mehr bloße Form sein. Der König erkannte keinen Kandidaten mehr an, der von einer Diözese selbständig ohne vorhergehende Verständigung mit dem Hofe gewählt wurde. Heinrich II. hat dadurch, daß er sein Vorschlagsrecht vor der Wahl überall mit Erfolg durchzusetzen wußte, einen neuen Rechtszustand zu schaffen gesucht. Seine Nachfolger übten ihr Vorschlagsrecht nicht so stark aus.

Im 11. Jahrhundert setzte eine Reformbewegung ein, die zu einer neuen Entwicklung in der Geschichte der Bistumsbesetzungen führte. Sie begann mit einer Neuordnung der Papstwahlordnung unter Papst Nikolaus II. auf einer Lateransynode zu Ostern 1059. Die Kardinäle wählten nun den Papst, Volk und Klerus stimmten lediglich zu. Am 22. April 1073 wurde der Mönch Hildebrand (aus Tuszien) unter dem Druck des Volkes zum Papst gewählt und nahm den Namen Gregor VII. an. Schon bald formulierte er die Vorrechte des Papstes neu („Dictatus papae") und ging mit dem Eifer eines Fanatikers daran, die Kirche zu reformieren.

Bereits 1075 geriet Papst Gregor VII. mit Kaiser Heinrich IV. wegen der Bischofsbestellung in Konflikt. Dieser ging als *Investiturstreit* in die Geschichte ein. Papst und Kaiser setzten sich gegenseitig ab, doch die innenpolitische Lage in Deutschland ließ Gregor als Sieger hervorgehen, so daß Heinrich IV. Anfang 1077 nach Canossa pilgern mußte. Doch die Auseinandersetzungen gingen weiter. Im Herbst 1078 verbot Gregor VII. auf einer Synode die Laieninvestitur, die gerade in Deutschland verbreitet war. Auf der Fastensynode 1080 wurde dieses Verbot wiederholt und die kanonische Wahl der Bischöfe durch Klerus und Volk unter Aufsicht des Apostolischen Stuhles oder des Metropoliten gefordert. Das Ziel war klar: der kaiserlich/königliche Einfluß im Deutschen Reich bei der Bischofsbestellung sollte ausgeschaltet werden.

Inzwischen wurde um die Jahrhundertwende in England und Frankreich, wo der Investiturstreit nie so schroff ausgetragen wurde, ein Ausgleich gefunden, indem man Bischofsamt und Bischofsherrschaft trennte und die Verleihung letzterer durchaus dem König überließ. Diese Lösung hatte sich in diesen beiden Ländern bewährt, so daß es zwischen Papst Calixtus II. und Kaiser Heinrich V. im *Wormser Konkordat* vom 23. September 1122 zum Ausgleich kam.

Dieses Konkordat sah die freie kanonische Wahl durch Klerus und Volk in Gegenwart des Königs (praesentia regis) oder seines Vertreters vor. Danach folgt die Zepterinvestitur des Gewählten durch den König, d. h. die Übertragung der öffentlichen Ämter, Hoheitsrechte und Güter des

Bistums, dies verbunden mit einem Treueeid. Dann erfolgen die Einsetzung in das kirchliche Amt durch die kirchliche Autorität, die Verleihung von Ring und Stab sowie die Konsekration. In Deutschland folgte die Konsekration der Zepterinvestitur, in Italien und Burgund war es umgekehrt. In der staufischen Zeit ist sehr bald aus der Zepterinvestitur eine echte Zepterbelehnung mit dem geistlichen Reichsfürstentum geworden. Die Reichskirche wurde damit in das staufische Lehenssystem einbezogen.

Auf dem 1. Laterankonzil (1123) wurde das Wormser Konkordat feierlich ratifiziert. Der c. 3 dieses Konzils bekräftigt, daß niemand zum Bischof geweiht werden darf, der nicht kanonisch gewählt wurde.

Mit diesem Ende des Investiturstreites ist zwar die für die zukünftige Entwicklung hilfreiche Unterscheidung zwischen Staat und Kirche gelungen, doch sind damit auch Folgen für den Anteil der Laien an der Bischofswahl verbunden. Die Kleriker werden nun der Kirche und die Laien dem Staat zugeordnet, damit nahm die Teilung in zwei getrennte Gruppen, hie Klerus, hie Laien, ihren Anfang. Die Konsequenzen für die Bischofswahl, die in die alleinige Zuständigkeit der Kirche fiel, liegen auf der Hand. Obwohl bei der gregorianischen Reform das Volk als Wahlbeteiligte genannt wurde, entstand doch die Tendenz, dessen Anteil zurückzudrängen. „Die Wiederherstellung des kirchlichen Wahlrechtes beinhaltet die Umwandlung einer bloßen Zustimmungsberechtigung in eine eigentliche Stimmberechtigung, die nicht der Gesamtheit von Klerus und Volk überlassen bleiben kann, sondern notwendigerweise die Herausbildung fester Wahlgremien begünstigt.“[11] Bereits das 2. Laterankonzil (1139) sah sich gezwungen, einer Einschränkung des Wählerkreises auf das Domkapitel entgegenzuwirken. Offenbar gab es bereits eine Entwicklung in diese Richtung.

Kurz nach 1140 entstand das *Decretum Gratiani* (concordia discordantium canonum), die erste bedeutende kirchenrechtliche Sammlung. In den Distinktionen 62 und 63 behandelt der Kamaldulensermönch Gratian die Bischofswahl. „Electio clericorum est, consensus plebis.“ Die Wahl ist Sache der Kleriker, das Volk hat seine Zustimmung zu geben. Und Dist. 63 lautet: „Laici nullo modo se debent inserere electioni.“ Die Laien dürfen sich in keiner Weise in die Wahl einmischen.[12] Die anlgo-normannische Schule der Dekretisten betonte die Petition des Volkes vor der Wahl. Die Vertreter der Bologneser und der französisch-rheinischen Schule erklärten die Beteiligung der Laien an der Wahl für bedeutungslos und gestanden lediglich das Recht der Einrede zu, wenn gegen den Gewählten Einwürfe erhoben wurden. Nach einem Dekretale Papst Innozenz III. aus dem Jahre 1206 ist eine große Abneigung des Volkes ein Grund für den bischöflichen Amtsverzicht. Gegen Ende des 12. und Anfang des 13. Jahrhunderts fand sich in den päpstlichen Dekretalien und der Dekretalistik der Konsens der Laien bei der Bischofswahl kaum mehr.[13]

Doch wie sah die Realität in Deutschland in der zweiten Hälfte des 12. Jahrhunderts aus? Bei den Bischofswahlen zwischen 1151 und 1216 in Köln ist eine breite Beteiligung von Klerus und Volk nachzuweisen, und auch der kaiserliche Einfluß blieb ungebrochen. So wurde auf Wunsch Kaiser Friedrichs I. 1159 dessen Kanzler Rainald von Dassel von Klerus und Volk zum Erzbischof von Köln gewählt. Ähnliches trifft z.B. auch auf Salzburg zwischen 1147 und 1200 zu, wenn auch unter dem Begriff Volk zunehmend der Adel, auch der niedere (Ministeriale), verstanden wurde.[14]

Zu den wichtigsten Programmpunkten der „Gregorianischen Reform“ gehörte, wie wir gesehen haben, die Forderung nach kanonischer Wahl, womit ein neuer Abschnitt in der Geschichte der mittelalterlichen Bischofswahlen eingeleitet wurde. Das hatte zwei Konsequenzen:

Erstens einmal die sukzessive Ausschaltung der Laien von den Wahlen. Wohl hatte der deutsche König, der „vornehmste Laie“, nach dem Wormser Konkordat das Recht der Gegenwart bei den Bischofswahlen und bei Streitigkeiten sogar ein Schiedsrecht, doch trat diese Übung bald zurück. *Zweitens* mußte der Begriff „kanonische Wahl“ konkret umschrieben werden, d.h. in der Praxis bildeten sich feste Wahlkollegien heraus. Diese Entwicklung ging in der ersten Hälfte des 12. Jahrhunderts rasch vor sich, wie das

2. Laterankonzil (1139) beweist, wo vorausgesetzt wurde, daß das Domkapitel bereits als solcher Wahlkörper fungierte. Die Dekretisten des 12. Jahrhunderts unterstützten diese Entwicklung, die in der ersten Hälfte des 13. Jahrhunderts durch die Dekretalisten noch stärker formuliert wurde. Nach diesen ist nun das Domkapitel das einzige Wahlgremium für die Bischofswahl, an der manchmal aufgrund von Privilegien und gewohnheitsrechtlicher Bestimmungen auch andere Kleriker teilnehmen konnten, keinesfalls jedoch Laien. Das 4. Laterankonzil 1215 hat dann im c. 24 das Domkapitel als einzigen Wahlkörper für die Bischofswahl nun auch für die ganze Lateinische Kirche festgelegt.[15]

Die Praxis in Deutschland im 12. und 13. Jahrhundert verlief jedoch nicht ganz einheitlich. Während in den meisten Diözesen bereits im 12. Jahrhundert die Kapitel ihre vorherrschende Stellung erreichten, konnte sich z. B. in Köln ein sog. „Priorenkollegium“ als eine Art Senat neben dem Kapitel bis ins 13. Jahrhundert halten, erst dann gelang es dem Kapitel, wie anderswo das ausschließliche Bischofswahlrecht zu erringen.[16]

Spätmittelalter und frühe Neuzeit

Die „Gregorianische Reform“ drängte nicht nur den staatlichen Einfluß zurück und sicherte die kanonische Wahl unter Ausschluß der Laien, sie setzte auch einen neuen Akzent bei der Bischofsbestellung. Auf der Fastensynode 1080 legte Gregor VII. den Grundstein für die päpstliche Einflußnahme und formulierte die Bedingungen, unter denen das Besetzungsrecht auf den Apostolischen Stuhl übergeht (bei unkanonischer Wahl etc.). Der c. 8 der Fastensynode lautet: „Electionis vero potestas omnis in deliberatione sedis apostolicae sive metropolitani sui consistat.“ Seit dem 9. Jahrhundert hatten die Päpste im Falle einer Absetzung oder Versetzung regelmäßig eingegriffen, Wahlstreitigkeiten wurden ihnen vorgelegt.

In der Dekretalensammlung Papst Gregors IX. (1227–1241) wird zwischen der Wahl bzw. Bezeichnung der

Person und der Bestätigung durch den kirchlichen Oberen unterschieden. Dadurch gewann nun der Papst einen entscheidenden Einfluß auf die Besetzung. Papst Innozenz IV. (1243–1254) ging bereits über diese Bestätigungsrechte hinaus und wurde für die weitere Entwicklung richtungweisend.

Der erste Papst im Exil von Avignon, Clemens V. (1305–1314), dehnte die päpstliche Reservation auf alle beim Heiligen Stuhl (in Rom verstorbenen Bischöfe) vakant gewordenen Bischofssitze aus. Unter ihm war das päpstliche Besetzungsrecht schon so weit fortgeschritten, daß von 42 unter seinem Pontifikat erfolgten Besetzungen deutscher Bistümer schon 19 freie päpstliche Ernennungen waren, und von den 23 Wahlen 7 unter päpstlicher Mitwirkung stattfanden.

Der Höhepunkt wurde unter Papst Urban V. (1362–1370) erreicht, der sich am 4. August 1363 die Besetzung aller Bischofsstühle, ganz gleich wie sie erledigt wurden, vorbehielt. Damit ist die von den Kanonisten des 13. Jahrhunderts verherrlichte „plenitudo potestas" des Papstes für das Besetzungsrecht des Apostolischen Stuhles gemeinrechtlich zum Durchbruch gekommen.[17]

Welche Gründe führten zur Abkehr von der alten kirchlichen Ordnung bei der Besetzung der Bistümer, nämlich Wahl durch Klerus und Volk in welcher Form auch immer, und zum theoretischen Durchbruch des päpstlichen Besetzungsrechtes?

Das hat sicherlich auch seinen Grund im Versagen der Wählerschaft bzw. in der Folge des eigentlichen Wahlkollegiums, des Domkapitels. Die im Wormser Konkordat festgelegte Schiedsgerichtsbarkeit des deutschen Königs bei Wahlstreitigkeiten verlor sehr bald an Bedeutung, an seine Stelle trat der Apostolische Stuhl nicht zuletzt wegen des auf dem 3. Laterankonzil (1179) formulierten Devolutionsrechts, daß nämlich nach drei Monaten bei nicht erfolgter Wahl das Recht der Bischofsbestellung auf die nächsthöhere Instanz (Metropolit, Papst) übergeht.[18] Aber dieses Besetzungsrecht wurde auch theoretisch fundiert. Man stützte sich auf drei Gründe: den leoninischen Begriff der Vollgewalt, wonach die richterliche, gesetzgebende und lehramtliche Oberhoheit dem Apostel Petrus und seinen Nachfolgern von Jesus übergeben worden sei und alle anderen Bischöfe ihre Jurisdiktion vom Papst erhalten; die Exegese von Mt 16,18f., wonach in Petrus der ganze priesterliche Ordo seinen Anfang nimmt; die Idee der Stellvertretung Christi („vicarius Christi"), wonach der Papst nicht die Stelle eines bloßen Menschen, sondern auch eines wahren Gottes vertritt.[19]

Infolge des Exils der Päpste in Avignon und des abendländischen Schismas im 14. Jahrhundert ist es aber nicht zur allgemeinen Durchsetzung dieses päpstlichen Anspruches gekommen, beide Systeme (Wahl und Ernennung) blieben nebeneinander bestehen, wiewohl die Ernennungen zuzunehmen scheinen. Der französische Kanonist Jean Gaudemet bezeichnet diese Entwicklung mit den Worten: „So scheint die Ernennung wie vieles andere ein deutliches Zeichen des römischen Zentralismus und Absolutismus zu sein, die seit Gregor VII. zunehmen."[20]

Das abendländische Schisma erschütterte das Papsttum und damit die Kirche schwer, eine Lösung wurde auf dem Konzil von Konstanz (1414–1418) gesucht. Dort wahrte Papst Martin V. (1417–1431) sein oberstes Besetzungsrecht, machte jedoch auf die Dauer von fünf Jahren in Konkordaten mit der deutschen, der englischen und den drei romanischen Nationen Zugeständnisse. Doch die „causa reformationis" blieb auf diesem Konzil im Prinzip unerledigt. Das vom *Konziliarismus* geprägte Konzil von Basel (1431–1449) reduzierte wiederum das päpstliche Besetzungsrecht. Diese Basler Reformdekrete wurden für Frankreich (Karl VII.) 1438 in der „Pragmatischen Sanktion von Bourges" und für Deutschland (Albrecht II.) im „Mainzer Akzeptationsinstrument" (1439) anerkannt. Als das Konzil von Basel die Superiorität des Konzils über den Papst verkündete und Papst Eugen IV. (1431–1447) absetzte, kam es zu einer Verständigung zwischen Regierenden und Papst. Der neue deutsche König Friedrich III. (1440–1493) näherte sich dem Papst, der den deutschen Fürsten 1447 (in den sg. „Fürstenkonkordaten", das waren eine Breve und drei Bullen) Zugeständnisse machen mußte und im wesentlichen die Basler Reform bzw. das „Mainzer Akzeptationsinstrument" anerkannte.

Papst Nikolaus V. (1447–1455) hat dann den Ausgleich mit Deutschland zum Abschluß gebracht. Im Bunde mit den Fürsten wurde die konziliar-episkopale Gefahr gebannt. Nach Vorverhandlungen auf dem Aschaffenburger Reichstag im Juli 1447 schloß Friedrich III. am 17. Februar 1448 „pro natione Alamanica" das *Wiener Konkordat* ab, das bis zur Säkularisation von 1803 als Reichsgrundgesetz in Geltung blieb. Die freie kanonische Bischofswahl durch das Domkapitel wurde nun abgesichert und das päpstliche Bestätigungsrecht reichsrechtlich anerkannt. Wohlgemerkt: Das Wiener Konkordat schaffte nicht neues Recht, sondern bestätigte lediglich die seit eh und je geübte Bischofswahl nun konkret für die Domkapitel in einem völkerrechtlichen Vertrag.

Um den deutschen König und die päpstliche Politik gegen den Konziliarismus zu gewinnen, gewann ein neues Moment in der Praxis der Bischofsbestellung überraschend an Bedeutung: das *landesfürstliche Nominationsrecht,* das vom Papst als Privileg verliehen wurde. Obwohl formal kein Ernennungsrecht im strengen Sinne, dies wurde in diesem Fall vom Papst wahrgenommen, lief es doch auf ein solches hinaus.

Um seine Politik durchzusetzen, stellte nun der Papst die Errungenschaften der „Gregorianischen Reform", nämlich die Zurückdrängung des staatlichen Einflusses bei der Bischofsbestellung, zur Disposition. Am 4. Februar 1446 erhielt durch ein Indult König Friedrich III. die Nominationsbefugnis für die Bistümer Trient, Brixen, Gurk, Triest, Chur und Pedena (ein altes istrisches Bistum, das später mit Triest vereint wurde). Er erhielt dieses Privileg nicht in seiner Eigenschaft als deutscher König, sondern für seine österreichischen Erblande. Und am 10. September 1447 erhielt Kurfürst Friedrich II. von Brandenburg von Papst Nikolaus V. das gleiche Privileg für die Bistümer Brandenburg, Havelberg und Lebus (alle später in der Reformation untergegangen). In der Folge erreichten dann die Habsburger das Nominationsrecht für die neuerrichteten Bistümer Laibach (1463), Wien und Wiener Neustadt (1469) sowie 1535 das mit Salzburg alternierende Nominationsrecht für Gurk. In Bayern mißlangen jedoch ähnliche Versuche (Plan der Gründung eines Münchner Bistums 1579/84). Als 1526 die Länder der böhmischen Krone und Ungarn an Habsburg fielen, erhielt Kaiser Ferdinand I. 1561 für sich und seine Nachfolger das Nominationsrecht für die Bistümer in diesen Ländern, lediglich für das 1777 zum Erzbistum erhobene Olmütz blieb das Domkapitelwahlrecht erhalten. Waren diese Privilegien an die Habsburger zuerst zeitlich begrenzt bzw. an eine Person gebunden, so wurden sie doch schon recht bald für immer gewährt.

In dem am 18. August 1516 zwischen Leo X. (1513–1521) und dem französischen König Franz I. abgeschlossenen Konkordat wurde das Wahlrecht im Sinne der „Pragmatischen Sanktion von Bourges" (1438) aufgehoben und dem König die „nominatio regia" zugestanden. Ebenso erhielten 1508 Spanien (mit Wirkung auch auf die Niederlande), Portugal und Savoyen/Sardinien die Nominationsrechte.[21]

Interessant für diesen Zeitraum sind das Ergebnis und die Debatten auf dem *Konzil von Trient,* weil dieses doch für gut 300 Jahre Bedeutung haben sollte. Im ersten Halbjahr des Jahres 1563 kam es zu lebhaften Diskussionen einer Minderheit von Konzilsvätern, in der Hauptsache französische und spanische Bischöfe unter der Führung von Kardinal Karl (I.) von Lothringen, mit der Mehrheit, vor allem den italienischen „Zelanti". In einer Rede am 12. Mai 1563 forderte der Kardinal von Lothringen, das alte Recht der Urgemeinde, den Bischof zu wählen, wieder einzuführen, wobei er auch auf Cyprian (siehe S. 16) verwies.

Die Zeit der reformatorischen Wirren, aber auch der päpstliche Anspruch auf das Besetzungsrecht der Bischöfe einerseits sowie das bereits sehr stark praktizierte landesfürstliche Nominationsrecht andererseits ließen schon aus praktischen Gründen eine Verfolgung dieses Themas nicht erfolgversprechend erscheinen. Abgesehen von der Einführung eines „Informativprozesses" (c. 1, Sessio 24) sparte das Tridentinum die Bischofsbestellung aus. Es kam in den Dekreten zu einer im nachhinein betrachtet verhängnisvollen „Sazerdotalisierung“ des Amtes, das die nachtridentinische Theologie jahrhundertelang prägte.[22]

Die Reichskirche

Eine der besonderen Eigentümlichkeiten deutscher Geschichte sind die geistlichen Fürstentümer (Fürstbistümer, Fürstabteien etc.). Seit der Zerschlagung der alten Stammesherzogtümer (Franken, Sachsen, Lothringen und Schwaben) in der Stauferzeit entstanden in Deutschland in zunehmendem Maße kleinere weltliche Herrschaftsbereiche („Duodezfürstentümer“), reichsunmittelbare Städte sowie geistliche Fürstentümer. Mit dem immer stärkeren Schwinden der Autorität der Reichsgewalt erstarkte das Selbstbewußtsein dieser Fürstentümer, insbesondere nach dem Dreißigjährigen Krieg.

Für den katholischen Kaiser waren die geistlichen Fürstentümer von großer Bedeutung, insbesondere die drei Kurfürstentümer (Mainz, Köln, Trier) bildeten für ihn einen großen Rückhalt. Neben diesen drei gab es im 17./18. Jahrhundert noch folgende Fürst(erz)bistümer: Salzburg (Erzbistum), dann Bamberg, Würzburg, Lüttich, Münster, Osnabrück (seit 1648 Alternation katholischer und evangelischer Fürstbischöfe), Paderborn, Hildesheim, Worms, Speyer, Basel, Konstanz, Chur, Eichstätt, Augsburg, Regensburg, Passau, Freising, Brixen, Trient, seit 1752 Fulda und seit 1792 Corvey. Hinzu kamen noch Straßburg mit seinem rechtsrheinischen Teil und dem Namen nach das Erzbistum Besançon (Bisanz). Sie alle waren weltliche Territorien mit Sitz und Stimme im Reichsfürstenrat. Die erbländisch-österreichischen Bistümer, die Bistümer der böhmischen Krone (darunter auch Breslau), die Salzburger Eigenbistümer Chiemsee, Lavant, Gurk und Seckau sowie die Bistümer in den österreichischen Niederlanden (Belgien) waren keine Reichsfürstentümer.

Wie sah nun die Bischofsbestellung nach der Reformation und Mediatisierung aus?

Grundlage war weiterhin das Wiener Konkordat von 1448, das im Westfälischen Frieden bestätigt wurde. Die freie Wahl durch die Kapitel wurde garantiert. Doch wurde diese nur bei den genannten geistlichen Fürstentümern angewandt. Bei den erwähnten Salzburger Eigenbistümern ernannte der Salzburger Erzbischof den Bischof. Und bei den restlichen Bistümern unter habsburgischer Herrschaft wurden die Bischöfe mit Ausnahme von Olmütz, das das Kapitelwahlrecht besaß, vom Landesherrn nominiert.[23]

In den geistlichen Fürstentümern wurden die Domkapitel immer stärker zu einem beherrschenden Faktor. „Sie waren die alleinigen Garanten für die Kontinuität der Landesverwaltung, weitgehend auch des Konfessionsstandes, was besonders deutlich bei der Sedisvakanz, bei der Abwesenheit oder Verhinderung des Fürstbischofs hervortrat. Die Domkapitel waren ebenso sehr weltliche wie geistliche Körperschaften."[24]

Wie sah die Zusammensetzung eines Domkapitels in der Barockzeit aus? Nehmen wir Köln als Beispiel. Bis 1802/03 existierten 50 Präbenden: je ein Ehrenkanonikat für Papst und Kaiser sowie je 24 Kapitular- und Domizellarpräbenden. Letztere waren Anwartschaften für frei werdende adelige Kapitularpräbenden und wurden oft mit Jugendlichen besetzt. Von den eigentlich 24 Kapitularpräbenden waren 16 dem Adel vorbehalten, sie hießen „Domgrafen", die zumindest die Subdiakonatsweihe empfangen haben mußten. In der Regel wurde der Erzbischof aus dem Kreis dieser „Domgrafen" oder der Domizellarpräbenden gewählt.

Acht Kapitularpräbenden standen Nichtadeligen zur Verfügung, die die Priesterweihe und den Grad eines Doktors oder Lizentiaten der Theologie oder der Rechte besitzen mußten. Diese „Priesterherren" stammten in der Regel aus dem Umland und waren mit den Verhältnissen der Diözese im Gegensatz zu den „Domgrafen", die kaum residierten, vertraut. Von den 164 „Domgrafen", die zwischen 1688 und 1803 dem Kölner Kapitel angehörten, stammten 16 aus dem schwäbischen Grafengeschlecht Königseck, 14 aus dem Geschlecht Waldburg, je neun aus den Häusern Fürstenberg und Hohenzollern. Aus dem rheinischen Adel dominierten mit 21 die Grafen Salm und mit zehn die Grafen Manderscheid. Diesen 164 „Domgrafen" standen 47 „Priesterherren" gegenüber. Während sich die Sitze 2:1 verhielten, betrug das Verhältnis in absoluten Zahlen 3,5:1. Das zeigt, daß die „Priesterherren" das stabilere Element waren.

Dazu kam noch, daß die adeligen Kapitulare gleichzeitig an mehreren Kathedralkirchen bepfründet oder gar Bischöfe waren. Das zeigt, daß damals Kanonikate für den Adel als Einnahmequelle oder Karriereposten angesehen wurden. Die sieben Prälaturen in der Kurie der „Domgrafen" (Propst, Dechant, Vizedechant, Chorbischof, Scholaster, Diaconus senior, Diaconus iunior) sowie sechs „Priesterherren" wurden vom Kapitel gewählt. Zwei „Priesterherren" delegierte die Kölner Universität. Die Domizellarpräbenden wurden im Turnus von einem Prälaten frei vergeben. Wurde eine adelige Kapitularpräbende frei, dann rückte nach Alter ein Inhaber einer Domizellarpräbende nach.[25]

Dieses System einer Art Selbstergänzung öffnete natürlich Nepotismus und Simonie Tür und Tor, wiewohl es auch unter den adeligen Domherren eine nicht unerhebliche Zahl von moralisch und charakterlich einwandfreien Männern gab.

Eine der negativen Auswirkungen der vom Adel beherrschten Reichskirche waren die sog. „Wahlkapitulationen", die im Westfälischen Frieden anerkannt und im 17. Jahrhundert ständig erweitert wurden. In nahezu vertragsähnlicher Form versprachen die Kandidaten dem wählenden Kapitel bestimmte Dinge, so daß sich die Domkapitel Mitregierung im Hochstift und Anteil an der geistlichen Verwaltung sicherten. Dies ging so weit, daß der Kölner Erzbischof Ferdinand von Bayern (1612–1650) einmal verbittert ausrief, ob er denn eigentlich nur „von des Kapitels Gnaden das Bistum regiere". Nach mehreren Schwierigkeiten erließ Papst Innozenz XII. (1691–1700) die Konstitution „Ecclesiae Catholicae" (22. September 1695), in der unter Androhung strengster Strafen Wahlkapitulationen und Verträge dieser Art verboten wurden. Ob dies aber immer so gehandhabt wurde, ist zu bezweifeln.

Auch die Wählbarkeitsbestimmungen des Tridentinums

für einen Bischof (Akademische Ausbildung, Alter etc.) konnten in der Reichskirche nicht durchgesetzt werden, wie zahlreiche Beispiele zeigen. Wählte ein Kapitel einen nicht kanonisch geeigneten Kandidaten, so hieß das „Postulieren". Der Kandidat mußte vom Papst die diesbezügliche Dispens erhalten, was er gegen Ende des Reiches immer strenger handhabte, erst dann galt er als gewählt.

Einige Beispiele: Mit sechzehn Jahren wurde Albrecht Sigismund von Bayern Koadjutor in Freising; mit zwölf Jahren wurde Erzherzog Leopold Wilhelm von Österreich in Passau und Straßburg postuliert, mit zehn Jahren wurde Erzherzog Sigismund Franz Koadjutor von Augsburg (1640), zwölf Jahre alt war Joseph Clemens von Bayern, als er 1683 Koadjutor in Regensburg wurde. Die Reihe der Beispiele läßt sich beliebig für jedes Fürstbistum fortsetzen.[26]

Die Vorgänge rund um die Besetzung des erzbischöflichen Stuhles von Köln im Jahr 1988 wurden in Zeitungskommentaren oft in Erinnerung an die Vorgänge von 1837 (siehe S. 119f.) als „Kölner Wirren" bezeichnet. Mehr als der Vergleich zwischen 1988 und 1837 gibt jedoch jener zu den Vorgängen rund um die Wahl eines neuen Kölner Erzbischofs im Jahr 1688, also genau vor 300 Jahren, her.[27] Zwischen 1688 und 1988 gibt es viele Parallelen, und das nicht nur beim Vornamen der jeweils beteiligten Dompröpste (1988: Bernard Henrichs, 1688: Bernard Prinz von Nassau-Hadamar). Das Hochstift Köln stand mit seinem schwachen Kurfürsten Maximilian Heinrich von Bayern und seinen beiden Ministern, den Brüdern Franz und Wilhelm Egon von Fürstenberg, unter dem französischen Einfluß Ludwigs XIV. Das Ziel der kaiserlichen Politik unter Leopold I. war es, diesen Einfluß zurückzudrängen und eine Wahl Wilhelm Egons von Fürstenberg zu verhindern. Die beiden Brüder standen seit 1658 in einer Art Geheimpakt mit Ludwig XIV., um dessen Politik im Reich zu unterstützen. Daß sich die beiden Fürstenbergs wegen dieses Verrats am Reich den Haß des Kaisers zuzogen, war durchaus verständlich. 1674 gelang es den kaiserlichen Truppen, während des Kölner Kongresses zur Beilegung des Holländischen Krieges sich in einem kühnen Handstreich Wilhelm

Egon Fürstenbergs zu bemächtigen, ihn für sechs Jahre in Wiener Neustadt festzuhalten und damit von der Politik auszuschalten.

Der erste Schritt zur Machtergreifung Fürstenbergs in Köln war, den regierenden Erzbischof Maximilian Heinrich zur Wahl eines Koadjutors zu bewegen. In diesem Falle mußte es zwischen Erzbischof und Domkapitel zu einer gewissen Einigung kommen.

Am 7. Januar 1688 schritt das Domkapitel zur einstimmigen Wahl Fürstenbergs, die französische Politik konnte sich die Stimmen der Kanoniker sichern. Doch die Wahl mußte von Rom bestätigt werden, denn Fürstenberg besaß schon mehrere Ämter (u.a. Bischof von Metz und Straßburg). Frankreich drohte nun Rom und sprach von Krieg; der Kaiser in Wien erklärte, einer Wahl Fürstenbergs nicht zuzustimmen. Der Tod Maximilian Heinrichs am 3. Juni 1688 machte aber die Koadjutorfrage gegenstandslos, das Kapitel mußte nun zur Wahl eines neuen Erzbischofs schreiten.

Fürstenberg hatte aber immer noch eine Majorität im Kapitel, er war Kardinal, Domdechant und auch Kapitelvikar, und in Bonn, der Hauptstadt des Kurfürstentums, standen zu seiner Unterstützung französische Truppen. Inzwischen war aber die Gegenpartei, der Kaiser (Österreich) und Bayern, nicht untätig, sie brachte den 17jährigen Joseph Clemens von Bayern ins Spiel, der bereits in Freising und Regensburg Bischof war.

Papst Innozenz XI. (1676–1689) entschied sich jedoch für Bayern, indem er Max Heinrich die kanonische Dispens erteilte, Wilhelm Egon von Fürstenberg jedoch nicht. Was bedeutete das? Fürstenberg mußte postuliert werden, d.h. er bedurfte einer Zweidrittelmehrheit, Joseph Clemens konnte jedoch mit absoluter Mehrheit gewählt werden.

Der Kaiser schickte den Reichsvizekanzler Dominik Andreas Graf Kaunitz nach Köln, der am 14. Juli 1688 vor dem Kapitel an das „nationale Gewissen“ der Domherren appellierte. Und kurz vor der Wahl am 19. Juli erklärte Kaunitz, der Kaiser werde die Regalien der Kurwürde von der erzbischöflichen Würde trennen. Ein solchermaßen gewählter Erzbischof stünde ohne politische Macht und

Rückhalt da. Doch das beeindruckte die Domherren nicht allzu stark. Von den 24 wahlberechtigten Mitgliedern des Kapitels waren 15 „Domgrafen" und acht „Priesterherren" anwesend, 13 gaben Fürstenberg, acht Joseph Clemens die Stimme. Fürstenberg erhielt also weder die Zweidrittelmehrheit, noch Joseph Clemens die absolute. Damit war die Entscheidung nach Rom devolviert. Trotz der Kriegsdrohung Ludwigs XIV. bestätigte Innozenz XI. Mitte September die Wahl von Joseph Clemens.

Wilhelm Egon von Fürstenberg, der auch bei der Lütticher Bischofswahl unterlegen war, schritt nun zum Bruch mit Kaiser und Papst, es war das der Beginn des Pfälzischen Krieges (1688–1697).

Bei dieser turbulenten Kölner Bischofswahl von 1688, die in manchen Facetten an die des Jahres 1988 erinnert, gab es ein neues Moment. Zum erstenmal trat der kaiserliche Ausschlußanspruch in Erscheinung. Der Kaiser sprach sich zunächst nicht grundsätzlich ein Ausschlußrecht (ius exclusivae) zu, sondern er erklärte, in diesem Fall die Regalien im Reichsinteresse verweigern zu müssen. Er ließ dies durch seinen Gesandten vor der Wahl beim Kapitel deponieren und verlangte von ihm politische Rücksichtnahme. Bei dieser Entscheidung tat sich Leopold I. leicht, denn er konnte sich dabei der Rückendeckung der überwiegenden Mehrheit der Reichsfürsten, auch der protestantischen, sicher sein.

Die Zustände bei den Bischofswahlen im 17. und 18. Jahrhundert entsprachen keineswegs unseren heutigen Vorstellungen. Sie waren wohl die ungünstigsten im Laufe der Kirchengeschichte, denn weder „Klerus und Volk" der Diözese noch ein Domkapitel, das zumindest den Klerus des Bistums repräsentierte, noch der Papst bestimmten den Bischof, sondern eine dünne adelige Oberschicht, die kaum Bezug zur „Ortskirche" hatte und oft aus politischen und pekuniären Motiven handelte.

Trotz all dieser Negativerscheinungen darf man die Leistungen, die das System der Reichskirche erbracht hatte, nicht vergessen.[28] Die geistlichen Fürsten traten sehr oft in gezielter Form als Kunstmäzene auf, deren Taten noch heute staunend bewundert werden. Sie waren in den Zeiten der Reformation und Gegenreformation ein starkes Bollwerk gegen den Protestantismus. Und, das war politisch entscheidend, sie halfen mit, die katholische Vormacht (Habsburg, Wittelsbach) im Reich zu sichern.

Die konkordatären Regelungen des 19. Jahrhunderts

Der Plan eines Reichskonkordats nach 1803

Die Französische Revolution des Jahres 1789 und die darauffolgenden „Napoleonischen Kriege“ brachten für Europa große Veränderungen. Im Frieden von Lunéville (1801) mußte das Deutsche Reich die Gebiete links des Rheins abtreten. Die Folge war die Säkularisation der Reichskirche, um die weltlichen deutschen Fürsten zu entschädigen. Auf dem „Immerwährenden Reichstag“ zu Regensburg kam es am 25. Februar 1803 zum Reichsdeputationshauptschluß: 22 Bistümer, 80 reichsunmittelbare Abteien und rund 200 Klöster wurden enteignet und dementsprechend aufgeteilt. Lediglich der Kurfürst von Mainz und Reichskanzler, Karl Theodor Reichsfreiherr von Dalberg, behielt seine Würde. Da jedoch Mainz linksrheinisch liegt, wurde er mit dem Hochstift Regensburg entschädigt, das als einziges geistliches Fürstentum vorläufig übrig blieb.

Damit ging die Ära der geistlichen Staaten in der deutschen Geschichte zu Ende, die in dieser Besonderheit im Hochmittelalter begann und bis an die Schwelle des industriellen Zeitalters der Neuzeit dauerte.

Die durch Napoleon verursachte europäische Neuordnung brachte auch eine Änderung der kirchlichen Verhältnisse mit sich, die wiederum Konkordate bzw. konkordatäre Regelungen nach sich zog.

Das erste Konkordat des 19. Jahrhunderts war das französische. Napoleon, damals noch Erster Konsul auf Lebenszeit, wollte aus politischen Gründen der inneren Befriedung einen Ausgleich mit der Kirche. Nach schwierigen

Verhandlungen kam es am 15. Juli 1801 zur „Convention entre le Gouvernement Français et sa Sainteté Pie VII.“ Der Papst mußte sich dabei zu äußersten Konzessionen bereit erklären. Im Art. 4 erhielt der Erste Konsul das Recht der Nomination der Erzbischöfe und Bischöfe, die nach Art. 6 vor ihrem Amtsantritt einen Treueeid leisten mußten. Es war dies das erste Mal, daß ein republikanisches Staatsoberhaupt (Napoleon erklärte sich erst 1804 zum Kaiser) dieses an sich katholischen Herrschern gewährte Nominationsrecht erhielt. Nach der bourbonischen Restauration vereinbarte Ludwig XVIII. 1816 mit dem Papst, das Konkordat von 1516 wieder zu erneuern, jedoch sechs Jahre später wurde das von 1801 wieder in Kraft gesetzt. Es blieb in Frankreich bis zu den Trennungsbeschlüssen des Jahres 1905 in Gültigkeit, so daß das Nominationsrecht nicht nur von den bourbonischen Königen, sondern in der Folge auch von Napoleon III. und den französischen Staatspräsidenten ab 1870 ausgeübt wurde.[1]

Dieses französische Konkordat von 1801 hatte vor allem in seinen anderen Bestimmungen auch in manchen Gebieten Gültigkeit behalten, die nicht mehr zum Frankreich des Jahres 1801 gehörten, so etwa für Elsaß-Lothringen ab 1871 im Rahmen des Deutschen Reiches und heute noch für das Großherzogtum Luxemburg.[2]

Das französische Konkordat von 1801 war zweifellos mit ein Anlaß, Überlegungen für ein Reichskonkordat anzustellen, da es nach der Säkularisation notwendig war, die rechtliche Lage der Kirche in Deutschland neu zu definieren. Auch der Kurerzkanzler Karl Theodor Reichsfreiherr von Dalberg hatte großes Interesse daran, denn er wollte vor allem seine Translation von Mainz nach Regensburg und die Erhaltung seiner Würde bestätigt wissen. Bereits im Februar 1803, während der Verhandlungen zum Reichsdeputationshauptschluß, kam es zu ersten Überlegungen.[3]

Der Reichsreferendar Paul Anton Frhr. von Frank, einer der drei obersten Beamten unterhalb des Reichsvizekanzlers in Wien, erarbeitete bereits ein Jahr später, im Februar 1804 einen Entwurf. Es sah unter Punkt III, 6 vor, daß die Bischöfe gemäß „Brauch des Reiches“ gewählt oder nach

„einem Spezialrechte" vom Landesherrn ernannt werden. Punkt III, 14 ließ das Konfirmationsrecht beim Papst, „unbeschadet jedoch einer Gewohnheit, wo eine solche es dem Erzbischof zuweist". Unter „Confirmatio" ist die Bestätigung einer kanonischen Wahl gemeint.

Der Frank'sche Entwurf stieß jedoch auf Ablehnung des Papstes, so daß Dalberg einen neuen Entwurf ausarbeiten ließ, den er im November 1804 anläßlich der Kaiserkrönung Napoleons I. in direkten Verhandlungen mit dem Papst abschließen zu können hoffte. Dieser Entwurf sah vor, daß die Metropoliten vom Domkapitel zu wählen seien, während die Bischöfe in katholischen Teilen (Österreich, Bayern) vom Landesherrn ernannt und in Preußen gewählt werden. Der Dalberg'sche Entwurf kennt übrigens auch eine nicht uninteressante Diözesaneinteilung. Die deutsche Kirche hätte demnach drei Kirchenprovinzen, eine österreichische, eine preußische und die Regensburger, wobei letztere elf Bistümer umfaßt hätte. Dabei ist interessant, daß für die damals noch zu Bayern gehörenden Gebiete am Niederrhein (Herzogtum Berg) Düsseldorf und für die schwäbischen Gebiete Kempten (anstatt Augsburg) als Bistum vorgesehen gewesen wären.

Die weiteren europäischen Umwälzungen ließen jedoch den Plan eines Reichskonkordats endgültig scheitern. Österreich erklärte sich 1804 zu einem eigenen Kaisertum, Bayern wurde ein Königreich, und 1806 legte Kaiser Franz II. die mehr als 1000 Jahre bestehende römisch-deutsche Kaiserwürde nieder.

Der im Zuge des Wiener Kongresses 1814/15 entstandene Deutsche Bund sah keine gesamtkirchlichen Regelungen vor. Es kam daher weder zu einer Rücknahme der Säkularisation noch zum Abschluß eines gesamtdeutschen Konkordats. Interessant ist in diesem Zusammenhang die Denkschrift der drei „Oratoren" Franz Christoph von Warmboldt (Domdechant in Worms), Josef Anton Helffrich (Domherr in Bamberg) und Karl Schies (Advokat in Mannheim) vom 30. April 1814 über die Ansprüche der katholischen Kirche Deutschlands. In dieser wird u. a. gefordert, daß der Papst die verwaisten bischöflichen Stühle besetzen und die Hierarchie wieder herstellen soll. Erst danach, auch wenn die Kapitel wieder besetzt sind, haben diese das Recht, die Bischöfe zu wählen.[4]

Bayern

Der Abschluß des französischen Konkordates 1801 sowie der Reichsdeputationshauptschluß von 1803 veranlaßten die damals noch kurfürstlich-bayerische Regierung unter Maximilian Graf Monteglas, ebenfalls mit dem Heiligen Stuhl zu einer Konkordatsvereinbarung zu kommen.[5]

Im ersten bayerischen Entwurf vom 17. Juli 1802 wurde für den Kurfürsten und seine Nachfolge das Recht verlangt, die Landesbischöfe zu ernennen und vorbehaltlich der päpstlichen Bestätigung in die Temporalien einzuweisen. Weiter sollten die Ernannten einen Treueeid, ähnlich wie in Frankreich, leisten. Dieser erste Entwurf kam nicht zur Kenntnis der Kurie, da diese die Vermittlung Frankreichs ablehnte.

Der zweite Konkordatsentwurf wurde am 31. Mai 1803 in die Wege geleitet, der wiederum das landesherrliche Nominationsrecht vorsah. Der erste römische Gegenentwurf vom 8. August 1806 ging jedoch vorerst auf diese Forderung nicht ein, sondern wollte das freie Wahlrecht des Domkapitels einführen. Nach weiteren Verhandlungen des Jahres 1806, in dem Bayern auf dem Nominationsrecht für den (nunmehr) König und seine Nachfolger bestand, kam es Anfang des Jahres 1807 mit Rom zu einer Einigung im Sinne der Wünsche Bayerns. Da jedoch in anderen Fragen die Gegensätze größer waren, wurden Ende Juli 1807 die Verhandlungen abgebrochen.

Nach dem Wiener Kongreß wurden die Konkordatsverhandlungen wieder aufgenommen. Sie wurden am 1. September 1816 durch die Überreichung einer Punktation des bayerischen Gesandten in Rom, Kasimir Häffelin, an Kardinalstaatssekretär Ercole Consalvi eingeleitet. Im Art. 8 wurde das Nominationsrecht auf der Basis des Patronatsrechts gefordert. Dies war aus rechtlichen Gründen für

Rom unannehmbar, denn ein Nominationsrecht konnte nur durch ein Indult erteilt werden. Der römische Gegenentwurf vom Herbst 1816 gestand nur für die erste Besetzung ein Nominationsrecht zu, in den weiteren Fällen sollte der König aus einem Vierervorschlag des Kapitels auswählen. Die bayerische Regierung war nun in der Folge etwas zum Nachgeben bereit, so daß es am 5. Juni 1817 zu einer Paraphierung eines Konkordats in Rom kam, in dem der König und seine Nachfolger das Nominationsrecht für München, Regensburg und Würzburg erhielten, in den anderen Diözesen blieb es bei der bereits erwähnten Quaternavorschlagsregelung.

Die bayerische Regierung hielt jedoch dieses Konkordat für unannehmbar, so daß es zu weiteren Verhandlungen kam. Am 24. Oktober 1817 konnte es endgültig abgeschlossen werden. Der Artikel IX lautete: „Se. Heiligkeit werden in Erwägung der aus gegenwärtiger Übereinkunft für die Angelegenheiten der Kirche und der Religion hervorgehenden Vorteile S.M. dem König Maximilian Joseph und Seinen Katholischen Nachfolgern durch apostol. Briefe, welche sogleich nach der Ratifikation dieser Übereinkunft ausgefertigt werden sollten, auf ewige Zeiten das Indult verleihen, zu den erledigten erzbischöflichen und bischöflichen Stühlen im Königreich Bayern würdige und taugliche Geistliche zu ernennen, welche die nach den kanonischen Satzungen dazu erforderlichen Eigenschaften besitzen. Denselben wird Se. Heiligkeit nach den gewöhnlichen Formen die kanonische Einsetzung erteilen…“[6]

Im Artikel XV wurde weiter ein Treueeid festgelegt. Das in Artikel IX erwähnte Indult wurde vertragsgemäß durch Apostolisches Schreiben am 13. November 1817 verliehen.

Das in langwierigen Verhandlungen erkämpfte Nominationsrecht für das wittelsbachische Königshaus in Bayern wurde erstmals am 16. Februar 1818 von König Maximilian I. Josef und zum letzten Mal am 26. Mai 1917 durch König Ludwig III. ausgeübt. Es hat damit fast 100 Jahre Bestand gehabt.

Staat und Kirche hatten über die Rechtsnatur dieses Nominationsrechts naturgemäß keine einhellige Auffassung.

Der Souverän bzw. der Staat sahen in diesem seit dem 15. Jahrhundert geübten Brauch ein Ernennungsrecht, der Papst hatte den Ernannten lediglich zu bestätigen. Der Heilige Stuhl vertrat hingegen die Auffassung, daß es sich hierbei um ein durch Privileg erteiltes Benennungsrecht (designatio personae) handelt. Der vom Souverän Benannte habe lediglich ein ius ad rem auf das Amt, das erst durch den Papst verliehen werde.[7] Es war daher in Bayern im Gegensatz zu Österreich (siehe S. 53f.) nicht selten, daß Nominierte vom Heiligen Stuhl abgelehnt wurden.[8] Dies geschah gleich bei den ersten Nominationen am 16. Februar 1818, wo gegen drei der sechs Nominierten Einwände erhoben wurden. Interessant war auch der Fall der Besetzung von Augsburg im Jahr 1819. Der König sah dafür den bekannten Theologen Johann Michael Sailer vor. Die Regierung wußte von diesem heiklen Fall und ließ in Rom anfragen, übrigens die einzige Voranfrage, wo man Bedenken äußerte, so daß Bayern keine Nomination vornahm.

Preußen

Das Königreich Preußen zog aufgrund des Reichsdeputationshauptschlusses von 1803 und des Wiener Kongresses 1814/15 am meisten territorialen Nutzen. Vor 1789 besaß es westlich der Elbe lediglich das Herzogtum Kleve, die Grafschaft Mark und andere kleine Gebiete, der größte Teil seines Staatsgebietes war östlich davon. 1803 erhielt es die säkularisierten Gebiete der Bistümer Münster, des kurkölnischen Herzogtums Westfalen und Paderborn (sie wurden zwischenzeitlich dem Königreich Westfalen unter Jérôme Napoleon einverleibt), nach 1815 kamen die ehemaligen Gebiete der Kurfürstentümer Köln und Trier hinzu. Das waren durchaus katholisch bewohnte Gegenden.

Aufgrund dieser einschneidenden kirchlichen Veränderungen durch die Napoleonische Zeit besaßen für Preußen drei Fragen Vorrang: die Zirkumskription (d.h. „Umschreibung“, gemeint Neueinteilung) der Bistümer, die Art der Bischofsbestellung sowie deren Dotation.[9]

Am 6. April 1820 erteilte König Friedrich Wilhelm III. in einer Kabinettsordre Staatskanzler Karl August Fürst Hardenberg den Auftrag, mit Rom wegen dieser Fragen in Verhandlungen zu treten, nachdem man bereits ein Jahr lang sich in Berlin darüber Gedanken gemacht hat. Hardenberg schrieb nun am 23. Mai 1820 dem preußischen Gesandten beim Heiligen Stuhl, Barthold Georg Niebuhr, erteilte ihm Verhandlungsvollmacht und gab ihm Instruktionen: „Ein Hauptpunkt der Convention ist die Metropolitan- und Diözesancirmuscription und die alsdann mögliche Besetzung der Erzbistümer und Bistümer mit trefflichen, wohlgesinnten, dem König treu ergebenen, vom König zu bezeichnenden Männern." Hardenberg verwendet für die Übereinkunft den Begriff Convention, „da der Name Concordat zu vermeiden ist".[10]

In dieser Instruktion wird der entscheidende Einfluß des Königs von Preußen in der Frage der Bischofsbestellung verlangt, was faktisch einem Nominationsrecht gleichgekommen wäre. Rom konnte aber ein solches unmöglich einem protestantischen Herrscher zugestehen. Kardinalstaatssekretär Consalvi schlug dagegen am 6. Oktober 1820 das sog. „irische Verfahren" vor (es handelte sich um ein bei den Verhandlungen des Jahres 1806 für Irland vorgesehenes, jedoch nicht eingeführtes Modell). Danach hätten die Domkapitel eine Wahlliste von sechs Kandidaten vorzulegen, aus der der König die nichtgenehmen Kandidaten streichen durfte. Aus den restlichen konnte das Kapitel wählen.

Damit war Preußen aber nicht einverstanden. In einer Nachinstruktion an den Gesandten Niebuhr vom 23. November 1820 wurde dagegen vorgeschlagen, das volle Wahlrecht der Kapitel eintreten zu lassen, wobei der königliche Wahlkommissar mehr oder minder kundtun sollte, auf wen die Wahl zu lenken sei.

Die unterschiedlichen Positionen waren klar: Preußen wollte eine positive Einflußnahme bei der Bischofsbestellung, Rom lediglich eine negative, d. h. es darf niemand Bischof werden, der nicht dem König genehm ist. Die Verhandlungen zogen sich das erste Halbjahr 1821 hin und mündeten schließlich in einer Vereinbarung. Die Ergebnisse wurden am 16. Juli 1821 durch eine Bulle Papst Pius VII., die mit dem Worten „De salute animarum“ beginnt, festgehalten und erlangten damit für den kirchlichen Bereich Rechtswirksamkeit. König Friedrich Wilhelm III. erteilte am 23. August 1821 Staatskanzler Fürst Hardenberg in einer Kabinettsordre den Auftrag, den Text der Bulle „in die Gesetzessammlung aufzunehmen und für die Ausführung derselben durch das Ministerium für geistliche Angelegenheiten zu sorgen“.

Text und Inhalt dieser Bulle erlangten für beide Teile jeweilig gesetzesmäßige Rechtskraft (sog. „paktierte Gesetze“). Die Grundlage war eine vertragsmäßige Vereinbarung, jedoch kein Vertrag im strengeren Sinn. Trotz dieses formalen Unterschiedes handelt es sich dabei um eine völkerrechtlich verbindliche Vereinbarung, an die sich beide Partner gebunden haben.[11]

Der Artikel XXII der Bulle beschäftigt sich mit der Bischofswahl. In besonderer Reverenz für den König von Preußen („praelaudato Borussiae Regi“) wird das Domkapitelwahlrecht erneuert, wohl auch um den Privilegiencharakter dieses Rechtes zu unterstreichen. Über Form und Art des Wahlrechts sagt Artikel XXII, daß innerhalb einer Frist von drei Monaten („infra consuetum Trimestris spatium“) vom Kapitel aus dem Kreis preußischer Priester („ex Ecclesiasticis quibuscumque viris Regni Borussici incolis“) in kanonischer Form der Bischof zu wählen sei.[12]

Die Bulle behandelt lediglich das freie Wahlrecht der Kapitel in bestimmten Formen (Dreimonatsfrist, preußisches Inkolat, kanonische Form), jedoch nicht das Einspruchsrecht des Königs. Dies wurde in gesonderter Weise festgelegt, und zwar in einem Breve des Papstes ebenfalls am 16. Juli 1821, das mit den Worten „Quod de fidelium“ beginnt. Die betreffende Passage lautet: „So wird es an Euch liegen, jene vorzuschlagen, von denen Ihr wißt, daß sie, neben den sonstigen vom Kirchenrecht festgesetzten Eigenschaften, auch noch durch den Vorzug der Klugheit sich empfehlen, und nicht minder Sr. Majestät dem König genehm sein werden (serenissimo Regi minus gratos esse), über welche Umstände Ihr vor dem feierlichen, streng nach den kanonischen Regeln vorzunehmenden Wahlakte Euch zu vergewissern trachten werdet."[13]

Dieses Breve richtet sich an die Domkapitel, denen so die Regeln für die Bischofswahl mitgeteilt wurden. Es ist innerkirchliches Recht, daher war es nicht nötig, es in die preußische Gesetzessammlung aufzunehmen. Bulle und Breve gehörten jedoch trotzdem eng zusammen, beide waren das Ergebnis der Verhandlungen zwischen Rom und Preußen. Das Breve band Rom völkerrechtlich.

Die Praxis der Bischofswahlen bis zum Tod Friedrich Wilhelms III. im Jahr 1840 beweist, daß Preußen eine Vorhand gegenüber der Kirche gewonnen hatte. Denn nach den Bestimmungen des Breves mußten die Kapitel mit dem königlichen Wahlkommissar, in der Regel dem Oberpräsidenten der betreffenden Provinz, Kontakt aufnehmen. Das bedeutete aber somit in der Praxis, daß dieser dem Kapitel den „genehmen" Kandidaten der Regierung präsentierte, womit nur mehr eine Scheinwahl übrigblieb.

Nach 1840 bürgerte sich in Preußen das bereits für Hannover und die Oberrheinische Kirchenprovinz festgelegte Listenverfahren allerdings ohne rechtliche Grundlage ein. In den betreffenden Vereinbarungen mit diesen Staaten (siehe unten) wurde in Anlehnung an das bereits erwähnte „irische Listenverfahren" festgelegt, daß die Kapitel eine Liste mit zu wählenden Kandidaten dem König bzw. Großherzog überreichen, aus denen er die „minder genehmen" Kandidaten zu streichen hat. Von den übriggebliebenen hat dann das Kapitel den Bischof zu wählen. Während in den genannten Staaten dieses Verfahren normiert war („eine Liste"), wurde es in Preußen aus praktischen Gründen ohne rechtliche Basis üblich. Es konnte also nicht der Fall eintreten, daß der Staat alle oder bis auf einen alle streicht, denn das Kapitel konnte ja noch weitere Listen vorlegen. In Hannover und Baden war man hingegen an „eine Liste" gebunden.

Dieses informelle Listenverfahren wurde in einem päpstlichen Schreiben vom 26. September 1865 an das Kölner Domkapitel anläßlich der Sedisvakanz nach Kardinal von

Geissel bestätigt, so daß es zumindest innerkirchlich Rechtskraft erhielt.

In der Literatur des späten 19. wie frühen 20. Jahrhunderts wurde sehr lebhaft über den Begriff „minder genehm" sowie über die Art des Listenverfahrens diskutiert, wie man sich bei solchen unscharf formulierten Begriffen und Vorschriften ja vorstellen kann.

Die Geschichte der preußischen Bischofswahlen (speziell Köln, siehe S. 119f.) zeigt, daß – und das trifft insbesondere für die beiden Phasen des Kulturkampfes zu – es die Ausnahme war, wenn von keiner der beiden Seiten (Staat – Kirche) Beanstandungen vorgenommen wurden. Norbert Trippen meint speziell zu Köln: „Es hat in Köln nicht eine freie Erzbischofswahl nach den Bestimmungen der Bulle ‚De salute animarum' und des Breve ‚Quod de fidelium' gegeben. Jedesmal versuchte der preußische Staat oder die römische Kurie, gelegentlich auch beide gleichzeitig, direkt oder indirekt auf das Kölner Domkapitel Einfluß zu nehmen, und schränkten dadurch die in den beiden Dokumenten zugesicherte Wahlfreiheit des Domkapitels ein oder hoben sie sogar auf... Gerade in Köln zeigte sich, welche vielfältigen Möglichkeiten solcher Beeinträchtigungen der Wahlfreiheit zur Verfügung standen und wie schwach die Wahlfreiheit der Kapitel durch die Dokumente des Jahres 1821 abgesichert war."[14]

Die permanenten Einflußnahmen des Staates, insbesondere Preußens, eskalierten neuerlich bei der Wahl Hubert Theophil Simars zum Erzbischof von Köln im Jahr 1899. Dies veranlaßte Kardinalstaatssekretär Rampolla, am 20. Juli 1900 einen Brief an die Bischöfe Preußens und der oberrheinischen Kirchenprovinz zu schreiben, in dem den Kapitel aufgetragen wird, niemals zuzulassen, daß das freie Wahlrecht seitens der staatlichen Regierung eingeschränkt werde. Insbesondere wird auch die Teilnahme eines Regierungskommissars bei der Wahl abgelehnt, weil dies nicht den Bestimmungen der Bulle bzw. des Breve entspreche.[15]

Abschließend kann festgehalten werden, daß es in Preußen zu dieser Zeit kein freies Kapitelwahlrecht gegeben hat. So wie die Dominanz des Adels und das ständisch-absolutistische System vor 1803 ein solches nicht zur Wirkung brachte, so war es nach 1815 der aufgeklärte Staat, der mehr oder minder seine Kandidaten durchsetzte.

Und eines ist noch anzumerken: Das Domkapitelwahlrecht vor 1803 war im Prinzip originäres Recht, das sich seit dem Hochmittelalter entwickelt hatte und durch das Wiener Konkordat abgesichert war. Das preußische Kapitelwahlrecht war (und ist) aus der Sicht Roms ein wenn auch auf lange rechtshistorische Tradition zurückgreifendes und darauf fußendes Privileg.

Die oberrheinische Kirchenprovinz

Im Zuge der napoleonischen Umwälzungen gab es auch in Südwestdeutschland beträchtliche politische wie kirchliche Veränderungen. Aus den zahlreichen Kleinfürstentümern, Reichsstädten, geistlichen Fürstentümern und nicht zuletzt den Österreichischen Vorlanden wurde zusammen mit dem ehemaligen Herzogtum Württemberg und den badischen Markgrafschaften das Königreich Württemberg sowie das Großherzogtum Baden gebildet. Dazwischen lag das später zu Preußen gelangte Fürstentum Hohenzollern.

Im Mittelrheingebiet bzw. an der Mainmündung konnten sich das Großherzogtum Hessen(-Darmstadt), das Kurfürstentum Hessen(-Kassel) (Kurhessen), das Herzogtum Nassau sowie die Freie Stadt Frankfurt behaupten und zum Teil ihre Gebiete aus ähnlichen Gründen vergrößern.

Diese genannten Staaten sowie zusätzlich das Großherzogtum Mecklenburg-Schwerin, die Herzogtümer von Sachsen-Gotha und Altenburg, Sachsen-Hildburghausen und Sachsen-Coburg-Saalfeld, Holstein-Oldenburg, das Fürstentum Waldeck-Pyrmont sowie die Freien Hansestädte Lübeck und Bremen verständigten sich untereinander, um in der Konkordatsfrage mit Rom gemeinsam vorzugehen. Ein erstes Treffen der Gesandten fand am 24. März 1818 statt.[16] Am 24. Juli 1818 wurde von den Vertretern dieser Staaten in Frankfurt eine Deklaration verabschiedet, die als Entwurf für ein Konkordat dienen sollte.[17]

In Art. II wird die Zirkumskription behandelt und die Errichtung folgender Diözesen vorgesehen: Für Württemberg das ehemalige österreichische Rottenburg am Neckar, für Kurhessen Fulda, für das Großherzogtum Hessen Mainz, für Nassau und Frankfurt Limburg und für Baden Rastatt, die ehemalige Residenzstadt der katholischen markgräflichen Linie (Baden-Baden), und vorerst nicht das ebenfalls ehemalige österreichische Freiburg.

Der Art. V behandelt die Einsetzung der Bischöfe. Er lautet auszugsweise: „Um die alte deutsche Kirchenzucht aufrechtzuerhalten, werden die Bischöfe durch Wahl in ihr Amt gelangen. Um aber neben den Kanonikern auch der Diözesangeistlichkeit einen Anteil an dieser Wahl zu sichern, wählen sämtliche Landdechanten aus ihrer Mitte eine der Anzahl der Kanoniker gleiche Zahl von verdienten einsichtsvollen Deputierten, welche in Vereinigung mit den Domherren das Wahlkollegium bilden; und dieses wählt durch Skrutinium mit absoluter Stimmenmehrheit aus der Geistlichkeit des ganzen Landes drei taugliche Personen... Aus diesen Dreien benennt der Landesherr, welcher die bischöfliche Würde erhält..."

In diesem Vorschlag der beteiligten Staaten finden wir ein interessantes Konstrukt, das möglicherweise auch für die Zukunft ein Modell sein könnte: Ein um die gleiche Zahl erweitertes Domkapitel, um eine breitere Basis im Klerus zu haben. Insgesamt kombiniert dieser Vorschlag ein verbreitertes Kapitelwahlrecht mit einem eingeschränkten landesfürstlichen Nominationsrecht. Wenn dieser zum Tragen gekommen wäre, dann wäre das für die Kirche sicherlich günstiger als in Preußen gewesen.

Am 7. Oktober 1818 kam es dann zu einem Staatsvertrag der beteiligten Oberrheinischen Vertragsstaaten, um auf Grundlage dieser Deklaration in Verhandlungen mit dem Heiligen Stuhl zu treten.[18] In einer Note vom 10. August 1819 lehnte Kardinalstaatssekretär Consalvi diesen Vorschlag ab, er wollte sich zunächst auf eine Zirkumskription beschränken. Nach weiteren Verhandlungen reiste die oberrheinische Delegation im Oktober 1819 aus Rom ab, ohne zu einem Ergebnis gekommen zu sein.

Nach dem vorläufigen Scheitern berieten die oberrheinischen Staaten mit Rom die neue Diözesaneinteilung, worüber es dann auch zu einer Einigung kam. Aber noch bevor die Frage der Bischofsbestellung geklärt war, erließ Pius VII. am 16. August 1821 die Bulle „Provida solersque", in der es zu der bereits im Art. II der „Frankfurter Deklaration" vorgesehenen Diözesaneinteilung kam, lediglich Freiburg wurde Diözesansitz und gleichzeitig neues Erzbistum, nachdem das Bistum Konstanz endgültig für erloschen erklärt wurde.[19]

Bei den nun anstehenden Bischofsernennungen gab es zwischen Rom und den beteiligten Staaten Auseinandersetzungen, weil diese die Bischöfe nach den Bestimmungen der Deklaration von 1818, die in einem Zweiten Frankfurter Staatsvertrag[20] vom 8. Februar 1822 bekräftigt wurden, ernennen wollten. Erst mit dem Pontifikat Leos XII. ab September 1823 wurde mit dem neuen Kardinalstaatssekretär Somaglia wieder verhandelt, was bis 1827 dauerte.

Somit kam es am 11. April 1827 zum Erlaß der Bulle „Ad dominici gregis custodiam" und am 28. Mai 1827 des Breve „Re sacra", eine ähnliche Vorgangsweise wie bei Preußen. Während die Bulle Grundlage für den staatlichen Bereich war, wandte sich das Breve an die Diözesen bzw. Domkapitel.[21]

Unter „Erstens" legte die Bulle die genaue Vorgangsweise der Bischofsbestellung fest. Innerhalb eines Monats nach Erledigung eines bischöflichen Stuhles hat das Domkapitel dem Landesfürsten die Namen derjenigen Diözesangeistlichen bekanntzugeben, die für das Bischofsamt geeignet sind. „Wenn aber einer dieser Kandidaten dem Landesfürsten minder angenehm sein möchte, so wird das Kapitel ihn aus dem Verzeichnis streichen, nur muß die übrigbleibende Anzahl der Kandidaten hinreichend sein, daß aus ihr der neue Vorsteher (antistes) gewählt werden könne." Dann hat das Kapitel zur kanonischen Wahl zu schreiten.

Im Gegensatz zu Preußen ist bei den oberrheinischen Bistümern das Prinzip der „Mindergenehmigung" sowohl im Breve als auch in der Bulle verankert, also doppelt abgesichert.

Am 16. Oktober 1827 ließ der Großherzog Ludwig I. von Baden im „Großherzoglich Badischen Staats- und Regierungs-Blatt“ (1827, Nr. XXIII, S. 211) die päpstlichen Bullen zur Errichtung der Erzdiözese Freiburg und über die Art der Bischofsbestellung verkünden, womit sie für den Bereich des Großherzogtums Gesetzeskraft erhielten.[22] Die anderen beteiligten deutschen Staaten verfuhren ebenso.

In den fünfziger Jahren des 19. Jahrhunderts kam es zwischen Rom und sowohl Baden wie Württemberg aus verschiedenen Gründen zu Konkordatsverhandlungen, um weitere Staat und Kirche betreffende Fragen zu klären. Jeweils und nahezu gleichlautend wurden im Art. 1 die bisherige Bischofsbestellungspraxis bestätigt und im Art. 2 der Treueeid formuliert, den der neue Bischof gegenüber den Landesherren ableisten mußte. Das württembergische Konkordat wurde am 8. April 1857 unterzeichnet, Papst Pius IX. bestätigte es am 22. Juni 1857 und König Wilhelm I. setzte es am 21. Dezember 1857 in Kraft, ohne jedoch den Landtag zu beteiligen. Das badische Konkordat (Konvention) wurde am 28. Juni 1859 unterzeichnet, Papst Pius IX. setzte es für seinen Bereich mit der Bulle „Aeterni Pastoris“ am 19. Oktober 1859 in Kraft und der Großherzog Friedrich stimmte durch Verordnung am 5. Dezember 1859 zu. Da jedoch dieses Konkordat erhebliche Zugeständnisse an die Kirche machte, erhielt es nicht die Zustimmung der liberalen Mehrheit in der Zweiten Kammer. Beide Konkordate waren also verfassungspolitisch bedeutungslos.[23]

Die Bündnistreue Kurhessens, Nassaus und Frankfurts gegenüber Österreich im Krieg des Jahres 1866 kostete sie die staatliche Unabhängigkeit. Sie wurden dem Königreich Preußen einverleibt (Provinz Hessen-Nassau). Preußen anerkannte jedoch die bisherigen Bestimmungen für die Diözesen Fulda und Limburg.

Auch für das bis 1837 mit England in Personalunion verbundene *Hannover* (zuerst Herzogtum bzw. Kurfürstentum, nach seiner Wiederherstellung 1813 in der Folge Königreich) mußten die Kirchenverhältnisse neu geordnet werden. Im Zuge der Säkularisation erhielt es die Gebiete der Fürstbistümer Hildesheim und Osnabrück. Letzteres wurde nach dem Westfälischen Frieden abwechselnd von einem katholischen und evangelischen Bischof regiert (successio alternativa), ein wohl kirchenhistorisches Unikat.

Die Regierung beauftragte daher 1816 den Gesandten Friedrich Frhr. von Ompteda, in Rom wegen des Abschlusses eines Landeskonkordats zu verhandeln. Hannover wollte die landesherrliche Nomination durchsetzen, die Kurie war natürlich dagegen, handelte es sich ja bei den Welfen um ein protestantisches Herrscherhaus. Hannover lenkte ein, doch die Verhandlungen kamen trotzdem nur schleppend weiter und fanden erst 1824 ihren Abschluß.

Mit der Zirkumskriptionsbulle „Impensa Romanorum Pontificum" vom 26. März 1824 wurden die Ergebnisse von Papst Leo XII. festgehalten. Hildesheim und Osnabrück wurden als exemte Landesbistümer wieder errichtet. Kapitel III dieser Bulle behandelt fast wortwörtlich wie die spätere „Ad dominici gregis custodiam" für die Oberrheinische Kirchenprovinz die Bischofsbestellung: Das Domkapitel schickt dem Landesherrn eine Liste, aus der dieser die „weniger genehmen" Kandidaten streicht. Aus den verbleibenden wählt das Kapitel den Bischof.[24]

Als das Königreich Hannover 1866 ebenfalls seine Bündnistreue zu Österreich mit dem Verlust der Eigenstaatlichkeit bezahlen mußte und zu einer preußischen Provinz degradiert wurde, blieb – ähnlich wie bei Kurhessen, Nassau und Frankfurt – die Bulle „Impensa Romanorum Pontificum" für Hildesheim und Osnabrück weiter bestehen.

Die Übereinkünfte des Heiligen Stuhls mit Preußen und Hannover und den Staaten der Oberrheinischen Kirchenprovinz sind unter gemeinsamen Gesichtspunkten zu sehen. Es handelte sich *erstens* einmal um von protestantischen

Herrschern regierte Staaten, denen naturgemäß keine „nominatio regia“ zukommen konnte, obwohl sie dies zuerst verlangten. Der Heilige Stuhl wollte demnach *zweitens* diesem Wunsch durch das sog. „Irische Listenverfahren“ begegnen, gewissermaßen eine Kombination von Kapitelwahlrecht und landesfürstlicher Nomination. Dies gelang „expressis verbis“ für Hannover und die Oberrheinische Kirchenprovinz, für Preußen wurde ein allerdings eingeschränktes Kapitelwahlrecht eingeführt, wo sich jedoch später aus praktischen Gründen informell dieses „Listenverfahren“ durchsetzte. In der politischen Auswirkung kam *drittens* dieses Verfahren mehr oder minder einem landesfürstlichen Nominationsrecht gleich, wie die Geschichte des 19. Jahrhunderts zeigt. Die bereits erwähnten fast wortwörtlich ähnlichen Formulierungen in den Bullen zeigen *viertens* einen Zusammenhang all dieser konkordatären Vereinbarungen. Dieser Zusammenhang wurde sowohl von der Kurie als auch von beteiligten Staaten durch informelle Absprache gesehen.

Das Königreich *Sachsen* zerfiel kirchlicherseits in die Apostolische Administratur des in der Reformation untergegangenen Bistums Meißen in der Lausitz (in Personalunion mit dem Stiftsdekan St. Petri in Bautzen) und in das Apostolische Vikariat Sachsen. Seit Mitte des 19. Jahrhunderts wurden beide Sprengel in der Regel in Personalunion verwaltet. Der (katholische) König ernannte den Apostolischen Vikar, das Kapitel in Bautzen wählte ihn dann zum Dekan und der Papst ernannte ihn zum Apostolischen Administrator. Über die Natur des vom sächsischen Königshaus ausgeübten Ernennungsrechtes steht nichts fest. Ein von Rom verliehenes Privileg konnte nicht nachgewiesen werden. Es dürfte sich also um ein Gewohnheitsrecht gehandelt haben.[25]

Eine interessante Rechtslage stellte sich in den 1871 zum Deutschen Reich gelangten Reichslanden *Elsaß-Lothringen.* Bis dahin galt das Napoleonische Konkordat von 1801, das dem katholischen französischen Staatsoberhaupt (gleich welcher Staatsform) das Nominationsrecht zusicherte. Obwohl in der Literatur nicht ganz eindeutig geklärt, ist doch anzunehmen, daß dieses Konkordat für Elsaß-Lothringen seit 1871 keine Rechtsbedeutung mehr hatte. Dies geht auch aus Erklärungen des Heiligen Stuhles hervor, der bereits Ende 1871 die Bistümer Metz und Straßburg den neuen Staatsgrenzen anglich, sie aus der Kirchenprovinz Besançon ausgliederte und zu exemten Bistümern machte.

Die Reichslande waren ein konkordatsfreies Gebiet des Deutschen Reiches. In der Frage der Bischofsbestellungen kam es jedoch zu einer stillschweigenden Übereinkunft zwischen der Reichsregiereung und der Kurie, die praktisch einem staatlichen Ernennungsrecht gleichkam.

Eine Kuriosität gab es 1919 bei der Rückkehr dieses Gebietes an Frankreich. Obwohl 1905 das Napoleonische Konkordat für Frankreich aufgrund der Trennungsbeschlüsse erledigt war, lebte dieses 1919 in Elsaß-Lothringen wieder auf, denn 1905 war ja dieses Gebiet nicht bei Frankreich, und daher waren die Trennungsbeschlüsse unwirksam. Es mutet daher sonderbar an, daß in einer Zeit, als nach dem Ersten Weltkrieg die fürstlichen Nominationsrechte verschwanden, dieses wieder auflebte. In der Tat wurden nach 1919 vom französischen Staatspräsidenten auch Bischöfe für diese beiden Diözesen ernannt.[26]

Österreich

Im seit 1804 bestehenden Kaisertum Österreich war die Rechtslage für die Bischofsbestellung klar: Seit dem 15. Jahrhundert besaßen die Habsburger als Landesfürsten durch päpstliches Privileg in ihrem Herrschaftsgebiet das Ernennungs- bzw. Nominationsrecht. Es wurde sukzessive auf alle Neuerwerbungen (böhmische Länder, Ungarn, Galizien, Oberitalien etc.) und auf Neugründungen (Linz, St. Pölten etc.) ausgedehnt. Olmütz und Salzburg hatten das Kapitelwahlrecht behalten. Darüber hinaus blieb auch das sog. „Salzburger Privileg“ bestehen. Der Erzbischof ernannte die Bischöfe von Seckau (Graz), Lavant (seit 1859 Marburg) und in jedem dritten Erledigungsfalle Gurk (ansonsten kaiserliche Nomination).[27]

Vor allem die Ehefrage bildete im ausgehenden Vormärz den Anstoß, mit dem Heiligen Stuhl zu einem Konkordat zu kommen. Vor allem der damalige Lehrer des jungen Erzherzogs und späteren Kaisers Franz Joseph, Othmar Rauscher (er wurde 1849 zuerst Fürstbischof von Seckau und dann 1853 Fürsterzbischof von Wien), tat sich in dieser Frage hervor. Nach dem Regierungsantritt Kaiser Franz Josephs kam es ab 1850 zu Konkordatsverhandlungen in Wien und ab Sommer 1854 in Rom, wo es im April 1855 zum Abschluß kam. Am 25. Geburtstag des Kaisers, dem 18. August 1855, wurde das Konkordat feierlich unterzeichnet. Die päpstliche Publikation erfolgte mit der Bulle „Deus humanae salutis auctor" am 3. November 1855, staatlicherseits durch kaiserliches Patent vom 5. November 1855. Am selben Tag erging das Breve „Optime noscitis" als päpstliche Durchführungsverordnung für den österreichischen Episkopat.[28]

Das zu keiner Zeit von kirchlicher Seite bestrittene kaiserliche Nominationsrecht fand im Art. XIX seinen Niederschlag: „Seine Majestät wird bei der Auswahl der Bischöfe, welche er kraft eines apostolischen, von Seinen Allerdurchlauchtigsten Vorfahren überkommenen Vorrechtes dem Heiligen Stuhl zur kanonischen Einsetzung vorschlägt oder benennt, auch in Zukunft des Rates von Bischöfen, vorzüglich derselben Kirchenprovinz, Sich bedienen."[29] Diese Bestimmung geht bereits von der Praxis des kaiserlichen Nominationsrechtes aus. Es wird also bestätigt, nicht jedoch wie etwa in Bayern als neues Privileg gewährt. Hinzu kommt die Normierung, daß sich der Kaiser wie bisher des Rates vornehmlich der Konprovinzialbischöfe zu bedienen hat.

Doch dieses Konkordat sollte nur 15 Jahre Bestand haben. Seit 1867, dem Beginn des konstitutionellen Zeitalters, war der Liberalismus beherrschend. In den sog. Maigesetzen des Jahres 1868 wurden wesentliche Punkte des Konkordats (Ehe, Schule) bereits in Frage gestellt.

Das I. Vatikanische Konzil tagte ab 1869, zu seinen wichtigsten Anliegen gehörte die Formulierung des Unfehlbarkeitsdogmas. Dies hatte für die Kirche ungeahnte Folgen, politische wie auch innerkirchliche (Altkatholiken). In Österreich-Ungarn kam es aufgrund der liberalen politischen Mehrheit zur Diskussion um das Konkordat. Am 30. Juli 1870 fällte der Kronrat die endgültige Entscheidung, es zu kündigen. Noch am gleichen Tage wurde der österreichische Geschäftsträger in Rom telegraphisch beauftragt, die Kurie davon in Kenntnis zu setzen. Diese Kündigung wurde mit der Rechtsfigur „clausula rebus sic stantibus" begründet. In der Person des Kontrahenten, des Papstes, sei eine Änderung eingetreten, er ist nun unfehlbar geworden. Kaiser Franz Joseph war über die Vorgangsweise sicherlich nicht glücklich, aber als konstitutioneller Monarch mußte er sich den Verfassungsorganen mehr oder minder beugen. Aber auch er, das geht aus seinen Äußerungen hervor, kritisierte die Beschlüsse des Konzils: „Doch habe ich mich dazu entschlossen (zur Kündigung des Konkordats, Anm. d. Verf.), weil es der mildeste und meiner Ansicht nach richtigste Vorgang gegenüber den unglückseligen Beschlüssen Roms war..."[30]

Die Kündigung des Konkordats hatte keinerlei Auswirkungen auf das kaiserliche Nominationsrecht, denn dieses war ja bereits früher normiert worden, wie wir gesehen haben.

Gerade im Falle Österreichs ist es möglich, die Praxis der Bischofsernennungen zu beschreiben. Das verdanken wir dem langjährigen, für Kultusfragen zuständigen Sektionschef Maximilian Frhr. von Hussarek im k.k. Ministerium für Kultus und Unterricht, der später dann selbst die Leitung dieses Ministeriums übernahm und 1918 kurzzeitig sogar österreichischer Ministerpräsident war. Er hatte nicht nur langjährige politische Praxis, er war auch an der Juridischen Fakultät der Universität Wien lange Zeit Professor für Kirchenrecht und somit auch theoretisch in diesen Fragen fundiert. In einem umfangreichen Beitrag hat er die Vorgangsweise geschildert.[31]

Nach Eintreten der Sedisvakanz wurde der zuständige k.k. Landesstatthalter des betreffenden Kronlandes vom Unterrichtsminister aufgefordert, bei den Bischöfen der betreffenden Kirchenprovinz um Nennung von Namen anzufragen, die für den verwaisten Bischofssitz geeignet wären. In manchen Fällen trat der Landesstatthalter oder gar das Ministerium noch vor Aufforderung in vertrauliche Gespräche mit den Bischöfen ein, um ein allen genehmes Gutachten zu erzielen. Hussarek bemerkt dazu: „Die vom Episkopat erstatteten Gutachten und Vorschläge waren also weit davon entfernt, bloß den Charakter einer formellen Antragsliste an sich zu tragen. Vielmehr wohnte ihren Ausführungen ganz wesentliche Bedeutung inne."

Es hat sich auch gezeigt, daß die bischöflichen Vorschlagslisten selten mehr als drei bis vier Namen umfaßten und daß auch diese dann oft bei anderen Sedisvakanzfällen neuerlich auftauchten. Dies läßt die Vermutung zu, daß den österreichischen Bischöfen der Kreis der „episkopalen" Kandidaten durchwegs bekannt war. „Die Gutachten, welche in der weit überwiegenden Mehrzahl der Fälle die Unterlage für die landesfürstlichen Bischofsernennungen bildeten, gaben der Kirche die volle Gewähr, daß sie in berufenen Gliedern der Hierarchie bei diesem wichtigen Anlasse frei und ungehemmt zum Worte gelangte." Aber auch andere kirchliche Personen als die Konprovinzialbischöfe wurden zur Beratung herangezogen, vornehmlich durch den Landesstatthalter, aber auch durch das Ministerium. Und das nicht nur aus dem Bereich des Klerus, sondern auch aus dem Kreise des um die Jahrhundertwende immer mehr an Bedeutung gewinnenden Verbandskatholizismus. Der Statthalter faßte die Gutachten sodann in einem Bericht zusammen und würdigte sie sowohl nach kirchlichem wie staatlichem Interesse. Daraufhin erstattete er seinen Antrag ans Ministerium.

Nach weiteren Beratungen wurde dem Ministerrat berichtet und nach dessen Zustimmung dem Kaiser der Antrag schriftlich weitergeleitet. In den letzten Jahrzehnten der Monarchie war es üblich, daß der Minister noch vor der Behandlung im Ministerrat dem Kaiser mündlich berichtete, um nicht zuletzt dessen Meinung zu den vorgeschlagenen Kandidaten einzuholen, die dann möglicherweise auch Grundlage für den Antrag im Ministerrat war. Um die Jahrhundertwende machten sich auch parteipolitische Einflußnahmen durch Abgeordnete sowie ein stärkeres Interesse des Erzherzog-Thronfolgers Franz Ferdinand bemerkbar, die sich jedoch im Rahmen hielt.

Im Gegensatz zur Praxis in Bayern (siehe S. 122) überrascht es, daß mit einer Ausnahme (davon siehe S. 123) weder aus Rom noch vom Wiener Nuntius eine Einflußnahme auf die Regierungsseite zu bemerken war. In diesem Sinne war auch das k.u.k. Ministerium des Äußeren und des allerhöchsten Hauses, das für den diplomatischen Verkehr mit dem Heiligen Stuhl zuständig war, formell in dieser Phase nicht eingeschaltet. Erst nachdem der Kaiser für seine Person entschieden hatte, ist die Nuntiatur davon vertraulich in Kenntnis gesetzt worden, und die Publikation der Ernennung erfolgte erst dann, wenn erklärt worden war, daß seitens des Heiligen Stuhls kein Einwand erhoben werde, was jedoch in der Ära Hussarek nie der Fall war. Früher wurde die Nuntiatur durch das Außenministerium oft erst nach der kaiserlichen Ernennung informiert.

Wie erwähnt besaß das Erzbistum Olmütz das Kapitelwahlrecht. Die Wahlen fanden unter Beisein eines kaiserlichen Kommissars statt und unterlagen der landesfürstlichen Bestätigung. Die Regierung wäre in der Lage gewesen, einen ihr nicht genehmen Kandidaten auszuschließen. Dasselbe galt für Salzburg. In beiden Fällen gingen die Wahlen in der Regel reibungslos vor sich. Die Ernennung der Salzburger Eigenbischöfe (siehe oben) wurde vom Fürsterzbischof von Salzburg dem Kaiser im Rahmen eines ministeriellen Vorgangs unterbreitet, Anstände hat es in keinem der Fälle gegeben.

Über das unter Kaiser Franz Joseph gehandhabte Nominationsrecht urteilt Hussarek abschließend: „Aber immerhin darf wohl von demselben ... behauptet werden, daß es ... den Interessen der Kirche im großen und ganzen nicht minder gerecht geworden ist als jenen des Staates. Kaiser Franz Joseph war persönlich fest überzeugt, daß ihm die Erwählung von Bischöfen seltener vorbei gelungen sei, als wenn sie den kirchlichen Faktoren allein und völlig frei überlassen geblieben wäre. Jedenfalls ist eine nicht geringe Zahl trefflicher Besetzungen gerade nur dem landesfürstlichen Nominationsrecht mit seiner sorgfältig abgewogenen Technik zuzuschreiben... Wichtiger als dies ist jedoch vielleicht noch die außerordentlich sorgfältige Auswahl der Person, die es vermittelte. Mißgriffe und Irrtümer können durch keine Rechtsform ausgeschlossen werden." Wenn man die Liste der Bischöfe der österreichischen Reichshälfte von 1848 bis 1918 ansieht, kann man dem Urteil Hussareks nur beipflichten.[32]

Obwohl in Österreich das System einer landesfürstlichen Nomination herrschte, haben wir gesehen, daß im Gegensatz zu heute im Vorverfahren die Konprovinzialbischöfe (wie im frühen Christentum), andere kompetente Kleriker sowie Laien maßgeblich an der Meinungsbildung beteiligt waren, während Rom fast völlig ausgeschaltet blieb. Fördernd war natürlich die außergewöhnlich verantwortungsbewußte Person Kaiser Franz Josephs, der sich durchaus seiner Kompetenz als „vornehmster Laie" in der Frage der Bischofsbestellung bewußt war.

Damit stand in dieser Zeit in Österreich die Praxis, man muß sagen für dieses Land erfreulicherweise, im Gegensatz zu Bayern, wo Rom sehr oft und sehr stark in das Nominationsrecht der bayerischen Könige eingriff, und zu Preußen, wo – sicherlich auch durch den Kulturkampf bedingt – das Kapitelwahlrecht zur Farce wurde, wie das Beispiel Köln zeigt (siehe S. 119f.).

Das kirchliche Recht und der CIC des Jahres 1917

Eine britisch-französische Durchbruchsoffensive an der Westfront auf der Linie von Arras über die Aisne bis zur Champagne war gerade gescheitert, General Henri Pétain löste deswegen General Georges Nivelles (den „Blutsäufer") als französischen Oberbefehlshaber ab, an der Südwestfront tobte gerade die 10. Isonzoschlacht, bei der es den Italienern unter hohen Verlusten nicht gelang, die österreichischen Stellungen zu durchbrechen, und die Ostfront stand kurz vor der Kerenskij-Offensive, bei der das krisengeschüttelte Rußland vergeblich noch einmal eine Entscheidung herbeiführen wollte.

In dieser wohl schrecklichen Zeit promulgierte am Pfingstsonntag, dem 27. Mai 1917 Papst Benedikt XV. in feierlicher Form mit der Konstitution „Providentissima Mater Ecclesia" im Vatikanpalast den Codex Iuris Canonici (CIC).

Das kanonische Recht war völlig unübersichtlich geworden und vielfach antiquiert, es lebte zu sehr in den Kommentaren und nicht mehr in den Normen. Schon vor dem I. Vatikanum war der Wunsch nach einer Reform laut geworden, der sich im Lauf der Jahre und Jahrzehnte verstärkte. Doch erst Papst Pius X. tat den entscheidenden Schritt, am 19. März 1904 erließ er das Motu Proprio „Arduum sane munus", in dem die Erneuerung des Kirchenrechts proklamiert wurde. Es wurde daraufhin eine Kardinalskommission eingesetzt, an deren Spitze Pietro Gasparri stand, der in den kommenden Jahren der Motor für die Schaffung des neuen CIC werden sollte. Gutachten und Stellungnahmen wurden eingeholt, Schemata und Entwürfe verfaßt. Im Jahre 1916 konnte trotz des bereits tobenden Weltkrieges der endgültige Text zur Stellungnahme versandt werden, der dann am 27. Mai 1917 promulgiert wurde und am Pfingstsonntag, dem 19. Mai 1918 in Kraft trat.[1]

In c. 329 § 2 heißt es: „Eos (gemeint die Bischöfe) libere nominat Romanus Pontifex." Die Bischöfe ernennt der Papst frei.

Galt im bis 1918 geltenden Corpus Iuris Canonici zumindest theoretisch noch die Bestimmung, daß der Bischof von Klerus und Volk gewählt wird, so ist mit dem CIC 1917 eine Entwicklung endgültig normiert, die in ihren Ansätzen seit der „Gregorianischen Reform" des 11. Jahrhunderts begonnen hat, nämlich die Bestellung der Bischöfe ausschließlich dem Papst zuzuordnen und alle anderen Formen (landesfürstliche Nomination, Domkapitelwahlrecht) als außerordentlichen Modus bzw. als Privileg darzustellen. Bezeichnend in diesem Zusammenhang ist die Aussage eines der bedeutendsten deutschen katholischen Kirchenrechtler des 20. Jahrhunderts, des 1989 verstorbenen Klaus Mörsdorf, der dazu lapidar feststellte: „Der Codex hat nun mit diesen alten, längst außer Kraft getretenen Gesetzen aufgeräumt."[2] Dies lag wohl voll auf der Linie der sich verstärkt entwikkelnden Primatsauffassung.

Bei aller Kritikwürdigkeit dieser Entwicklung – sie hat sich von altkirchlicher und damit originärer Praxis entfernt und trat dann in ein entscheidendes Stadium, als sich die zumindest zivilisierte Welt in einer konstitutionellen Ära befand, die zu parlamentarisch-demokratischen Formen führte – dürfen vor allem zwei Momente nicht übersehen werden:

1. Der Kirche (ganz gleich, was man darunter versteht: Kurie, Ortskriche, Volk Gottes als Gesamtheit) war im Laufe der letzten Jahrhunderte die Personalhoheit entglitten. Monarchen oder ständisch zusammengesetzte Domkapitel, die wiederum politisch beeinflußt wurden, bestimmten, wer Bischof wurde. Weder der Papst noch die Ortskirche als solche hatten praktisch darauf einen Einfluß. Ein in jedem Falle unhaltbarer Zustand.

2. Nicht zuletzt durch Initiativen Leos XIII. gewann die

Missionstätigkeit an Bedeutung. In zunehmendem Maße entstanden außerhalb des von der europäischen Geschichte geprägten Raumes Diözesen, Vikariate etc., die zu besetzen waren und bei denen weder ein katholischer Monarch noch ein traditionelles Domkapitel für die Bischofsbestellung in Frage gekommen wäre. Daß hier vorerst eine päpstliche Ernennung Platz greifen mußte, lag wohl auf der Hand.

Diese beiden Punkte, zusammen mit einer verstärkten Ausprägung des päpstlichen Primats und auch mit einer psychologisch verständlichen Angst der Kirche vor Modernismen (Liberalismus, Sozialismus etc.) sowie dem Abtreten katholischer Herrscherhäuser, führten zum freien Ernennungsrecht des Papstes, dessen Anspruch man in der Folge Durchsetzung verschaffen wollte.

Für jene Gebiete, für die kein Konkordat, keine konkordatäre Abmachung oder ein landesfürstliches Nominationsrecht bestand, und die vermehrten sich zusehends (z.B. USA), wurde gegen Ende des 19. Jahrunderts ein unverbindliches Listenverfahren eingeführt, das durch Papst Pius X. in der Konstitution „Sapienti consilio" vom 29. Juni 1908 erstmals seinen Einzug in das gemeine Recht hielt.

Der neue Codex normierte in c. 331 die kanonischen Eigenschaften für einen Bischof und zählte sie taxativ auf, was sicherlich ein Fortschritt gegenüber früher war. Auch der bereits seit langem bestehende Informativprozeß wurde festgelegt.[3]

Das Urteil des bekannten deutschen Kirchenrechtsgelehrten Ulrich Stutz, „daß er (gemeint der Codex, Anm. d. Verf.) im Grunde genommen (völlig) Neues nur wenig bringt", scheint beim ersten Lesen möglicherweise überspitzt zu klingen. Aber allein die Tatsache, daß 75 Jahre später bereits ein neuer Codex promulgiert wurde, allerdings lag das II. Vatikanum dazwischen, mag dieser Aussage doch einiges abgewinnen.[4]

Die Konkordatsära nach 1918

Bayern

Die staatspolitischen Umwälzungen infolge des Ersten Weltkrieges und der Pariser Vororteverträge blieben nicht ohne Auswirkungen auf die kirchlichen Verhältnisse im Deutschen Reich:

1. Die Weimarer Reichsverfassung (WRV) von 1919 umschrieb die Kompetenzen des Reiches und der Länder auch in Kultusangelegenheiten neu, wobei die Tendenz, dem Reich mehr Zugeständnisse zu geben, vorherrschte.

2. Die deutschen Fürstenhäuser wurden depossediert. Die ihnen aufgrund von Konkordat (Bayern) und konkordatären Abmachungen (Preußen, Staaten der oberrheinischen Kirchenprovinz) zugestandenen Nominations- sowie sonstige Mitwirkungsrechte wurden obsolet, insbesondere das Nominationsrecht der bayerischen Könige, das speziell als Privileg dem regierenden Haus Wittelsbach erteilt wurde.

Nach der Verfassung des Deutschen Reiches vom 16. April 1871 (Bismarcksche Reichsverfassung) gab es keine Konkordatszuständigkeit des Reiches, die Kirchenhoheit lag ausschließlich bei den Ländern. Im Gegensatz dazu stand die WRV vom 11. August 1919. Im Art. 10 Nr. 1 wurde eine Rahmengesetzgebung für „die Rechte und Pflichten der Religionsgesellschaften" normiert, so daß das Reich über ein eigenes Reichskirchenrecht verfügt hat und daher auch ein Reichskonkordat abschließen konnte, wie ja (siehe unten) geschehen ist.

Wie steht es nun mit den Länderkonkordaten? Nach

Art. 78 Abs. 2 WRV konnten die Länder in Angelegenheiten, die ihnen nach der WRV zustanden, mit auswärtigen Staaten Verträge abschließen, die jedoch der Zustimmung des Reiches bedurften.

Nach herrschender Lehre der Zwischenkriegszeit, auch nach Errichtung des Vatikanstaates, genießt zwar der Heilige Stuhl völkerrechtliche Souveränität, jedoch ist er nicht ein „auswärtiger Staat", wie es in Art. 78 Abs. 2 formuliert ist. Auch nach Errichtung des Vatikanstaates wurden Konkordate (etwa Baden, 1932) nicht mit dem Souverän des Vatikanstaates (für den Art. 78 Abs. 2 zutreffen würde), sondern mit dem Oberhaupt der katholischen Kirche abgeschlossen, der als Heiliger Stuhl Völkerrechtssouveränität genießt.

Die WRV sagte daher nichts über Länderkonkordate in diesem Sinne aus, sie waren daher möglich. Sie erhielten nur eine materielle Einschränkung dahingehend, daß sie ohne Einvernehmen mit dem Reich nur solche Bestimmungen aufnehmen konnten, die Sache der Landesgesetzgebung waren bzw. mit der Reichsgesetzgebung nicht konkurrierten.[1]

Die Bismarcksche Reichsverfassung kannte keinen Grundrechtskatalog, daher auch keine Aussagen über Religionsfreiheit und Rechte der Religionsgesellschaften. Dies oblag damals den Länderverfassungen. Bereits in der „Frankfurter Paulskirchenverfassung" von 1849 hieß es in § 147 Abs. 1 „Jede Religionsgesellschaft ordnet ihre Angelegenheiten selbständig, bleibt aber den allgemeinen Staatsgesetzen unterworfen." Die allerdings mit Vorbehalt gewährte innere Autonomie findet sich mit mehr oder minder denselben Worten in der Preußischen Verfassungsurkunde von 1850 (Art. 15), in dem heute noch geltenden österreichischen Staatsgrundgesetz von 1867 (Art. 15) und auch in der WRV von 1919. In dem betreffenden Art. 137 Abs. 2 findet sich jedoch der Zusatz: „Sie (gemeint die Religionsgesellschaft, Anm. d. Verf.) verleiht ihre Ämter ohne Mitwirkung des Staates oder der bürgerlichen Gemeinde."[2]

Damit war die verfassungsrechtliche Ausgangslage klar: Nach Wegfall der privilegierten Fürstenhäuser konnten nun die republikanisch verfaßten Länder nicht mehr jene Rechte beanspruchen, die vorher Könige und Fürsten aufgrund päpstlicher Bullen gehabt hatten.

Aufgrund der vorhin geschilderten politischen wie rechtlichen Veränderungen war – wie nach 1815, so auch nach 1918 – Bayern das erste deutsche Land, das ein Konkordat mit dem Heiligen Stuhl abschloß.[3] Dieses relativ rasche Vorgehen hing sicherlich mit der Betonung der bayerischen Eigenständigkeit im Deutschen Reich nach 1918 zusammen, was auch mit der Beibehaltung der diplomatischen Beziehungen zum Heiligen Stuhl unterstrichen wurde. Bereits Ende 1919 gab es sowohl auf politischer wie kirchlicher Seite Äußerungen zugunsten des Abschlusses eines neuen Konkordats.

Am 4. Februar 1920 überreichte der Münchner Nuntius Eugenio Pacelli (der spätere Kardinalstaatssekretär und Papst Pius XII.) der bayerischen Regierung einen punktuellen Entwurf für eine Vereinbarung, wo es gleich unter Punkt 1 hieß: „Die Kirche hat das freie und volle Besetzungsrecht für alle Kirchenämter ohne Mitwirkung des Staates und der Gemeinden.“[4]

Das im CIC von 1917 formulierte freie Besetzungsrecht des Papstes sowie der Art. 137 Abs. 2 WRV, die unzweifelhaft in diesem Punkt 1 wiederzuerkennen sind, ließen den Nuntius berechtigterweise hoffen, das freie Besetzungsrecht des Heiligen Stuhles durchzusetzen.

Die gleichzeitigen Verhandlungen wegen eines Reichskonkordats (siehe unten) verlangsamten jedoch den Fortgang in Bayern. Auch aus anderen innen- wie wirtschaftspolitischen Gründen kam es, daß Unterrichtsminister Franz Matt erst am 30. März 1922 Gegenvorschläge zu dem Pacelli-Entwurf von 1920 unterbreitete. Darin wurde eine Wahl des Bischofs durch das Domkapitel verlangt. Der Heilige Stuhl ließ nach weiteren Verhandlungen durch seinen Münchener Nuntius am 26. Mai 1923 erklären, daß er sich beim Abschluß neuer Konkordate nirgendwo mehr sein freies Bischofsernennungsrecht einschränken lassen werde. Als äußerstes Zugeständnis betrachtete er es, wenn die Domkapitel alle drei Jahre Listen von geeigneten Kandidaten einsenden, aus denen und jenen von den Bischöfen bezeichneten sich jedoch der Heilige Stuhl freie Auswahl vorbehalte. Am 21. Juli 1923 machte dann Unterrichtsminister Matt den Gegenvorschlag, daß die Domkapitel bei Sedisvakanz eine Liste vorlegen, aus denen der Heilige Stuhl einen Kandidaten zu ernennen hat. Die Kurie nahm am 11. September 1923 diese Anregung auf und modifizierte sie, so daß es nun zu einer Einigung in dieser Frage kam. Am 10. und 11. März 1924 billigte das bayerische Gesamtministerium den Entwurf. Er wurde der Reichsregierung übermittelt. Reichskanzler Wilhelm Marx erklärte in einem Schreiben vom 18. März 1924, daß keine Einwendungen erhoben werden. Dies war kein Vorgang nach Art. 78 Abs. 2 WRV, wie bereits dargestellt, sondern aus rein innenpolitischem Kalkül geschehen.

Damit konnte nun am 29. März 1924 das Konkordat unterzeichnet werden. Zusammen mit den evangelischen Kirchenverträgen wurde es am 18. November 1924 dem Landtag zugeleitet, der es dann in Form eines Mantelgesetzes am 15. Januar 1925 mit 73 gegen 52 Stimmen annahm.

Der Art. 14 § 1 BayK, dessen Bestimmung noch heute gilt, lautet:

„In der Ernennung der Erzbischöfe und Bischöfe hat der Hl. Stuhl völlige Freiheit. Bei Erledigung eines erzbischöflichen oder bischöflichen Sitzes wird das beteiligte Kapitel dem Hl. Stuhle unmittelbar eine Liste von Kandidaten unterbreiten, die für das bischöfliche Amt würdig und für die Leitung der erledigten Diözese geeignet sind; unter diesen wie auch unter den von den bayerischen Bischöfen und Kapiteln je in ihren entsprechenden Triennallisten Bezeichneten behält sich der Heilige Stuhl freie Auswahl vor. Vor der Publikation der Bulle wird dieser in offiziöser Weise mit der Bayerischen Regierung in Verbindung treten, um sich zu vergewissern, daß gegen den Kandidaten Erinnerungen politischer Natur nicht obwalten.“[5]

Die Regierungsbegründung anläßlich der Zuleitung des Konkordats zur Beschlußfassung an den Landtag zu diesem Artikel lautete: „In Art. 14 § 1 beschränkt das Oberhaupt der katholischen Kirche die ihm nach CIC c. 329 § 2 an sich zustehende freie Auswahl hinsichtlich der Besetzung der erzbischöflichen und bischöflichen Stühle: Es haben kraft allgemeiner kirchlicher Bestimmungen die Erzbischöfe und Bischöfe von drei zu drei Jahren Listen von Kandidaten vorzulegen, ebenso die Metropolitan- und Domkapitel Bayerns, außerdem aber je im Erledigungsfall das Kapitel der verwaisten Diözese. Der Hl. Stuhl übernimmt die Pflicht, nur aus diesen Listen den Kandidaten auszuwählen und jeweils vor der Veröffentlichung seiner Auswahl durch Benehmen mit der Bayerischen Staatsregierung sich zu versichern, daß gegen den Kandidaten Erinnerungen politischer Natur nicht vorliegen. Die Bedeutung dieses Zugeständnisses liegt insbesondere darin, daß nur ein von der bayerischen kirchlichen Körperschaft empfohlener Priester auf einen bayerischen Bischofsstuhl gelangen kann."[6]

Zwei Momente sind beim BayK von Bedeutung:

1. Zum erstenmal im deutschsprachigen Raum wird das rein innerkirchliche und unverbindliche Listenverfahren Gegenstand eines völkerrechtlichen Vertrages. Es wird somit verpflichtend. Und das Neue darin ist, daß es den Heiligen Stuhl erstmals bindet, einen Kandidaten aus diesen Listen zu entnehmen. Neu ist auch die Erweiterung. Während bisher (und auch jetzt) im innerkirchlichen Verfahren nur die Bischöfe eines Sprengels Listen einreichen, sind nach diesem Konkordat auch alle bayerischen Kapitel berechtigt, Triennallisten einzusenden sowie das betroffene zusätzlich im Erledigungsfall. Klaus Mörsdorf schrieb dazu 1933: „Damit ist die erste Bresche in die rechtliche Unverbindlichkeit des Listenverfahrens geschlagen, die für seine Fortentwicklung, vor allem im konkordatären Gewande, große Folgen zeitigen kann."[7] Leider ein Irrtum, wie die spätere und jüngste Entwicklung gezeigt hat.

Aufgrund der Geheimhaltung des Listenverfahrens kann seitens des staatlichen Vertragspartners niemals überprüft werden, ob der Heilige Stuhl bei einer Ernennung sich daran gehalten hat oder nicht. Dazu Klaus Mörsdorf: „Es wird dem Papst nicht schwer fallen, der freiwillig eingegangenen Bindung an die Listen nachzukommen, zumal die Triennallisten gewöhnlich sehr viele Kandidaten enthalten."[8] Dies stimmt ohne Zweifel, daß sich hier ein zahlenmäßig hohes

Personalreservoir herausbildet, aber wegen der Ereignisse des Jahres 1988 ist trotzdem Skepsis angebracht.[9]

2. Das zweite Moment ist das politische Erinnerungsrecht, die „politische Klausel", die in gewisser Form das frühere staatliche Mitwirkungsrecht bzw. das landesfürstliche Nominationsrecht ablöst. Darüber mehr S. 88f. Im BayK wird ebenfalls zum erstenmal für den deutschsprachigen Raum diese Formulierung angewendet.

Das BayK, das in seiner Gesamtkonzeption weithin das Werk Eugenio Pacellis war, gilt nach Joseph Listl vor allem in den übrigen Materien „als Modell einer umfassenden Regelung der Beziehungen zwischen Staat und Kirche in der neuen Konkordatsära nach dem Ersten Weltkrieg".[10]

Aufgrund der eingetretenen Entwicklungen nach 1945 besonders im Schul- und Universitätswesen kam es zu mehreren Änderungen bzw. Ergänzungen zum Konkordat, deren umfassendste am 4. September 1974 erfolgte. Der Art. 14 blieb jedoch davon unberührt.[11]

Preußen

Die Lage in diesem größten Teilstaat nach dem Thronverzicht der Hohenzollern und dem Friedensvertag von Versailles war etwas anders als in Bayern. Der König von Preußen war nach der Bulle „De salute animarum" (1821) weitaus weniger in das Bischofsbestellungsverfahren eingebunden als in Bayern, dafür war eine neue Zirkumskription infolge von Verlusten im Osten (Posen, Westpreußen, Danzig) und Westen (Eupen-Malmedy) notwendig geworden.

Deshalb hat Nuntius Eugenio Pacelli bereits im Dezember 1919 die Anregung gegeben, über ein preußisches Konkordat zu verhandeln, wozu der damalige Kultusminister Konrad Haenisch Bereitschaft bekundete. Ein Streitpunkt war die weitere Gültigkeit der Bulle „De salute animarum". Der sozialdemokratische Ministerpräsident Otto Braun erklärte am 29. Dezember 1919 gegenüber Pacelli, diese Bulle solle weiterhin in Kraft bleiben, bis Ergebnisse von neuen

Verhandlungen vorlägen. Der kirchliche Standpunkt wurde in einem Schreiben des Kardinalstaatssekretärs Gasparri vom 20. Mai 1921 an Pacelli deutlich, nach dem der Heilige Stuhl die drei Bullen „De salute animarum", „Impensa Romanorum Pontificum" und „Ad Dominici gregis custodiam" als erloschen betrachtete. Diese Haltung wurde noch durch eine Allokution Papst Benedikts XV. am 21. November 1921 bekräftigt: „Daraus folgt zwingend, daß auch die Verträge, die zwischen dem Heiligen Stuhl und diesen Staaten früher bestanden, ihre Gültigkeit verloren haben."[12]

Der Plan eines Reichskonkordats und andere Umstände ließen jedoch die Verhandlungen für ein preußisches Konkordat vorerst stagnieren. Sie begannen erst wiederum am 27. März 1926, nachdem Pacelli auch als Nuntius in Berlin für Preußen akkreditiert war, und dauerten bis 1929.[13]

Bei der Zirkumskription einigte man sich folgendermaßen: Zur Kirchenprovinz Köln (Niederrheinische Kirchenprovinz) gehörten wie bisher Münster und Trier, dazu kamen das bisher exemte Bistum Osnabrück, das zur Oberrheinischen Kirchenprovinz gehörende Limburg und das neugegründete Aachen. Das bisher zu Köln gehörende Bistum Paderborn wurde zum Erzbistum erhoben und bildete die Metropole der Mitteldeutschen Kirchenprovinz, zu der Hildesheim (bisher exemt) und Fulda (bisher Oberrheinische Kirchenprovinz) kamen.

Ebenfalls neugegründet wurde die Ostdeutsche Kirchenprovinz mit Breslau als Metropole. Zu ihr kamen das Bistum Ermland, das neu gegründete Bistum Berlin (deswegen gab es auch ein politisches Tauziehen) und die neugegründete freie Prälatur („Praelatura nullius") Schneidemühl, die die bei Preußen verbliebenen Gebiete des Erzbistums Gnesen-Posen und des Bistums Kulm zusammenfaßte. Damit war die Zirkumskription in Preußen klar geregelt.

Hinsichtlich des Besetzungsrechtes in Preußen gab es drei unterschiedliche Bestrebungen:

1. Der Heilige Stuhl wollte das freie Ernennungsrecht des Papstes durchsetzen.

2. Die preußische Regierung versuchte, möglichst viel von ihren früheren Rechten zu retten.

3. Den Kapiteln ging es um die Erhaltung ihres alten Wahlrechts, wobei sie dabei von politischer Seite unterstützt wurden. Gerade die Regierungsvertreter waren es, die bei den Verhandlungen darüber auf die Wünsche der deutschen Hierarchie und der nicht zu unterschätzenden katholischen Öffentlichkeit verwiesen.

Bei den Sedisvakanzen nach dem Ersten Weltkrieg hatten sich Preußen und der Heilige Stuhl stets auf tragbare Kompromißlösungen geeinigt, wobei von beiden Seiten, um ja keine Präjudizierung vorzunehmen, deren unverbindlicher Charakter betont wurde.

Die Ausgangspositionen der beiden Verhandlungspartner ließen zunächst in dieser Frage keinen Kompromiß erkennen. Pacelli bot als äußerstes Zugeständnis die bayerische Lösung an, während die preußischen Regierungsvertreter in einer Verhandlungsrunde am 15. Juni 1926 erklärten, daß die Staatsregierung den Wunsch der Domkapitel und der katholischen Bevölkerung, den Bischof zu wählen, zu dem ihren machen werde. Jedoch kam es überraschenderweise bereits auf dieser Sitzung zu einem Kompromiß, der dann in das endgültige Konkordat einging.

Dieter Golombek kommentiert diese Frage folgendermaßen: „Es darf nicht übersehen werden, daß Nuntius Pacelli zwar als Mandatär der preußischen Katholiken gegenüber dem Staat fungierte, vorrangig jedoch die Interessen der Kurie wahrnahm. So kam es bei den Verhandlungen vor, daß die Vertreter des Staates die Interessen der katholischen Kirche Preußens gegenüber dem Heiligen Stuhl vertraten. Dies galt beispielsweise für die Fragen der Bischofswahl und der Kapitelbesetzung.“[14]

Diese Interessensdivergenz ist in der Tat beachtenswert. Auf der einen Seite versuchte die Kirche in Preußen unter Zuhilfenahme und unter dem Schutz der Völkerrechtssubjektivität des Heiligen Stuhles verschiedene Dinge durchzusetzen (Zirkumskription, allgemeine Rechte der Katholiken, Bildungsfragen etc.). Auf der anderen Seite, bei der Bestellung der Bischöfe, suchten Kirche und Katholiken in Preußen den Schutz und die Hilfe des Staates, wenn es darum ging, Rechte gegenüber der Kurie zu erreichen. Dabei darf eines nicht übersehen werden: Es ging dem Staat nicht um die Durchsetzung eigener Vorrechte, sondern er fühlte sich demokratisch-verfassungsmäßig legitimiert, die Anliegen seiner katholischen Bürger zu vertreten.

Aufgrund anderer Dinge, vor allem wegen der Schulfrage, die nicht ins Konkordat kam, dauerten die Verhandlungen noch weiter an. Man einigte sich erst im Frühjahr 1929. Die preußische Staatsregierung akzeptierte am 4. Juni 1929 das Verhandlungsergebnis. Bereits am 6. Juni 1929 konnte der deutsche Botschafter beim Heiligen Stuhl melden, daß Papst Pius XI. seine Zustimmung erteilt habe, so daß die Unterzeichnung am 14. Juni 1929 in Berlin stattfinden konnte. Der Landtag stimmte am 9. Juli 1929 mit 243 gegen 171 Stimmen dem Konkordat zu.

Die betreffende Bestimmung, die heute noch gilt, lautet im Art. 6 Abs. 1: „Nach Erledigung eines Erzbischöflichen oder Bischöflichen Stuhles reichen sowohl das betreffende Metropolitan- oder Kathedralkapitel als auch die Diözesanerzbischöfe und -bischöfe Preußens dem Heiligen Stuhle Listen von kanonisch geeigneten Kandidaten ein. Unter Würdigung dieser Listen benennt der Heilige Stuhl dem Kapitel drei Personen, aus denen es in freier, geheimer Abstimmung zu wählen hat. Der Heilige Stuhl wird zum Erzbischof oder Bischof niemand bestellen, von dem nicht das Kapitel nach der Wahl durch Anfrage bei der Preußischen Staatsregierung festgestellt hat, daß Bedenken politischer Art gegen ihn nicht bestehen.“

Im Artikel 7 wird geregelt, daß der freie Prälat von Schneidemühl sowie die Koadjutoren mit dem Recht der Nachfolge frei vom Papst, allerdings unter vorheriger Anfrage bei der Regierung wegen Bedenken politischer Art, ernannt werden.[15]

In der Regierungsbegründung anläßlich der Vorlage des Konkordats zur Beschlußfassung durch den Landtag heißt es u. a. zu dieser Bestimmung: „Für die Besetzung der Erzbischöflichen und Bischöflichen Stühle bleibt den Domkapiteln weiterhin das altüberlieferte Wahlrecht erhalten ... seine Freiheit wird ausdrücklich garantiert. Allerdings soll die

Auswahl der (drei) Wahlkandidaten nicht mehr durch das Kapitel selbst geschehen, sondern durch den Heiligen Stuhl, der sich aber für jeden einzelnen Besetzungsfall Vorschläge des betreffenden Kapitels und der preußischen Diözesanbischöfe einreichen lassen wird. Diese verpflichtet sich der Heilige Stuhl, ohne im übrigen auf sie beschränkt zu sein, so zu würdigen, daß er die dem Kapitel zu benennenden Personen möglichst aus ihnen entnehmen wird. Dem Kapitel obliegt auch die oben erwähnte Feststellung hinsichtlich etwaiger politischer Bedenken."[16]

Aus den Bestimmungen des Art. 6 Abs. 1 lassen sich folgende Schlüsse ziehen:

1. In einem völkerrechtlich bindenden Vertrag verpflichtet sich der Heilige Stuhl entgegen den geltenden Bestimmungen des CIC, die Form der Bischofsbestellung so und nicht anders durchzuführen. Wenn es nicht zu einer Einigung über die „Freundschaftsklausel" (Art. 13) kommt, ist jede andere Form, aus welchem berechtigten Grund auch immer, eine Verletzung des Konkordats.

2. Wie in Bayern und auch kirchlicherseits geübt (Triennallisten), wird auch für Preußen das Listensystem eingeführt, und zwar mit dem Unterschied, daß nur im Erledigungsfall Listen einzureichen sind und der Heilige Stuhl zwar verpflichtet wird, diese zu würdigen, jedoch nicht an sie gebunden ist. Es liegt also nur eine moralische Verpflichtung des Heiligen Stuhles vor, nicht eine rechtliche.

3. Der Heilige Stuhl benennt nun drei Personen, aus denen das Kapitel in freier und geheimer Wahl den (Erz-)Bischof zu wählen hat. Dies bedeutet klarerweise eine deutliche Einengung des alten absoluten Kapitelwahlrechtes. Obgleich das Kapitelwahlrecht ein beschränktes ist, ist es noch eine Wahl im kanonischen Sinne. Der Gewählte erwirbt ein ius ad rem, d.h. er hat den Anspruch auf Bestellung durch den Papst. Wenn man es aber genau betrachtet, hat sich in Preußen jedoch nicht viel geändert. Während früher der Staat massiven Einfluß auf die Kapitel genommen hat, so ist es jetzt die Kurie, wenn man an den allgemein überlieferten Ausspruch des früheren Kölner Erzbischofs, Josef Kardinal Frings, denkt: „Auf der Dreierliste steht ein Neger, ein Chi-

nese und der, der es werden soll." Trotz alledem, nach dem Konkordat besteht eine Verpflichtung des Kapitels, zu wählen.

4. Der „Herr des Verfahrens" bei der Anfrage wegen politischer Bedenken ist der Dompropst und nicht der Heilige Stuhl, wie in einem Entwurf ursprünglich vorgesehen war. Nach diesem hätte der Nuntius vor der Wahl die Dreierliste der Regierung präsentieren sollen, was aber an das alte preußische Verfahren der „Mindergenehmigung" erinnerte. Preußen bestand auch deswegen auf der Anfrage des Dompropstes, weil damit nicht der „auswärtige" Heilige Stuhl vorstellig wird, sondern eine innerpreußische kirchliche Stelle. Erst nach diesem Verfahren tritt der Heilige Stuhl durch die Ernennung auf den Plan.

Die Bestimmungen nach Art. 6 haben jedoch auch einige Lücken, wie die Vorgänge des Jahres 1988 beweisen.

1. Es werden keine Fristen angegeben, weder für die Einreichung der Listen nach Eintreten der Sedisvakanz noch für einen Zeitraum, bis wann das Domkapitel die Wahl vorgenommen haben muß. Zwar können kirchlicherseits die allgemeinen Bestimmungen über Fristen im CIC herangezogen werden, jedoch sind diese völkerrechtlich nicht bindend. Solange Art. 13 (Freundschaftsklausel) nicht in Anwendung gelangt, kann der Heilige Stuhl wegen Fristversäumnis die im Art. 6 normierte Form der Bischofsbestellung einseitig nicht verlassen.

2. Eine Frage, auf die Ludwig Link und Klaus Mörsdorf hinweisen, lautet: Was ist, wenn zwischen Überreichung der Dreierliste und Kenntnisnahme des Heiligen Stuhles vom Gewählten Umstände über diesen plötzlich auftreten, die eine Bestellung unmöglich machen. Das menschliche Leben ist ja vor Überraschungen nicht gefeit. Was passiert nun? Wählt das Kapitel aus den verbleibenden zwei Kandidaten, wird ein neuer Dreiervorschlag eingeschickt, oder ernennt der Papst?

Da diese Nicht-Bestellung einer Wahl-Nichtigkeitserklärung gleichkommt und das Wahlverfahren im Art. 6 genau normiert ist, muß in diesem Fall der Heilige Stuhl eine neue oder ergänzte Dreierliste übersenden, denn die Bestellung eines Bischofs kann nur nach erfolgter Wahl aus einem Dreiervorschlag kommen.[17]

Ähnliches wird auch auf den Fall zutreffen, wenn der Staat Bedenken allgemein politischer Natur geltend macht und der Heilige Stuhl diese als begründet anerkennt. Auch in diesem Fall muß das Kapitel aus einer Dreierliste neu wählen.

Was ist, wenn der Kandidat die Wahl nicht annimmt? Auch in diesem Fall muß der Heilige Stuhl einen ergänzten Dreiervorschlag unterbreiten.

Aufgrund dieser Fälle obliegt dem Heiligen Stuhl vor Präsentation der Dreierliste eine besondere Sorgfalt. Er sollte die kanonische Eignung und die Eigenschaften der Präsentierten genauestens prüfen und sich bei ihnen schon vorher vergewissern, daß sie eine allfällige Wahl annehmen. Die Geltendmachung des staatlichen Einwandes wegen politischer Bedenken ist sicherlich in einem demokratischen Verfassungsstaat kaum anzunehmen, doch im Falle Köln 1988 nicht ganz von der Hand zu weisen gewesen. Es wird auch am Fingerspitzengefühl der Kurie und des betreffenden Nuntius liegen, in vertraulichen und informellen Gesprächen allfällige Bedenken vorher auszuloten.

Dieselbe Vorgangsweise ist dann anzunehmen, wenn das Domkapitel nach Überreichung der Terna von einem der Präsentierten in Erfahrung bringt, daß kanonische Mängel vorliegen und daß andere Bestimmungen bezüglich Staatsbürgerschaft oder Ausbildung nicht eingehalten wurden. Im letzteren Fall hat ebenfalls der Heilige Stuhl die Verpflichtung, sich vor der Überreichung der Dreierliste mit dem Staat ins Benehmen zu setzen.

3. Gerade im Kölner Fall des Jahres 1988 wurden an der Freiheit des Kapitelwahlrechts Zweifel gehegt, weil sie im „Fring'schen Sinne" abgelaufen sein soll. Unter dieser Freiheit ist lediglich die Nichteinmischung des Staates, des Heiligen Stuhles oder Dritter beim Wahlakt gemeint. Der Heilige Stuhl hat bei der Aufstellung der Dreierliste lediglich die kanonischen Voraussetzungen, die Eignung sowie die übrigen Bestimmungen des Konkordats, in diesem Falle des

RK (Staatsbürgerschaft, Ausbildung), zu beachten. Die kanonischen Voraussetzungen sowie letztere Bestimmungen sind formale Kriterien. Die Eignung ist jedoch eine materielle Angelegenheit. Man wird sich also schwertun, von einer Verletzung der Wahlfreiheit zu sprechen, wenn sich auf der Dreierliste zwei Kandidaten befinden, denen eine landläufige Meinung (wie konkretisierbar?) attestiert, daß sie für das Amt nicht geeignet seien.

Klaus Mörsdorf urteilte bereits 1933 über das preußische Kapitelwahlrecht: „So ist die tatsächliche Bedeutung des preußischen Kapitelwahlrechts nicht sehr groß, denn einmal können infolge der päpstlichen Kandidatenbestimmung nur solche Bischöfe werden, die der Papst positiv will, dazu wird aber der Papst in besonderen Fällen jeden von ihm bestimmten Kandidaten durchsetzen können."[18]

Baden

Neben Preußen und Bayern war Baden ein wichtiges Konkordatsland, denn auf seinem Gebiet befand sich Freiburg, der Metropolitansitz der Oberrheinischen Kirchenprovinz, für die ja 1827 mit der Bulle „Ad dominici gregis custodiam" ein eigenes Bischofsbestellungssystem eingeführt wurde (siehe S. 47f.). Auch diese Bulle war nach Ansicht des Heiligen Stuhles nicht mehr gültig, und mit dem Preußenkonkordat schieden Limburg und Fulda aus dem Metropolitanverband.

Bei der Besetzung des Erzbischofssitzes von Freiburg im Jahr 1920 konnte das Domkapitel aufgrund eines besonderen zugestandenen Privilegs einen neuen Erzbischof wählen. Die betreffende Bestellungsbulle „Hodie Nos" vom 12. Oktober 1920 erwähnte aber mit keinem Wort die Wahl des Erzbischofs, sondern formulierte: „Wir haben zum Erzbischof ... bestellt."

In einem Schreiben des Kardinalstaatssekretärs Gasparri an den Freiburger Erzbischof Karl Fritz vom 2. Juni 1926 wurde jedoch mitgeteilt, daß in künftigen Fällen bei der Bestellung eines neuen Erzbischofs die Bestimmungen des CIC angewandt werden.[19] Erst nachdem sich ein Abschluß des PrK abzeichnete, traten die Gespräche für ein badisches Konkordat in die entscheidende Phase.[20] Am 29. November 1929 schlug Nuntius Pacelli der badischen Regierung den Eintritt in Verhandlungen vor, denen der badische Staatspräsident (Ministerpräsident) am 24. Dezember 1929 grundsätzlich zustimmte. Wegen der Berufung Pacellis zum Kardinalstaatssekretär und anderer Ereignisse verzögerten sich dann die Verhandlungen, die später unter dem neuen Nuntius Cesare Orsenigo Ende Oktober 1930 fortgesetzt wurden.

Am 7. Dezember 1931 starb Erzbischof Fritz, so daß die Konkordatsfrage in ein kritisches Stadium trat. Die badische Regierung vertrat die Auffassung, daß die Bulle „Ad dominici gregis" weiter gelte, da sie ja mit einem Staat unabhängig von der Regierungsform abgeschlossen wurde. Lediglich das staatliche Mitwirkungsrecht entfalle, so daß das Domkapitel von Freiburg das volle Wahlrecht besitze. Demgegenüber vertrat, wie schon früher betont, der Heilige Stuhl die Auffassung, daß diese Bullen ihre Gültigkeit verloren hätten. Der Heilige Stuhl konnte sich allerdings unter der Zusicherung der Einmaligkeit durchsetzen, und ernannte den Bischof von Meißen, Konrad Gröber, am 13. Januar 1931 zum Erzbischof, dem die Regierung nur mehr zustimmen konnte.

Die Verhandlungen zogen sich auch 1932 weiter hin, erst am 12. August 1932 konnte in Rom das Konkordat unterzeichnet werden. Am 14. November 1932 wurde es gemeinsam mit dem evangelischen Kirchenvertrag im Landtag eingebracht. In zweiter Lesung wurde es am 9. Dezember 1932 mit der knappen Mehrheit von 44 zu 42 Stimmen gebilligt.

In der Frage der Bischofsbestellung hatte es Baden leichter, weil es in den Verhandlungen auf das preußische Präjudiz zurückgreifen konnte. Zwar wollte es eine Verbindlichkeit der Vorschlagslisten wie in Bayern durchsetzen, doch gab es trotzdem eine gewisse Verbesserung zu Preußen.

Der betreffende Art. III lautet:

„(1) Nach Erledigung des Erzbischöflichen Stuhles

reicht das Domkapitel dem Heiligen Stuhl eine Liste geeigneter Kandidaten ein. Unter Würdigung dieser sowie durch den Erzbischof jährlich einzureichender Listen benennt der Heilige Stuhl dem Domkapitel drei Kandidaten, aus denen es in freier geheimer Abstimmung den Erzbischof zu wählen hat. Unter den drei Benannten wird mindestens ein Angehöriger der Erzdiözese Freiburg i. Br. sein.

(2) Vor der Bestellung des vom Domkapitel zum Erzbischof Erwählten wird der Heilige Stuhl beim Badischen Staatsministerium sich vergewissern, ob gegen denselben seitens der Staatsregierung Bedenken allgemein politischer nicht aber parteipolitischer Art bestehen.“[21]

Folgende Unterschiede zum PrK:

1. In Baden reicht der Erzbischof jährlich eine Liste ein, in Preußen die Bischöfe im Erledigungsfall. Dieser Unterschied ergibt sich von selbst, denn es fehlen ja die übrigen Bischöfe in Baden, und der verstorbene Erzbischof kann bei Sedisvakanz ja nicht gut selber eine Liste einreichen.

2. Neu ist die Bestimmung, daß der Dreiervorschlag mindestens einen Priester der Erzdiözese Freiburg enthalten muß, was eine gewisse Einschränkung der Auswahlfreiheit des Heiligen Stuhles bedeutet. Die Regierungsbegründung zum BadK bemerkt dazu: „Daß unter den in die engere Wahl kommenden Kandidaten zumindestens ein Angehöriger der Erzdiözese sein muß, liegt sicherlich auch im Staatsinteresse.“[22]

3. Beim Verfahren bezüglich allgemein politischer Bedenken richtet der Heilige Stuhl die Anfrage an die Regierung und nicht der Propst des Kapitels wie in Preußen.

Im übrigen gelten auch für Baden die bereits bei Preußen (siehe oben) angeschnittenen Probleme sinngemäß.

Reichskonkordat

Die bereits erwähnte partielle Zuständigkeit des Reiches in Kultusfragen veranlaßten den Zentrumspolitiker und Reichskanzler Konstantin Fehrenbach (21. 6. 1920–3. 5.

1921), nach Errichtung einer Nuntiatur beim Reich unter Führung des Münchener Nuntius Eugenio Pacelli mit Konkordatsverhandlungen zu beginnen. Die Vorstellungen der Reichsregierung sind aktenmäßig gut dokumentiert.[23] Besonders der Vatikan-Referent des Auswärtigen Amtes, Richard Delbrück, hat sich durch gut ausgedachte Entwürfe hervorgetan.

In all diesen Entwürfen und Überlegungen der Reichsregierung kommt die Forderung nach einem freien Wahlrecht der Domkapitel (ohne Dreiervorschlag) klar zum Ausdruck. Ebenso wurde die „Politische Klausel" eingeführt und das Recht der Länder betont, selber Konkordate abzuschließen. Demgegenüber vertrat erwartungsgemäß Nuntius Eugenio Pacelli das freie Besetzungsrecht des Heiligen Stuhles.

Die innenpolitischen Verhältnisse (Inflation, Reparationen, Ruhrbesetzung etc.) richteten jedoch die Interessen des Reiches auf andere Gebiete, so daß unter Reichskanzler Wilhelm Cuno (22. 11. 1922 bis 12. 8. 1923; galt als parteilos, war jedoch Angehöriger des CV) die Bemühungen um ein Reichskonkordat nicht mehr fortgesetzt wurden.

Der Abschluß der Konkordate für Bayern, Preußen und Baden ließ ebenfalls ein Interesse des Reiches zurücktreten. Dieses erwachte jedoch aus ganz anderen Motiven erst unter der Kanzlerschaft Adolf Hitlers wieder, der seinen Vizekanzler Franz von Papen im April 1933 nach Rom zu Verhandlungen mit Kardinalstaatssekretär Pacelli entsandte, wobei der Delbrück-Entwurf als Grundlage diente. Die Verhandlungen konnten, nicht zuletzt aus innenpolitischen Motiven im Interesse Hitlers, zügig fortgesetzt werden, so daß das Konkordat am 8. Juli 1933 paraphiert und nach Zustimmung des Reichskabinetts am 20. Juli 1933 feierlich unterzeichnet werden konnte. Mit dem Austausch der Ratifikationsurkunden am 10. September 1933 trat es in Kraft und wurde am 12. September 1933 im Reichsgesetzblatt publiziert.[24]

Bezüglich des Bischofsernennungsrechtes konnte das RK nicht viel bestimmen, denn es anerkannte in Art. 2 die betreffenden Länderkonkordate. Doch gab es trotzdem Erweiterungen. Der Art. 14 lautete:

„Die Kirche hat grundsätzlich das freie Besetzungsrecht für alle Kirchenämter und Benefizien ohne Mitwirkung des Staates oder bürgerlicher Gemeinden, soweit nicht durch die im Art. 2 genannten Konkordate andere Vereinbarungen getroffen sind. Bezüglich der Besetzung von Bischöflichen Stühlen findet auf die beiden Suffraganbistümer Rottenburg und Mainz wie auch für das Bistum Meißen die für den Metropolitansitz der Oberrheinischen Kirchenprovinz Freiburg getroffene Regelung entsprechende Anwendung.

Außerdem besteht Einvernehmen über folgende Punkte:

1. Katholische Geistliche, die in Deutschland ein geistliches Amt bekleiden oder eine seelsorgliche oder Lehrtätigkeit ausüben, müssen:

a) deutsche Staatsangehörige sein,

b) ein zum Studium an einer deutschen höheren Lehranstalt berechtigtes Reifezeugnis erworben haben,

c) auf einer deutschen staatlichen Hochschule, einer deutschen kirchlichen akademischen Lehranstalt oder einer päpstlichen Hochschule in Rom ein wenigstens dreijähriges philosophisch-theologisches Studium abgelegt haben.

2. Die Bulle für die Ernennung von Erzbischöfen, Bischöfen, eines Koadjutors cum iure successionis oder eines Praelatus nullius wird erst ausgestellt, nachdem der Name des dazu ausersehenen dem Reichsstatthalter in dem zuständigen Lande mitgeteilt und festgestellt ist, daß gegen ihn Bedenken allgemein politischer Natur nicht bestehen. Bei kirchlichem und staatlichem Einverständnis kann von den im Absatz 2, Ziffer a, b und c genannten Erfordernissen abgesehen werden.“[25]

In Artikel 16 wird gegenüber den Länderkonkordaten neu, aber im Sinne der Überlegungen Anfang der zwanziger Jahre, der Treueeid der Bischöfe eingeführt.

Das RK hat demnach für die Bestellung der Bischöfe folgende zwei Weiterungen:

1. Der Treueeid nach Art. 16.

2. Die Ausdehnung der Bestimmungen des BadK auf die Freiburger Suffraganbistümer Mainz und Rottenburg sowie das exemte Bistum Meißen.

In Mainz wurde nach dem Tode Bischof Georg Kirsteins (17. April 1921) der bereits am 7. März 1921 ernannte Koadjutor Ludwig Maria Hugo automatisch Nachfolger, der bis 1935 regierte, so daß für diese Diözese zwischen 1918 und 1933 keinerlei Diskussionen wegen eines Kapitelwahlrechts stattfanden.

Anders jedoch in Rottenburg. Dort starb am 16. Juli 1926 Bischof Wilhelm von Keppler. Als das Domkapitel eine Neuwahl vornehmen wollte, wurde ihm das von Rom verboten. Daraufhin wurde die württembergische Regierung vorstellig. Es kam zu einem Kompromiß, der vorbehaltlich einer endgültigen Regelung dem Kapitel das Wahlrecht aus einer Dreierliste Roms beließ. So hat man bei der Rottenburger Wahl im wesentlichen schon das Verfahren durchgeführt, das später für Preußen und Baden gelten sollte.

Mit der Apostolischen Konstitution „Sollicitudo omnium ecclesiarum" vom 24. Juni 1921 wurde unter Aufhebung des Apostolischen Vikariates der sächsischen Erblande und der Apostolischen Präfektur der Lausitz in Bautzen, für die ja bis 1918 das Nominationsrecht des Königs von Sachsen bestand (siehe S. 52), ein neues Bistum geschaffen, das den Namen *Meißen* führte und seinen Sitz in Bautzen hatte (heute Dresden-Meißen). Es umfaßte das Land Sachsen sowie die damals zu Thüringen gehörenden Gebiete des ehemaligen Herzogtums Sachsen-Altenburg und der beiden Fürstentümer Reuß (ältere und jüngere Linie). Dieses Bistum wurde exemt, die Bestellung der Bischöfe erfolgte nach c. 329 § 2, also päpstliche Ernennung. Mit dem RK wurde dann die Bestellung nach dem BadK eingeführt.

Eine Folge des Friedensvertrages von Versailles war die Schaffung der *Freien Stadt Danzig* (ehemals zur Provinz Westpreußen gehörend). Am 21. April 1922 wurde für dieses Gebiet, das bislang zu den Diözesen Ermland (Ostpreußen) und Kulm (nunmehr Polen) gehörte, eine Apostolische Administratur errichtet. Nach Abschluß des Polnischen Konkordats wurde mit der Apostolischen Konstitution „Universa Christi fidelium cura" am 30. Dezember 1925 das exemte Bistum Danzig errichtet, für das ebenfalls das freie päpstliche Ernennungsrecht galt.[26]

Österreich

Das Jahr 1918 bedeutete für Österreich eine weitaus größere Umwälzung als für das Deutsche Reich. Nicht nur die nahezu 650 Jahre in diesem Land regierende Dynastie der Habsburger stürzte, sondern auch und vor allem der Verlust des größten Teiles seines Gebietes brachte große Probleme mit sich.

Kirchlicherseits hatte das zwei Folgen:

1. Das kaiserliche Nominationsrecht, das fast 500 Jahre ausgeübt wurde, war obsolet geworden. An seine Stelle trat mit Ausnahme Salzburgs ohne Probleme das freie päpstliche Ernennungsrecht.

2. Durch die Abtrennung *Südtirols* von Österreich fiel der Diözesansitz Brixen an Italien. Für das zu dieser Diözese gehörende Nordtirol, Osttirol und Vorarlberg wurde 1925 eine eigene Apostolische Administratur errichtet. Der seit 1919 für diese Gebiete amtierende Apostolische Delegat Sigismund Waitz (seit 1934 Fürsterzbischof von Salzburg) wurde 1925 auch der erste Apostolische Administrator. Die deutschbesiedelten Gebiete *Westungarns* kamen 1922 als Bundesland *Burgenland* zu Österreich. Es umfaßte Teile der ungarischen Diözesen Raab (Györ) und Steinamanger (Szombáthely). Für das Burgenland wurde mit Sitz in Eisenstadt eine Apostolische Administratur errichtet, die jedoch bis 1949 in Personalunion vom Wiener Erzbischof verwaltet wurde.

Die relativ rasche wenn auch provisorische Angleichung der kirchlichen Zirkumskription infolge der Friedensverträge von St. Germain und Trianon ließ weder von kirchlicher noch von staatlicher Seite in den ersten Jahren nach dem Weltkrieg den Wunsch nach einem Konkordat aufkommen. Selbst die Haltung des Heiligen Stuhles im Jahr 1921, wonach aufgrund der Folgen des Ersten Weltkrieges die vorher geschlossenen kirchlichen Verträge nicht mehr gültig seien und neue angestrebt werden sollten, hatte auf Österreich keinerlei Auswirkungen. Erstens wurde ja das Konkordat von 1855 im Jahr 1870 gekündigt (siehe S. 54f.), zweitens wurden in staatlichen Gesetzen der Jahre 1868 und

1874 verschiedene Materien, die Staat und Kirche betreffen, zwar nicht im Sinne der Kirche geregelt, doch es gab zumindest nur wenig rechtsfreie Räume auf diesem Gebiet, und drittens, und das war offenbar eines der Hauptinteressen der Kurie nach 1918, ließ sich das freie päpstliche Ernennungsrecht in Österreich mit Ausnahme Salzburgs ohne Diskussion durchsetzen.

Für diese Erzdiözese ist seit dem Hochmittelalter das Kapitelwahlrecht nachzuweisen, das auch nach der Eingliederung Salzburgs in den Verband der österreichischen Monarchie 1814 beibehalten werden konnte. Darüber hinaus besaß der Erzbischof von Salzburg das Recht, die Bischöfe seiner „Eigenbistümer" zu ernennen, das waren für die Republik Österreich Graz-Seckau und Gurk-Klagenfurt (zum sog. „Salzburger Privileg" siehe S. 53). Bereits 1910 gab es bei der Bestellung von Balthasar Kaltner zum Fürstbischof von Gurk Probleme mit dem Heiligen Stuhl. 1920 hat dann Papst Benedikt XV. das Salzburger Privileg insofern abgeschwächt, als in Hinkunft die Suffragane aus einem römischen Dreiervorschlag auszuwählen seien. Am 31. März 1922 hat dann Papst Pius XI. in einem Entscheid die Konfirmation der Suffragane durch den Salzburger Erzbischof vollständig beseitigt, eine konsequente Folge im Sinne des neuen CIC.

Als am 18. März 1927 der Fürstbischof von Graz-Seckau, Leopold Schuster, starb, wurde die Sache virulent, obwohl bereits am 25. Februar 1927 der Militärvikar des österreichischen Bundesheeres, Ferdinand Pawlikowski, zum Bischofskoadjutor mit Recht der Nachfolge ernannt worden war. Fürsterzbischof Ignaz Rieder, ein Kirchenhistoriker, ließ jedoch nichts unversucht, dieses Privileg zu erhalten. In Eingaben nach Rom und an Bundeskanzler Ignaz Seipel, der auch den Botschafter beim Heiligen Stuhl einschalten ließ, gelang es mit einer gewissen Hartnäckigkeit, daß Ignaz Rieder ad personam dieses Salzburger Privileg ausüben konnte, was ihm vom Kardinalstaatssekretär in einem Schreiben vom 19. Juli 1929 bestätigt wurde.[27]

In der Konkordatsfrage war es nun weder der Staat noch der heilige Stuhl, die die Initiative ergriffen, sondern die Bischöfe Österreichs, und hier vor allem der Apostolische Administrator von Innsbruck-Feldkirch, Sigismund Waitz, der die unbefriedigende Situation seines Sprengels geregelt wissen wollte. Auf der Bischofskonferenz vom 26. bis 28. November 1929 hat er erstmals den Anstoß zu Konkordatsverhandlungen gegeben. Neben der Zirkumskription waren es in Österreich vor allem Ehe- und Schulfragen, die einer Regelung harrten, so daß die Debatten um die Form der Bischofsbesetzung in Österreich nie diesen Stellenwert erhielt wie im Deutschen Reich.

Im ersten Konkordatsentwurf von 1931 wurde das freie päpstliche Ernennungsrecht festgehalten und eine „Politische Klausel“ eingeführt. Bei der Bischofskonferenz im November 1931 wurde dieser Entwurf beraten, wobei Erzbischof Rieder das alte „Salzburger Privileg“ sowie die Wahl des Erzbischofs durch das Kapitel durchsetzen wollte. Weiter wünschten die Bischöfe eine Mitsprache bei der Besetzung im Sinne des Konkordats von 1855, dem sich auch die Bundesregierung anschloß. Über den Salzburger Landeshauptmann Franz Rehrl versuchte Rieder seit 1931 und dann vermehrt auch Anfang 1933, die politische Seite für seine Anliegen zu gewinnen. Verstöße beim Unterrichtsminister Anton Rintelen und dann bei Bundeskanzler Engelbert Dollfuß unterstützten diese Vorhaben. Insbesondere der Salzburger Landeshauptmann war ein Verfechter der Erhaltung der Salzburger Vorrechte. Somit gelang es über die politische Seite, das Wahlrecht des Domkapitels nach preußischem Vorbild zu sichern.

Das Vorgehen der deutschen Reichsregierung für ein Reichskonkordat zwang nun auch Österreich zum Handeln. Zwei Tage nach Vizekanzler Franz von Papen flog auch Bundeskanzler Engelbert Dollfuß nach Rom, so daß am 5. Juni 1933 das Konkordat im Vatikan paraphiert werden konnte. Wegen der schwierigen innenpolitischen Verhältnisse erfolgte die Ratifizierung österreichischerseits durch Beschluß des (Rumpf-)Nationalrats am 30. April 1934 mit Wirkung vom 1. Mai 1934. Das Konkordat wurde als Nr. 2 des Bundesgesetzblattes des nun neuen Bundesstaates Österreich an diesem Tag veröffentlicht.[28]

Der die Bischofsbestellung betreffende und noch heute gültige Art. IV lautet:[29]

„§ 1 Die Auswahl der Erzbischöfe und Bischöfe sowie des Prälaten Nullius (gedacht für Burgenland, Anm. d. Verf.) steht dem Heiligen Stuhle zu.

Bei Erledigung eines erzbischöflichen oder bischöflichen Sitzes (Praelatura Nullius) legen die einzelnen österreichischen Diözesanbischöfe innerhalb eines Monats eine Liste von geeigneten Persönlichkeiten dem Heiligen Stuhl vor, ohne daß dieser an die Listen gebunden ist.

Bei Erledigung des erzbischöflichen Stuhles von Salzburg benennt der Heilige Stuhl dem Metropolitankapitel in Salzburg drei Kandidaten, aus denen es in freier, geheimer Abstimmung den Erzbischof zu wählen hat.

§ 2 Bevor an die Ernennung eines residierenden Erzbischofs, eines residierenden Bischofs oder eines Koadjutors mit dem Recht der Nachfolge wie auch des Prälaten Nullius geschritten wird, wird der Heilige Stuhl den Namen des in Aussicht Genommenen oder Erwählten der österreichischen Bundesregierung mitteilen, um zu erfahren, ob sie Gründe allgemein politischer Natur gegen die Ernennung geltend zu machen hat.

Das bezügliche Verfahren wird ein streng vertrauliches sein, so daß bis zur Ernennung die gewählte Person geheimgehalten wird.

Wenn vom Zeitpunkt der oben erwähnten Mitteilung 15 Tage ohne Erteilung einer Antwort verfließen, wird das Stillschweigen in dem Sinne ausgelegt werden, daß die Regierung keine Bedenken zu erheben hat und der Heilige Stuhl die Ernennung ohne weiteres veröffentlichen kann."

Mit Ausnahme der Erzdiözese Salzburg, dessen Kapitelwahlrecht dem in Preußen ähnlich ist, haben die übrigen österreichischen Diözesen die geringsten Mitwirkungsrechte des deutschen Sprachraumes (Deutschland und Österreich). Das Listenverfahren ist unverbindlich, nicht einmal der im Preußenkonkordat verwendete Begriff „unter Würdigung" kommt vor.

Die Verhandlungen zu den Konkordaten mit Bayern, Preußen und Baden sowie zum RK und ÖstK zeigen zusammen mit den Ergebnissen folgende Punkte:

1. Der Heilige Stuhl versuchte mit mehr oder minder Erfolg, das freie päpstliche Besetzungsrecht durchzusetzen. Dies war seine Politik nach 1918, wobei er für das Deutsche Reich und Österreich „die Gunst der Stunde" aufgrund der staatsrechtlichen und politischen Umwälzungen erkannte. Daß er dazu in völkerrechtlich nicht unumstrittener Weise die konkordatären Vereinbarungen der Zeit nach 1815 einseitig für erloschen erklärte, unterstützte dieses Vorhaben.[30]

2. Das Deutsche Reich und die beteiligten Länder (Preußen, Baden, aber auch Bayern) versuchten, das im deutschen Bewußtsein präsente und auf eine lange Tradition blickende Kapitelwahlrecht durchzusetzen. Dabei ging es den politischen Verhandlungsführern nicht nur um ein Prestige, sondern um das Anliegen eines lokalen Mitbestimmungsrechtes gegenüber der Kurie. Ein gemeinsames Vorgehen des Staates, der Kapitel, aber auch der Hierarchie ist hierfür kennzeichnend.

3. In allen erwähnten Konkordaten konnte im Prinzip für jene Bistümer, die bis 1803 reichsständisch waren, ein abgeschwächtes Kapitelwahlrecht durchgesetzt werden. Die bayerischen sowie die österreichischen (mit Ausnahme Salzburgs) Bistümer erhielten dieses nicht, weil für sie bis 1918 das landesfürstliche Nominationsrecht bestand, an dessen Stelle nun das päpstliche Ernennungsrecht trat.

4. Das Domkapitelwahlrecht in Deutschland (Ausnahme Bayern) und in Salzburg sowie teilweise in der Schweiz (siehe S. 175 f.) ist wohl in dieser Form gegenwärtig einmalig.

Weitere Konkordatsbestimmung zur Bischofsbestellung

Bereits bei der Behandlung der Konkordate und konkordatären Vereinbarungen des 19. und 20. Jahrhunderts wird dem aufmerksamen Leser nicht entgangen sein, daß es zusätzlich zu der Art und Weise der Bischofsbestellung noch weitere Bestimmungen gibt: Staatsbürgerschaft und Ausbildung; die „Politische Klausel"; die Eidesleistung.

Staatsbürgerschaft und Ausbildung

Die Frage der *Staatsbürgerschaft,* auch Inkolat genannt, für Inhaber kirchlicher Ämter wurde erst im Zuge des Verfassungsstaates im 19. Jahrhundert aktuell.

Das bayerische Konkordat von 1817 verlangte nur die bayerische Staatsangehörigkeit für die Mitglieder der Domkapitel, was durch einen Ministererlaß von 1852 auf „alle Kirchen- und namentlich Pfarrpfründe" ausgedehnt wurde. Die für Preußen gültige Bulle „De salute animarum" bestimmte, daß die Bischöfe preußische Staatsangehörige sein müssen, nach dem Breve „Quod de fidelium" konnte mit Zustimmung des Königs davon abgesehen werden, wenn der Kandidat der deutschen Nation angehört. In der für die Oberrheinische Kirchenprovinz gültigen Bulle „Ad dominici gregis" wird vermerkt, daß die Bischöfe aus dem Diözesanklerus genommen werden müssen, was begrifflich der Staatsangehörigkeit sehr nahe kam.

In der Kulturkampfzeit wurde 1873 für das Deutsche Reich in einem Gesetz die Reichsangehörigkeit für die Inhaber kirchlicher Ämter gefordert.

Das österreichische Konkordat des Jahres 1855 kannte keine solche Bestimmung, jedoch forderte ein Gesetz von 1874 für die österreichische Reichshälfte ebenfalls die Staatsbürgerschaft für Inhaber kirchlicher Ämter. Somit war die Rechtslage sowohl für das Wilhelminische Deutsche Reich als auch für die österreichische Reichshälfte Österreich–Ungarn fast gleichlautend dieselbe.

Nach dem Ersten Weltkrieg wurden diese Bestimmungen, die sich übrigens auch in anderen Konkordaten finden, beibehalten. Bereits in den ersten Überlegungen zu einem deutschen Reichskonkordat Anfang der zwanziger Jahre findet sich die Forderung nach einer deutschen Staatsangehörigkeit, so etwa im „Delbrück-Entwurf" von 1921, die dann in die folgenden drei Länderkonkordate (Bayern, Preußen und Baden) sowie in das RK Eingang gefunden hat.

Interessant ist, daß in diesen eine Begründung geliefert wird. So heißt es im BayK Art. 13: „Im Hinblick auf die Aufwendungen des Bayerischen Staates..." und dann gleichlautend im PrK (Art. 9), im BadK (Art. VII) und im RK (Art. 14) „Angesichts der in diesem Vertrag zugesicherten Dotationen..." Auch im ÖstK heißt es im Art. XI „In Anbetracht der Auslagen des Bundes..."

In den für Deutschland und Österreich noch heute gültigen Konkordaten wird also die Forderung nach betreffender Staatsbürgerschaft mit den Geldleistungen des Staates für die Kirche aufs engste verknüpft.[1]

Godehard Josef Ebers formuliert zusätzlich dazu etwas umständlich: „Andererseits ist aber noch hinsichtlich der Ausländer nicht zu verkennen, daß bei der Ausübung der öffentlichen Gewalt durch Ausländer, zumindestens in den zentralen Ämtern, die Gefahr bestehen kann, daß die allgemeinen Interessen des Staates nicht hinreichend gewahrt werden. Mithin ist ein tatsächliches Interesse des Staates an der Ausschließung von Ausländern von solchen Ämtern nicht zu leugnen. Somit dürften staatspolitische Gründe dahingehende Forderungen rechtfertigen."[2] Dies gilt vor allem für jene staatskirchenrechtlichen Systeme, wo die Inhaber kirchlicher Ämter staatshoheitliche Funktionen wahrnehmen, etwa im Bildungswesen oder bei der Personenstandsführung.

Doch das PrK, das BadK wie das RK sehen bei einvernehmlicher Regelung zwischen Staat und Kirche eine Ausnahme von dieser Bestimmung vor. Auch im ÖstK kann bei Verlust der Bundesbürgerschaft nach Zustimmung des Staates der betreffende Inhaber sein Amt behalten.

Sicherlich ist der niedere Amtsbereich weniger sensibel als die Ebene des Bischofsamtes. Hier hat die Besetzung des Kölner Erzbischofstuhles 1988 sowie die darauffolgende von Berlin 1989 diese Bestimmung wiederum in Erinnerung gebracht. Joachim Kardinal Meisner war zum Zeitpunkt seiner Ernennung zum Erzbischof von Köln, also nach Aufnahme in die Dreierliste, nach Wahl des Domkapitels und nach Abschluß des Verfahrens nach der „Politischen Klausel", Staatsbürger der DDR. Im Sinne des Art. 116 GG war diese Ernennung für die Bundesrepublik kein Problem, denn er wa ja Deutscher im „Sinne des Grundgesetzes".[3]

Die Frage richtet sich aber an den Heiligen Stuhl. Hat dieser nun die Position des Grundgesetzes übernommen, so daß es zu keiner einvernehmlichen Regelung kommen brauchte? Hat er damit gleichzeitig den Wunsch der DDR nach Anerkennung einer eigenen Staatsbürgerschaft desavouiert, was unter Umständen zu negativen Folgen für den Ausgleich mit der Kirche in der DDR hätte führen können? Oder hat der Heililge Stuhl einfach den Umstand vergessen? Die Ereignisse des Jahres 1988 lassen eher Letzteres vermuten.

Das kritische Magazin *Publik-Forum* hat Ende Februar 1989 für die Nachfolge Meisners in Berlin eine neue Facette ins Spiel gebracht, nämlich die Transferierung des Bischofs von Oppeln (Oberschlesien, heute Polen), Alfons Nossol.[4] Auch auf diesen, einen Deutschstämmigen, träfe Art. 116 GG zu, auch er wäre ein „Deutscher im Sinne des Grundgesetzes". Während Meisner nach der Terminologie des deutschen Bundesinnenministeriums ein „Übersiedler" war, wäre Nossol ein „Aussiedler" gewesen. Die ohnehin schon nervös geführte Debatte um Aussiedler, Asylanten etc. in der Bundesrepublik hätte durch eine Transferierung Nossols noch einen zusätzlichen Akzent erfahren. Nur die politische Realität läßt für Berlin weder einen bundesdeutschen noch einen polnischen Kandidaten zu.[5]

Dahinter steht womöglicherweise eine Europäisierung der bischöflichen Personalpolitik durch Papst Johannes Paul II., beim näheren Nachdenken ein durchaus reizvolles Gedankenspiel. Ob aber – abgesehen von den Konkordatsbestimmungen – die Zeit auch bei zunehmender europäischer Integration für solche Transferierungen reif ist, kann noch nicht entschieden werden.[6]

Während in den Vereinbarungen des 19. Jahrhunderts solche Bestimmungen gänzlich fehlen, finden sich in den genannten Konkordaten der Zwischenkriegszeit Bestimmungen über die *Ausbildung* der Inhaber kirchlicher Ämter. In der Regel wird der Besitz eines staatlichen oder gleichwertigen Reifezeugnisses sowie die Absolvierung eines mindestens dreijährigen philosophisch-theologischen Studiums an einer inländisch-staatlichen Hochschule, einem bischöflichen Seminar oder an einer päpstlichen Universität gefordert.

Erstmals findet sich eine solche Bestimmung im sog. „Delbrück-Entwurf" (1921). Die genannten Konkordate haben sie unter demselben Artikel wie die Staatsbürgerschaft aufgenommen und auch dieselben Ausnahmeregelungen eingeführt. Im BadK werden einmalig die österreichischen Hochschulen den deutschen gleichgestellt.

Das Interesse des Staates lag offenbar an einem gediegenen akademischen Studium, dem gerade auch heute im Hinblick auf eine Gefahr der Verflachung der theologischen Ausbildung für Priester (ohne Reifeprüfung, Kurzstudium etc.) zuzustimmen ist.

Die „Politische Klausel"

In den Konkordaten mit Montenegro (1886) und Kolumbien (1887) fand das Recht des Staates, politisches Bedenken gegen einen bischöflichen Kandidaten vorzubrignen, erstmals seine schriftliche Fixierung. Diese beiden Konkordate sind die ältesten Beispiele für die sog. „Politischen Klausel“, ein Ausdruck, der erst nach dem Ersten Weltkrieg in Gebrauch kam.[7] In der Folge findet sich dieses politische Bedenken- oder Erinnerungsrecht in mehr oder minder gleichlautender Form in fast allen europäischen Konkordaten, so auch in denen mit den deutschsprachigen Ländern. Inhaltlich-historisch ist es der letzte Rest einer staatlichen Mitwirkung an der Bischofsbestellung, der landesfürstlichen Nomination bzw. der „Mindergenehmigung“.

Wie sehen nun die einzelnen Formulierungen in den geltenden deutschsprachigen Konkordaten aus?

Bereits der sog. „Delbrück-Entwurf“ des Jahres 1921 für ein Reichskonkordat kannte unter Art. IX Abs. 3 die Formulierung: „Vor der Ernennung oder Bestätigung eines Bischofs wird die Kurie sich in geeigneter Weise davon versichern, daß nicht etwa auf seiten des Staates politische Bedenken gegen seine Person bestehen.“

Der Art. 14 BayK lautet: „Vor der Publikation der Bulle wird dieser (gemeint der Heilige Stuhl, Anm. d. Verf.) in offiziöser Weise mit der Bayerischen Regierung in Verbindung treten, um sich zu versichern, daß gegen den Kandidaten Erinnerungen politischer Natur nicht obwalten.“

Der Art. 6 PrK lautet: „Der Heilige Stuhl wird zum Erzbischof oder Bischof niemand bestellen, von dem nicht das Kapitel nach Wahl durch Anfrage bei der Preußischen Staatsregierung festgestellt hat, daß Bedenken politischer Art gegen ihn nicht bestehen.“ Art. 7 dehnt dieses Bedenkenrecht auch auf die Koadjutoren mit Nachfolgerecht sowie den Prälaten Nullius aus.

Art. III Abs. 2 BadK lautet: „Vor der Bestellung ... wird der Heilige Stuhl beim Badischen Staatsministerium sich vergewissern, ob gegen denselben seitens der Staatsregierung Bedenken allgemein politischer, nicht aber partei-politischer Art bestehen.“ Im Schlußprotokoll des BadK wird zu Art. III vermerkt, daß der Heilige Stuhl im Fall einer Ernennung eines Koadjutors sich ins Benehmen der Staatsregierung setzen wird. Im Zusatzprotokoll zu Art. III Abs. 2 wird weiter festgehalten, daß im Falle von Bedenken der Versuch zu einer Einigung gemacht werden soll. Gelingt das nicht, so ist der Heilige Stuhl bei der Besetzung frei.

Das RK Art. 14 Abs. 2 lautet: „Die Bulle für die Ernennung ... wird erst dann ausgestellt, nachdem der Name des dazu Ausersehenen dem Reichsstatthalter in dem zuständigen Lande mitgeteilt und festgestellt wird, daß gegen ihn Bedenken allgemein-politischer Natur nicht bestehen." Im Schlußprotokoll zu Art. 14 Abs. 2 Ziff. 2 heißt es: „Es besteht Einverständnis dafür, daß sofern Bedenken allgemein politischer Natur bestehen, solche in kürzester Frist vorgebracht werden. Liegt nach Ablauf von 20 Tagen eine derartige Erklärung nicht vor, so wird der Heilige Stuhl berechtigt sein, anzunehmen, daß Bedenken gegen den Kandidaten nicht bestehen. Über die in Frage stehenden Persönlichkeiten wird bis zur Veröffentlichung der Ernennung volle Vertraulichkeit gewahrt werden. Ein staatliches Vetorecht soll nicht begründet werden."

Das ÖstK Art. IV § 2 lautet: „Bevor an die Ernennung ... geschritten wird, wird der Heilige Stuhl den Namen ... der österreichischen Bundesregierung mitteilen, um zu erfahren, ob sie Gründe allgemein politischer Natur gegen die Ernennung geltend zu machen hat. Das bezügliche Verfahren wird streng vertraulich sein, so daß bis zur Ernennung die gewählte Person geheimgehalten wird. Wenn vom Zeitpunkt der oben erwähnten Mitteilung an 15 Tage ohne Erteilung einer Antwort verfließen, wird das Stillschweigen in dem Sinne ausgelegt, daß die Regierung keine Bedenken zu erheben hat und der Heilige Stuhl die Ernennung ohne weiteres veröffentlichen kann." Im Zusatzprotokoll zu Art. IV § 2 heißt es: „Wird erklärt, daß im Falle, als die österreichische Bundesregierung einen Einwand allgemein politischen Charakters erheben sollte, der Versuch zu unternehmen ist, zu einem Einvernehmen zwischen dem Heiligen Stuhl und der Bundesregierung analog den Bestimmungen des Art. XXII Abs. 2 des Konkordates (sog. „Freundschaftsklausel", Anm. d. Verf.) zu gelangen; sollte der Versuch erfolglos bleiben, so ist der Heilige Stuhl in der Durchführung der Besetzung frei. Das gleiche gilt für die Ernennung eines Koadjutors mit dem Recht der Nachfolge ... oder eines Prälaten Nullius."

Folgende Gesichtspunkte ergeben sich aus all diesen Bestimmungen:

1. Die formalen Bestimmungen des RK ergänzen die der Länderkonkordate.

2. Zusatz- und Schlußprotokolle haben denselben verbindlichen Charakter wie Konkordatsbestimmungen.

3. Sowohl das RK wie das ÖstK kennen das Bedenkenrecht für ernannte bzw. gewählte Erzbischöfe und Bischöfe sowie für Koadjutoren mit dem Nachfolgerecht und Prälaten Nullius.

4. Für das Verfahren bestehen Fristen. Wenn nach dem RK nach 20 und nach dem ÖstK nach 15 Tagen der Staat sich nicht äußert, kann der Heilige Stuhl annehmen, daß keine Bedenken vorliegen.

5. Im ÖstK wie auch im BadK ist nach der „Freundschaftsklausel" ein Einigungsversuch vorgesehen. Gelingt dieser nicht, so ist der Heilige Stuhl in der Ernennung trotzdem frei. Das wird auch im RK festgehalten (kein Vetorecht). Das heißt, der Heilige Stuhl hat gegenüber politischen Bedenken in Österreich und Deutschland die höchste moralische Verpflichtung, sie zu würdigen, ist aber an sie rechtlich nicht gebunden. Ein solcher Fall würde für den Staat nicht die Handhabe bieten, darin einen Bruch des Konkordats zu sehen, wenn es Einigungsversuche gegeben hat. Aus dem geforderten Einigungsversuch ist der Schluß zu ziehen, daß es eine Begründungsverpflichtung des Staates im Falle von Bedenken gibt. Weiter hat die letztliche Freiheit des Heiligen Stuhles auch verfassungsrechtliche Vorteile. Denn damit ist gesichert, daß es keinerlei Mitwirkung des Staates an innerkirchlichen Personalentscheidungen gibt, wie dies in Art. 137 WRV, der aufgrund Art. 140 GG auch für die Bundesrepublik gilt, und zum Teil in Art. 15 StGG gefordert wird.

6. Sowohl im RK wie im ÖstK verpflichten sich die Vertragspartner zur Vertraulichkeit. Diese ist Gegenstand eines völkerrechtlich bindenden Vertrages, und weil dieser jeweils ratifiziert wurde, ist die Verpflichtung zur Vertraulichkeit innerkirchliches wie auch staatliches deutsches wie österreichisches Recht.

Wer ist nun an diese Vertraulichkeit gebunden? In erster Linie einmal die beiden Vertragspartner und deren Organe, also der Heilige Stuhl und die dort damit beschäftigten Behörden (Staatssekretariat, Bischofskongregation, Nuntiatur), aber auch der Staat und dessen zuständige Behörden (Landesregierung, Auswärtiges Amt etc.). An diese Vertraulichkeit sind natürlich nicht nur juristische Personen der oben genannten Behörden des Heiligen Stuhles sowie des Staates, sondern auch die anderen Beteiligten gebunden, so jene Personen, denen der Heilige Stuhl mitgeteilt hat, daß er sie auf eine Dreierliste setzen wird, weiter der von einem Kapitel Erwählte bzw. jener Kandidat, dem der Heilige Stuhl mitgeteilt hat, daß er ihn ernennen wird, sowie schließlich bei einem Kapitelwahlrecht die Mitglieder des Domkapitels selbst.

Zwischen dem RK und dem ÖstK bestehen in der Frage der Vertraulichkeit Nuancierungen. Nach dem RK bezieht sich die Vertraulichkeit lediglich auf die Person, beim ÖstK bezieht sie sich auf das Verfahren. Beide Konkordate normieren diese Vertraulichkeit bis zur Ernennung. Danach wäre sie erloschen, wenn nicht andere partikularrechtliche Regelungen dagegen stehen, wie Kapitelstatut, Datenschutzgesetz, Archivgesetz etc.

Physische Personen, die die Vertraulichkeit als Verfahrensbeteiligte verletzen, machen sich auf jeden Fall einer staatlichen Rechtsverletzung schuldig.

Doch mehr als diese formalen Aspekte sind bei der „Politischen Klausel“ die inhaltlichen wichtig. Was ist unter „allgemein politisch“ zu verstehen? Während das BayK und das PrK lediglich die Formulierung „politischer Natur bzw. Art“ kennen, wurde sie im BadK sogar mit dem Zusatz versehen, daß es sich dabei nicht um Bedenken „partei-politischer“ Art handelt.

Die wissenschaftliche Diskussion hat gezeigt, daß eine Definierung dieses Begriffes sehr schwierig ist, auch und vor allem weil der Politikbegriff einem ständigen Wandel unterworfen ist. Die Formulierung „allgemein politisch“ läßt für die Entstehungszeit der Konkordate staatspolitische

Gründe, auf keinen Fall parteipolitische vermuten. Um ein Beispiel zu nennen: Damals hätte eine sozialdemokratisch oder liberal geführte Regierung gegen einen Kandidaten, der früher einmal Mandatar einer katholischen Partei war (Zentrum, Christlichsoziale), keine Bedenken äußern dürfen. Auch die innerkirchliche wie theologische Postition des Kandidaten fällt außer Betracht.

Die einzige nähere Definition der „Politischen Klausel" findet sich im „Modus vivendi" mit der Tschechoslowakei (1927). Dort werden die politischen Bedenken mit der Sicherheit des Staates u. ä. in Zusammenhang gebracht, also mit Hoch- und Landesverrat. Auch dies führt nicht weiter, denn diese Bestimmung unterstellt dem Heiligen Stuhl, die Ernennung von hoch- und landesverräterischen Kandidaten in Erwägung zu ziehen, was ja an und für sich absurd ist.

Eine andere interessante Interpretation, der auch Klaus Mörsdorf nahekommt, ist die Verknüpfung mit dem staatlichen Eid des Bischofs (davon Näheres siehe unten). Mit Ausnahme Österreichs haben fast alle Konkordate der Zwischenkriegszeit einen solchen Eid eingeführt, der ähnliche Aussagen hat (dem Wohl des Staates und des Volkes dienen, die Verfassung und die Gesetze achten usw.). Dieser Eid ist ein fester Bestandteil im Ablauf einer Bischofsbestellung, daher ist eine solche Verknüpfung zulässig. Ein Staat, der begründete Bedenken gegenüber einem nominierten Kandidaten hat, daß dieser der Verpflichtung des Eides nicht nachkommen wird, kann demnach Bedenken äußern.

Dürfen sich jedoch Bedenken allgemein-politischer Natur nur gegen die Person als solche oder auch auf andere Umstände richten, die außerhalb der Person liegen, aber wesentlich zur Bestellung gehören? In der Schlußphase der Ernennung Kardinal Meisners sind solche angeklungen, daher werden sie dort (siehe S. 157) behandelt.

Fest steht, daß der Begriff „allgemein-politisch" nur staatspolitisch-staatsgrundgesetzlich interpretiert werden darf. Weiter kann auch zur zusätzlichen Interpretation eine Verknüpfung mit dem Eid herangezogen werden. Da der Bischofseid in vielen Ländern üblich ist, kann diese Interpretation auch auf jene Länder ohne Eid ausgedehnt werden. Damit wird die staatspolitisch-grundgesetzliche Interpretation vertieft, aber es kommt auch die strafrechtliche Seite hinzu. Um es an einem konkreten Beispiel auszudrükken: Gegen einen der Steuerhinterziehung Verdächtigen ist es berechtigt, allgemein-politische Bedenken anzubringen.

Die allgemeine Formulierung der „Politischen Klausel“ sowie auch die Art und Weise des Verfahrens bei der Bedenkenerhebung nach der „Freundschaftsklausel“ lassen jedoch den Schluß zu, daß dies alles doch von einem großen Vertrauensverhältnis zwischen Staat und Kirche getragen sein muß. Nur wenn dieses Fundament gegeben ist – nicht zuletzt die wortwörtliche Bedeutung von Konkordat, „concordia“, läßt diesen Schluß zu –, dann wird es funktionieren. Unter solchen staatskirchenrechtlichen Verhältnissen wird eine kluge Leitung der Kurie gar nicht auf die Idee kommen, Kandidaten zu benennen, bei denen die Gefahr einer Bedenkenäußerung besteht. Notfalls wird dies informell und im Vorfeld des eigentlichen Verfahrens geschehen, wenn der Heilige Stuhl und der Nuntius den nötigen Takt und die Erfahrung bzw. Kenntnis der Lage besitzen.

In einem solchen staatskirchenrechtlichen System, das sicherlich nur in einer freiheitlichen Demokratie möglich ist, ist das Verfahren der „Politischen Klausel“ lediglich ein staatsnotarieller Akt. Auf ihn soll der Staat aber auf keinen Fall verzichten, denn mit diesem Verfahren gibt er sein Interesse kund, daß die Kirche ein integrierter, für die Gesellschaft notwendiger Faktor ist.

Die Geschichte der „Politischen Klausel“ in Deutschland hat gezeigt, daß es nicht immer so reibungslos, wie eben ideal dargestellt, abgelaufen ist. In der Zeit des Nationalsozialismus beschäftigte man sich damit in Theorie und Praxis.[8]

In der *Theorie* beschäftigte sich die nationalsozialistisch beeinflußte Staatsrechtslehre damit. So schreibt Ernst Rudolf Huber u. a. darüber: „In einer staatlichen Ordnung, in der das Politische kein eigenes Sachgebiet, sondern den Intensitätsgrad einer Verbindung oder Unterscheidung von Menschen bezeichnet, hat ein politisches Erinnerungsrecht notwendig totalen und diskretionären Charakter... Ein

Rechtsstaat aber ist ein Staat, in dem das Politische kein totaler, sondern ein umgrenzter und gebundener ist... Daher wird dem politischen Erinnerungsrecht ein Umfang gegeben, der es praktisch dem diskretionären ius exclusivae annähert... Das völkische Reich kann auf den Anspruch der entscheidenden Mitgestaltung nicht verzichten, wenn es nicht wesentliche Grundsätze seiner Ordnung preisgeben will."[9] Und an anderer Stelle schreibt Ernst Rudolf Huber: „Die Ernennung eines Bischofs ist unzulässig und braucht vom Staat nicht anerkannt zu werden, wenn politische Bedenken erhoben werden."[10]

In der *Praxis*[11] wurde das Politische Bedenkenrecht erstmals im Frühjahr 1936 angewandt, als die Reichsregierung gegen die beabsichtigte Ernennung eines Bischofs von Fulda Einwendungen erhob, die Gründe aber dem Nuntius Orsenigo nicht mitteilte. Der Heilige Stuhl gab zwar nach und ernannte einen anderen Kandidaten, der genehm war, jedoch vertrat er gegenüber der Reichsregierung den Standpunkt, daß diese laut Schlußprotokoll zu Art. 14 Abs. 2 RK die Gründe namhaft machen müsse.

Im Dezember 1937 wurde dieses Problem erneut akut, als die Regierung gegen den vom Aachener Kapitel gewählten Kandidaten Stellung bezog. Auch diesmal teilte die Reichsregierung die Ablehnungsgründe nicht mit. Der Heilige Stuhl umging nun die Politische Klausel und ernannte einen Apostolischen Administrator, für den diese nicht angewendet zu werden braucht.

Die diesbezüglichen Differenzen wurden durch die Ernennung von Paulus Rusch zum Apostolischen Administrator von Innsbruck-Feldkirch am 15. Oktober 1938 verschärft, da gegen ihn seitens der Reichsregierung schwerste Bedenken erhoben wurden. Gerade in diesem Fall war die völkerrechtliche Argumentation des Auswärtigen Amtes in einer Sackgasse, denn das Politische Bedenkenrecht gilt erstens nach RK nicht für Apostolische Administratoren und Kapitelvikare, und zweitens stand die Reichsregierung auf dem Standpunkt, daß das RK nur für das „Altreich" gelte, das ist der Gebietsumfang des Deutschen Reiches zum Zeitpunkt des Abschlusses des RK im Jahr 1933, also ohne das

Saargebiet, ohne Österreich, das Sudetenland, das Protektorat Böhmen-Mähren und all jene Gebiete, die ab 1. September 1939 unter deutsche Oberhoheit oder Verwaltung kamen. Trotz alledem war es das Bestreben der Nazi-Behörden, im Sinne des Standpunktes von Ernst Rudolf Huber (siehe oben) und Werner Weber[12] die Politische Klausel auf alle deutschen Hoheitsgebiete auszudehnen.

Der Nationalsozialismus als totalitäre Ideologie hatte einen allumfassenden Politikbegriff, alles wird zum Politischen erklärt, daher die Konsequenz beim politischen Erinnerungsrecht. Es stimmt bedenklich, daß große Teile der grün-alternativen Ideologie ebenfalls einen totalen Politikbegriff besitzen. Es verwundert daher nicht, daß jene Teile der „kritischen Katholiken", die dieser Ideologie nahestehen bzw. angehören, bei den jüngsten Bischofsernennungen den Staat bemühen wollten, um die Ernennung von Kandidaten auf diese Weise zu verhindern, weil diese im Sinne des totalen Politikbegriffes ihrer Meinung nach nicht annehmbar gewesen seien.

Gerade diese Beispiele zeigen, daß die „Politische Klausel" nur in freiheitlich-demokratischen Verfassungsstaaten rechtsstaatlichen Musters funktionieren kann und in von totalitären Ideologien geprägten Systemen schwer gefährdet ist.

Die staatliche Eidesleistung

Die Eidesleistung ernannter Bischöfe vor dem Landesherren ist sehr alt, sie geht in die Zeit des Frankenreiches zurück. Auch in den anderen europäischen Staaten, etwa Frankreich oder England, hat sich dieser Brauch eingebürgert, der in Deutschland noch zusätzlich mit dem Lehensystem verbunden war. Es kam zwar deswegen immer wieder zu Auseinandersetzungen zwischen Kirche und Staat (Investiturstreit), doch blieb es letztendlich bei der Eidesleistung bis heute, wie das Beispiel Deutschland zeigt. Von der Idee liegt ihm wesenlich das germanische Begriffspaar Treue und Gefolgschaft zugrunde, in der jüngeren Neuzeit kamen noch weitere Momente hinzu, wie die folgenden Beispiele zeigen.[13]

Kaiser Josef II. hat am 1. September 1781 durch Hofdekret eine Eidesleistung der Bischöfe für Österreich eingeführt, die nach Verhandlungen mit dem gerade in Wien anwesenden Papst Pius VI. im Sinne der Formel für die französischen Bischöfe am 16. September 1782 abgeändert wurde. Diese Eidesleistung wurde vor den Landeschefs getätigt und blieb bis zum Konkordat des Jahres 1855 in dieser Form in Kraft.

Einen Wendepunkt der Geschichte des Bischofseides bildete das Konkordat mit Napoleon am 15. Juli 1801, wo zum erstenmal (Art. 6) in einem völkerrechtlichen Vertrag ein solcher vereinbart wurde. In der Folge wurden dann in einer Reihe von Konkordaten des 19. und 20. Jahrhunderts Bischofseide vereinbart, nicht selten war der französische Eid ein sprachliches Vorbild, so auch im Konkordat mit Bayern 1817 (Art. XV).[14]

In *Preußen* kam es Anfang des 19. Jahrhunderts zu keiner konkordatären Vereinbarung über einen Eid. Wohl verlangte aber das Königreich von sich aus von den Bischöfen einen Untertaneneid, nachdem in der zweiten Hälfte des 18. Jahrhunderts zuerst Breslau und dann das Ermland an Preußen fielen. Nach Erlaß der Bulle „De salute animarum" erhielt die Eidesformel ein neues Gewand und war bis zum Kulturkampf Anfang der siebziger Jahre in Gebrauch. 1873 wurde den Bischöfen eine Eidesleistung abverlangt, die die Anerkennung der kirchenfeindlichen Gesetze zur Folge gehabt hätte, was daher von diesen abgelehnt wurde. 1887 beruhigte sich die Lage, es wurde ein Eidestext wiederum eingeführt, der 1867 für die neu erworbenen Provinzen (Hannover, Hessen-Nassau) vorgeschrieben wurde.[15]

Auch für die *Oberrheinische Kirchenprovinz* kam es zuerst zu keiner einvernehmlichen Lösung zwischen Kirche und Staat, so daß die daran beteiligten Länder 1830 gemeinsam eine Eidesleistung verordneten. In den 1857 mit Württemberg und 1859 mit Baden abgeschlossenen, jedoch nicht in Kraft getretenen Konkordaten wurde jeweils ein Eid vorgesehen, der dem österreichischen von 1855 nachgebildet war.

Auch in Hessen (1875), Sachsen (1827) und Hannover (1824) wurden solche eingeführt. In Elsaß-Lothringen blieb 1870 im Rahmen des Deutschen Reiches der Eid nach dem französischen Konkordat von 1801 bestehen.

In *Österreich* sah das Konkordat von 1855 einen Eid vor, der nicht zuletzt aufgrund des österreichischen Unterhändlers, Othmar Rauscher, aufgenommen wurde.[16] Die betreffende Eidesformel in Art. XX lautete:

„Ich schwöre und gelobe auf Gottes heiliges Evangelium, wie es einem Bischof geziemt, Eurer kaiserlich-königlichen Apostolischen Majestät und Allerhöchst ihren Nachfolgern Gehorsam zu und Treue. Ingleichen schwöre und gelobe ich, an keinem Verkehre oder Anschlage, welcher die öffentliche Ruhe gefährdet, teilzunehmen und weder inner noch außer den Grenzen des Reiches irgend eine verdächtige Verbindung zu unterhalten; sollte ich aber in Erfahrung bringen, daß dem Staate irgend eine Gefahr drohe, zu Abwendung derselben nichts zu unterlassen."

Der Text spiegelt deutlich das nach 1848 in Österreich herrschende neoabsolutistische System wider. Den größten Teil der Eidesformel nimmt daher die Staatssicherheit ein. Interessant ist auch die Wendung „wie es einem Bischof geziemt" (decet episcopi). Manche vermuten hier ein Schlupfloch für die Bischöfe, denn es könnte damit auch gemeint sein, daß göttliches bzw. kirchliches Recht höher steht.

Obwohl das Konkordat 1870 gekündigt wurde, blieb die Eidesleistung in dieser Form, sie wurde meistens vor dem Kaiser persönlich oder seltener vor dem Landesstatthalter abgelegt, erhalten. 1918 ist dann der Eid in Österreich abgeschafft worden und wurde auch im Konkordat von 1933/34 nicht wieder eingeführt.

Auch im *Deutschen Reich* nach 1918 fiel die Eidesleistung für die Bischöfe. Zwar war in einem staatlichen Entwurf für ein Reichskonkordat im Jahr 1922 eine Eidesformel vorgesehen, aber die danach abgeschlossenen Konkordate mit Bayern, Preußen und Baden sahen eine solche nicht vor. Erst das RK von 1933 führte einen Eid ein. Die Formel im Art. 16 lautet:

„Vor Gott und dem heiligen Evangelium schwöre und

verspreche ich, so wie es einem Bischof geziemt, dem Deutschen Reich und dem Lande ... Treue. Ich schwöre und verspreche, die verfassungsgemäß gebildete Regierung zu achten und von meinem Klerus achten zu lassen. In der pflichtmäßigen Sorge um das Wohl und das Interesse des deutschen Staatswesens werde ich in Ausübung des mir übertragenen geistlichen Amtes jeden Schaden zu verhüten trachten, der es bedrohen könnte."[17] Dieser Text ist mit sprachlicher Adaption (Deutschland statt Deutsches Reich) auch heute gültig und wird in der Regel vor dem betreffenden Ministerpräsidenten abgelegt.

Der Text mutet „moderner" an und ist stärker gemeinwohlorientiert. Wie im alten österreichischen Konkordat findet sich auch hier die Formel „decet episcopi".

Folgende zwei Punkte sind zu beachten:

1. Die Reihenfolge der einzelnen Schritte ist: Eventuelle Wahl, politisches Bedenkenverfahren, Ernennung durch den Papst, Eidesleistung, eventuelle Bischofsweihe und Inbesitznahme. Im Art. 16 RK wird ausdrücklich normiert, daß diese Eidesleistung vor der Besitzergreifung der Diözese in die Hand des Reichsstatthalters (jetzt Ministerpräsident oder dessen Vertreter) bzw. des Reichspräsidenten zu leisten ist. Der Bischof darf die Regierung seiner Diözese erst nach der Eidesleistung antreten.

2. Kann der Staat die Eidesleistung verweigern? Sicherlich nicht wegen der Person des Ernannten. Nach Abschluß des Bedenkenverfahrens, in dem ja, wie wir gesehen haben, der Heilige Stuhl in jedem Fall seine Ernennungsfreiheit besitzt, darf es nach dem RK wie im ÖstK keine Einwendungen des Staates mehr gegen die Person des Ernannten geben. Der Staat muß den Eid annehmen, der Ernannte hat ein Recht darauf. Der Fall Köln 1988 hat jedoch einen neuen Gesichtspunkt zur Diskussion gestellt (siehe S. 153).

Die Eidesabnahme durch den Staat bedeutet somit ein letztes Exequatur, daß sowohl die Person des Ernannten als auch das Verfahren akzeptiert wurde.

Ist die Eidesleistung heute überhaupt noch zeitgemäß? Darüber läßt sich sicherlich je nach staatskirchlichem Verständnis lange diskutieren. Den Eid aber auf das Grundgesetz der Bundesrepublik Deutschland abzulegen, das sich in seiner Präambel auf Gott beruft und in seinem Grundrechtskatalolg Aspekte der Katholischen Soziallehre stark berücksichtigt hat, dürfte jedoch für einen Bischof keine Schwierigkeiten bedeuten.

Die staatskirchenrechtliche Situation nach 1945

Die Gültigkeit des Reichskonkordats und der Länderkonkordate

Bekanntlicherweise ist in Art. 2 RK die Weitergeltung der drei Länderkonkordate festgehalten worden. Auch die Abschaffung des bundesstaatlichen Prinzips durch den Nationalsozialismus änderte nichts daran, denn nun trat anstelle der betreffenden Länder teilweise die Reichsgewalt als Vertragspartner.[1]

Die bedingungslose Kapitulation des Deutschen Reiches Anfang Mai 1945 schuf neue politische, jedoch vorerst noch nicht neue rechtliche Verhältnisse. In Deutschland hat sich der Grundsatz durchgesetzt, daß das Deutsche Reich in den Grenzen vom 31. Dezember 1937 als Völkerrechtssubjekt fortbestehe, jedoch in seiner Handlungsweise behindert sei.

Art. 123 Abs. 2 GG normiert, daß Staatsverträge, die vom Deutschen Reich abgeschlossen wurden, in Kraft bleiben. Einwendungen gegen das RK, so etwa schon im Parlamentarischen Rat, waren daher politischer und nicht rechtlicher Natur, insbesondere die nichtparlamentarische Behandlung waren Gründe einer Ablehnung.

Die fünfziger Jahre der Bundesrepublik waren u.a. von einem Streit um die Schulfrage geprägt, der notwendigerweise auch die Schulbestimmungen des RK tangierte. 1954 verabschiedete Niedersachsen ein Schulgesetz, daß nach Ansicht des Heiligen Stuhles gegen Art. 23 RK verstieß. Auf Drängen des Nuntius erhob die Bundesregierung im März 1955 eine Feststellungsklage beim Bundesverfassungsgerichtshof, ob das RK weiterhin gültig sei.[2]

In einem zwei Jahre dauernden Verfahren wurde zu dieser Materie eine große Zahl von Gutachtern aufgeboten. Für die Weitergeltung aus völker- wie staatsrechtlichen Gründen sprachen sich u.a. Klaus Mörsdorf, Ulrich Scheuner und Alfred Verdroß aus.[3] Dagegen votierte u.a. Karl-Dietrich Bracher: „Der zeitgebundene Ursprung und der aus sachfremden Motiven des Vertragsabschlusses resultierende Spannungsgehalt des RK lassen eine unveränderte Fortgeltung des RK unter Verhältnissen, die bewußt dem nationalsozialistischen Regime entgegengesetzt sind, als untragbar erscheinen."[4]

In einem Urteil des Bundesverfassungsgerichtshofes vom 26. März 1957 wurde sowohl das rechtswirksame Zustandekommen wie auch die Weitergeltung des RK bejaht, so daß diesbezüglich für alle Zeit die Zweifel gefallen sind.[5]

Nach dem Zusammenbruch des Deutschen Reiches entstanden 1945/46 zuerst die Länder im Rahmen der Besatzungszonen. Mit einem kleinen Gebietsverlust (Pfalz) überstand *Bayern* im großen und ganzen unversehrt den Zweiten Weltkrieg. Die Weitergeltung des BayK war in diesem Fall kein Problem, vor allem auch weil die bayerische Verfassung vom 24. Januar 1946 festhielt, daß die Verträge mit den christlichen Kirchen aus dem Jahr 1925 in Kraft bleiben. Damit ist das BayK verfassungsrechtlich abgesichert.[6]

Anders ist die Lage bei *Preußen.* Die Alliierten haben 1946 diesen Staat aufgelöst, an seine Stelle trat eine Reihe von Ländern in allen vier Besatzungszonen. Nach dieser „Dismembration" Preußens ist auch das PrK wegen Wegfalls des staatlichen Partners vorerst erloschen. Da sich aber die Ansicht über die Weitergeltung des RK immer mehr durchsetzte, das Gesetz über die Durchführung des PrK zu keiner Zeit außer Kraft gesetzt wurde, durch Art. 123 Abs. 1 GG und Art. 23 LV NRW die völkerrechtlichen Verträge vor 1945 weiterhin Bestand hatten und das Land Nordrhein-Westfalen sich durch konkludente Handlungen durchwegs konkordatsmäßig verhielt, hatte dieses Erlöschen nur mehr theoretische Bedeutung.[7] Dasselbe gilt für die anderen auf dem Boden des ehemaligen Freistaates Preußen entstandenen Länder, jedoch nur für den Bereich der Bundesrepublik. Letzte derartige Bedenken wurden mit dem Vertrag des Landes Nordrhein-Westfalen mit dem Heiligen Stuhl vom 19. Dezember 1956, ratifiziert am 26. Februar 1957 (es ging u.a. um die Gründung des Bistums Essen), und dem Niedersächsischen Konkordat vom 26. Februar 1965, gültig seit 1. Juli 1965, hinfällig, da in den jeweiligen Präambeln die Gültigkeit des PrK vorausgesetzt wurde.[8]

Für *Baden* stellte sich die Situation wiederum anders dar. Aufgrund der Zonenabgrenzung zwischen Frankreich und den Vereinigten Staaten fiel Nord-Baden an das zur US-Zone gehörende Land Württemberg-Baden, und Süd-Baden wurde als „Baden“ ein eigenes Land unter französischer Besatzung. Für dieses verkleinerte Land Baden galt klarerweise das BadK fort, es erlosch aber für den badischen Teil Württemberg-Baden. Dort und auch in dem später gegründeten Bundesland Baden-Württemberg galt das BadK über Art. 2 RK staats- und völkerrechtlich fort. Das konkordatsgemäße Verhalten Baden-Württembergs läßt auch hier ein neuerliches Weiterbestehen des BadK vermuten.[9]

Für die Bischofsbestellung haben diese theoretischen Überlegungen keine Konsequenzen, da die betreffenden Bestimmungen des PrK und des BadK über das RK abgesichert wurden.

Die Gültigkeit des Österreichischen Konkordates

Am 13. März 1938 wurde Österreich staatsrechtlich Bestandteil des Deutschen Reiches. Die nationalsozialistische Regierung betrachtete mit diesem Augenblick das ÖstK für erloschen und stellte gleichzeitig fest, daß das RK (mit Ausnahme der Militärseelsorge) nicht für das angeschlossene Österreich gelte, welches nun einen konkordatsfreien Raum darstellte.[10]

Im April 1945 ist die Republik Österreich wiedererstanden, ihr verfassungsgemäßes Leben konnte sie – mit Ausnahme der alliierten Einschränkungen – im Dezember 1945 nach den ersten freien Wahlen wieder aufnehmen. Im Gegensatz zu Deutschland hatte Österreich weder mit Dismembrationen von Konkordatsgebieten noch mit einer Teilung zu tun. Daher war die Frage der Weitergeltung des ÖstK im Gegensatz zum RK weniger ein rechtliches, dafür um so mehr ein politisches Problem.

So wie beim RK fehlte auch beim ÖstK die parlamentarische Behandlung. Die innenpolitischen Verhältnisse in Österreich in der Zeit von 1933 bis 1938 sowie die Parteienstruktur nach 1945 ließen dieses Thema zu einem innenpolitischen Zankapfel werden. Die damals zweitstärkste Regierungspartei, die Sozialistische Partei Österreichs (SPÖ), hegte Zweifel an der Gültigkeit des Konkordats. Nach Abschluß des Staatsvertrages im Jahr 1955 setzte sich der österreichische Episkopat entschiedener für die Konkordatsfrage ein. Bereits in seiner Regierungserklärung vom 4. Juli 1956 hoffte Bundeskanzler Julius Raab, diese Angelegenheit zu klären. Ein Jahr später, am 17. Juli 1957, konstituierte sich ein Ministerkomitee, das am 19. Dezember 1957 den Entwurf einer Note an den Heiligen Stuhl billigte. Danach erkenne die österreichische Bundesregierung das ÖstK prinzipiell an, doch seien seit dem Abschluß des Konkordats Verhältnisse eingetreten, die Verhandlungen über einige Punkte, vor allem die Schul- und Ehefrage, notwendig machten. Diese Note wurde am 21. Dezember 1957 vom österreichischen Botschafter beim Heiligen Stuhl dem Staatssekretariat übergeben. Damit ist jede Rechtsunsicherheit beseitigt. Auf Basis dieser Erklärung wurden dann 1960 und 1962 Verträge zwischen Österreich und dem Heiligen Stuhl abgeschlossen.[11]

Im österreichischen Fall ist es im Gegensatz zu Preußen interessant, daß die im ÖstK 1933/34 festgelegten Erhebungen der Apostolischen Administraturen Innsbruck–Feldkirch zur Diözese und Burgenlands zur Praelatura Nullius erst infolge der Einigung von Staat und Kirche nach 1957 erfolgten. Burgenland wurde 1960 zur Diözese Eisenstadt und Innsbruck–Feldkirch 1964 zur Diözese erhoben. 1968 erfolgte die Ausgliederung einer eigenen Diözese Feldkirch.

Die derzeit gültigen Bestimmungen zur Bischofsbestellung in den übrigen deutschsprachigen Ländern

Nach Abschluß des historischen Teils und vor Eingehen in die Aktualität empfiehlt es sich, die derzeit staatskirchenrechtlich gültigen Bestimmungen zur Bischofswahl und -ernennung in den übrigen deutschsprachigen Ländern mit Ausnahme der Bundesrepublik Deutschland, Österreichs und der Schweiz (dazu siehe S. 175 f.) anzuführen.

Die *Deutsche Demokratische Republik* anerkennt keine Sukzession des Deutschen Reiches. Daher und aufgrund der strikten Trennung von Kirche und Staat gilt nach der Auffassung der DDR für sie weder das RK noch das PrK. Der Heilige Stuhl geht aber vom Weiterbestehen dieser Verträge aus. Neben dem bereits erwähnten Berlin befindet sich auf dem Boden der DDR noch das exemte Bistum Dresden–Meißen, für das nach dem RK die Bestimmungen des BadK gelten. Daher verfährt der Heilige Stuhl bei der Bestellung des dortigen Bischofs nach diesem.[12]

Aus den ehemaligen Diözesananteilen von im Ausland sich befindlichen Diözesen wurden in der DDR Apostolische Administraturen errichtet, für die das freie päpstliche Ernennungsrecht gilt.

Zwischen dem Großherzogtum *Luxemburg* und dem Heiligen Stuhl gibt es kein Konkordat; wenn nötig gelten subsidiär die Bestimmungen des französischen Konkordats (1801) und der „Organischen Artikel" (1802). Es gilt das freie Ernennungsrecht des Papstes, ein Listenverfahren beruht auf rein innerkirchlichem Recht. Auch hier wurde ein politisches Bedenkenverfahren eingeführt, außerdem muß der Luxemburger Erzbischof Staatsangehöriger sein und vor Inbesitznahme einen Treueeid vor dem Souverän ablegen.[13]

Die Diözese Brixen bzw. später Bozen–Brixen, die heute die Provinz Bozen, *Südtirol*, umfaßt, gehört seit dem Vertrag von St. Germain 1919 zu Italien. Ursprünglich besaß das Haus Savoyen die „nominatio regia", doch aufgrund der Einverleibung des Kirchenstaates in das Königreich Italien wurde der König exkommuniziert, so daß er dieses Privileg verlor. Damit wurden ab 1918 die Bischöfe von Brixen vom Papst frei ernannt. Art. 19 des italienischen Konkordats von 1929 („Lateranverträge") sah ein politisches Bedenkenverfahren vor, jedoch bei freiem päpstlichen Ernennungsrecht.[14]

Das neue italienische Konkordat vom 18. Februar 1984 bestimmt in Art. 3 Abs. 2, daß die Ernennung der kirchlichen Amtsträger Sache der freien Entscheidung der kirchlichen Autorität ist. Lediglich die Ernennung der Bischöfe muß dem Staat mitgeteilt werden, das politische Bedenkenrecht ist gefallen.[15]

Dies ist insofern bedeutend, weil das italienische Konkordat des Jahres 1984, ein für die Kirche wichtiges Land und aus jüngster Zeit stammend, das freie päpstliche Ernennungsrecht zur Gänze durchgesetzt hat und der Staat nur mehr Namensempfänger ist. Möglicherweise ist diese Vereinbarung für die künftige Konkordatspolitik des Heiligen Stuhles richtungweisend.

Konzil und neues Kirchenrecht

Das II. Vatikanum und die Bischofsbestellung

Die Behandlung des Bischofsamtes war ein wesentliches Ziel des II. Vatikanums. Es ist daher interessant, wie dieses Konzil, dem viele in der Hoffnung auf Reformen entgegensahen, die Frage der Bischofsbestellung diskutierte. Nicht nur das Ergebnis ist wichtig, sondern vor allem die Meinungsbildung davor. Es ist ein Verdienst des Bonner Kirchenrechtlers Hubert Müller, die Akten des Konzils dahingehend bearbeitet und dem deutschsprachigen Leser nahe gebracht zu haben.[1]

Von den 2099 Bischöfen und Ordensoberen, die der Aufforderung des Kardinalstaatssekretärs folgten und am Konzil zu behandelnde Themen vorschlugen, sind nur ca. 40 auf die Frage der Bischofsernennung eingegangen.

Die Tendenz dieser Vorschläge hatte zwei Richtungen:

1. Die Freiheit der Kirche bei der Bischofsbestellung muß gewahrt bleiben, es darf keine staatlichen Einflüsse geben.

2. Bis auf eine Stellungnahme forderten alle eine größere Mitsprache von Klerus und Volk in unterschiedlichen Variationen.

Die Konsistorialkongregation (jetzt Bischofskongregation) bemerkte zu diesen Vorstellungen, daß sie den realen Gegebenheiten wenig Rechnung trage. Außerdem treffe die höchste kirchliche Autorität die Auswahl der Kandidaten mit allergrößter Sorgfalt, so daß es nicht opportun erscheine, die Frage der Bischofsernennungen dem Konzil vorzulegen. Entsprechend dieser kurialen Stellungnahme kamen die Vorschläge in den ersten beiden Schema-Entwürfen (1962 und 1963) nicht vor. Im Verlauf der zweiten Sitzungsperiode des Konzils haben aber mehrere Redner auf diesen Mangel aufmerksam gemacht. Trotz massiver Interventionen während der zweiten Session fand dieses Thema im Schema-Entwurf vom 27. April 1964 noch keine Erwähnung, wurde aber am 16. September 1964 nachträglich berücksichtigt. Der Text ist dem endgültigen nicht unähnlich. Die Bischofsbestellung ist Sache der kirchlichen Autorität; Rechte und Privilegien von Laien bei der Wahl, Nomination und Präsentation der Kandidaten sollen zurückgegeben werden.

Die Zurückdrängung des Staatseinflusses wurde von den Konzilsvätern einhellig begrüßt, doch verlangten vor allem Bischöfe aus Lateinamerika, daß den Bischofskonferenzen die Wahl der Bischöfe zukommnen sollte.

Der Münchener Erzbischof, Julius Kardinal Döpfner, forderte, den Begriff Laien durch „staatliche Autoritäten" zu ersetzen und ihn nicht mit dem Staat zu verwechseln. Seit der „Gregorianischen Reform" (siehe S. 22f.) ist es leider üblich, daß der Klerus der Kirche und der Laie dem Staat zugeordnet wird. Daher kam es in der Kirchengeschichte immer wieder zu der Begriffsdeutung, daß Laienmitbestimmung in der Kirche einen Einfluß des Staates bedeute, ein Trugschluß, der sich bis in die jüngste Gegenwart hält.[2]

Die Konzilskommission änderte nun den Text und ersetzte den Begriff Laien durch staatliche Autorität. In der Begründung dazu machte sich die Konzilskommission die Argumentation Döpfners zu eigen: Es soll nicht ausgeschlossen werden, daß wieder einmal die Befragung des christlichen Volkes bei der Bischofsbestellung eingeführt wird.

Der Werdegang von Art. 20 des Dekrets „Christus Dominus" (über die Hirtenaufgabe der Bischöfe) zeigt, daß es ausschließlich um die Freiheit der Bischofsbestellung und die Zurückdrängung der staatlichen Autorität gegangen ist. Eine Mitwirkung der Ortskirche oder gar der Laien wird nicht ausgeschlossen, im Gegenteil, der Kommissionstext bei der betreffenden Textänderung weist auf diese Möglichkeit sogar hin, so daß der römischen Kurie ein gänzliches Verschweigen dieses Themas nicht gelungen ist.

Der Text von Art. 20 des am 28. Oktober 1965 beschlossenen Dekrets „Christus Dominus“ lautet nun:

„Das apostolische Amt der Bischöfe ist von Christus dem Herrn eingesetzt und verfolgt ein geistliches und übernatürliches Ziel. Daher erklärt die Heilige Ökumenische Synode, daß es wesentliches, eigenständiges und an sich ausschließliches Recht der zuständigen kirchlichen Obrigkeiten ist, Bischöfe zu ernennen und einzusetzen. Um daher die Freiheit der Kirche in rechter Weise zu schützen und das Wohl der Gläubigen besser und ungehindert zu fördern, äußert das Heilige Konzil den Wunsch, daß in Hinkunft staatlichen Obrigkeiten keine Rechte oder Privilegien mehr eingeräumt werden, Bischöfe zu wählen, zu ernennen, vorzuschlagen oder zu benennen. Die staatlichen Obrigkeiten aber, deren Wohlwollen gegenüber der Kirche die Heilige Synode dankbar anerkennt und hochschätzt, werden freundlichst gebeten, sie mögen auf die genannten Rechte oder Privilegien, die sie gegenwärtig durch Vertrag oder Gewohnheit genießen, nach Rücksprache mit dem Apostolischen Stuhl freiwillig verzichten.“[3]

Es ist festzuhalten, daß die konkordatsmäßig abgesicherten Rechte der Domkapitel bei der Bischofswahl damit nicht berührt sind, denn das sind ja keine „staatlichen Obrigkeiten“. Das gilt auch für die „Politische Klausel“, das politische Bedenkenrecht. Die im RK und im ÖstK gebrauchte Formulierung im Zusammenhang mit den betreffenden Zusatzprotokollen beweist, daß das freie Ernennungs- bzw. Wahlrecht der Kirche gewahrt bleibt und es kein staatliches Vetorecht gibt.[4]

Die Diskussion um eine „Demokratisierung“ der Kirche

Es würde den Rahmen der Darstellung sprengen, den ekklesiologischen Gehalt dieses Themas in seiner Gänze auszuschöpfen. Vielmehr wird der Versuch unternommen, in einem kurzen Aufriß die historischen Linien dieser Diskussion darzulegen und dem Leser Anregungen zu weiterer Information zu bieten. Außerdem konzentriert sich die Darstellung auf die Mitbestimmung bei der Bischofsbestellung.

Die von der katholischen Romantik geprägte Vormärzzeit hatte durchwegs reformerische Züge. Es überrascht daher nicht, in Franz Anton Staudenmaier und Antonio Rosmini zwei Theologen zu finden, die sich in der ersten Hälfte des 19. Jahrhunderts mit der Bischofswahl theoretisch und praktisch beschäftigt hatten. Staudenmaier lehrte in Tübingen, Rosmini lebte in der damals zu Österreich gehörenden Lombardei. Letzterer sprach sich gegen den staatlichen Einfluß bei der Bischofsbestellung und für eine Verbreiterung der innerkirchlichen Mitwirkung aus, was ihn u.a. in Gegensatz zum Metternichschen System brachte.[5]

Doch erst die Zeit nach dem Zweiten Weltkrieg brachte dieses Thema in Gang. Hier ist vor allem der französische Theologe Yves Congar zu nennen, der mit seiner Theologie des Laientums (französisch 1953, deutsch 1957) erstmals ein stärkeres Einbinden der Laien in Entscheidungen der Kirche, auch bei Bischofsbestellungen, forderte. Er argumentierte vor allem aus dem frühchristlichen Befund, so daß sein Ansatz auch Vorbild für spätere Arbeiten war.[6]

Im deutschsprachigen Raum waren es vor allem die grundlegenden Studien von Karl Rahner, aber auch von Jeoseph Ratzinger, Anfang der sechziger Jahre zu Episkopat und Primat, die dieses Thema weiterbrachten.[7]

Die mit der Jahreszahl 1968 umschriebene Entwicklung ging auch an der Kirche und der Theologie nicht spurlos vorüber. Die Zeit der späten sechziger Jahre war innerkirchlich vom Aufarbeiten des Konzils geprägt, aber auch von einer gewissen Rezeption der allgemeinen gesellschaftlichen Aufbruchstimmung, die zur Fundamentaldemokratisierung, zur Partizipation, Emanzipation etc. aufrief. Es wundert daher nicht, daß in den Jahren 1968 bis 1970 die meisten Arbeiten zur Demokratisierung der Kirche erschienen, wobei durchaus auch konkrete Forderungen zur Bischofswahl gestellt wurden.

Es wurde zwar die hierarchische, im Neuen Testament begründete Struktur der Kirche nicht angezweifelt, jedoch gerade aufgrund der historischen Beispiele ein Wandel gefordert. Die Wahl eines Amtsträgers bedeute ja noch nicht eine Demokratisierung des Lehr-, Hirten- und Priesteramtes, somit etwa eine Abstimmung über Lehrinhalte oder Sakramentenspendung.

Wie der Laie oft mit der staatlichen Autorität verwechselt wird, passiert das auch in diesem Fall öfters. Die Wahl eines kirchlichen Amtsträgers, also die „designatio personae“, durch welches Gremium auch immer, bedeutet noch lange nicht eine Demokratisierung der Kirche nach gegenwärtigem verfassungspolitischem Verständnis.

Otto Semmelroth war 1968 einer der ersten, der in diesem Sinne den Eingang demokratischer Formen in der Kirche für möglich hielt.[8]

Für das Jahr 1969 war u. a. auch das sog. „Dossier Suenens“, ein Interview, das der Erzbischof von Mecheln–Brüssel, Leo Kardinal Suenens, am 15. Mai 1969 gegeben hatte, entscheidend. Die 1968 verkündete Enzyklika „Humanae Vitae“ sowie andere Fakten ließen einen Rückschlag für die Reformen des Konzils befürchten. Das war der Anlaß des Interviews, in dem Suenens u. a. sich für die Zukunft auch eine Bischofswahl durch Klerus und Laien vorstellen konnte.[9]

Interessante Darstellungen des Jahres 1969 waren u. a. die von Johannes Gerhartz, Harry Hoefnagels und Matthäus Kaiser.[10] Ein Heft des Jahrgangs 1969 der renommierten *Theologischen Quartalsschrift* aus Tübingen beschäftigte sich mit der Bischofswahl, wobei ein Brief des damals soeben zurückgetretenen Bischofs von Graz–Seckau, Josef Schoiswohl, abgedruckt wurde, der einen diözesanen Senat vorschlug, der u. a. auch für eine Mitwirkung bei der Bischofsbestellung zuständig sein sollte.[11]

Neben einem Plädoyer für die Bischofswahl von Heribert Schmitz in der *Trierer Theologischen Zeitschrift* war im Jahr 1970 vor allem eine Arbeit wichtig, nämlich das von Joseph Ratzinger und Hans Maier gemeinsam herausgebrachte und geschriebene Buch „Demokratie in der Kirche“. Ratzinger übt darin Kritik an der seit dem Hochmittelalter einsetzenden Entwicklung einer Ämterbestellung von oben, wobei nach ihm aber eine Amtsbestellung nur von unten auch nicht in Frage kommt. Beide Ebenen müßten zusammenwirken. Diese „demokratiefreundliche" und für eine Mitbestimmung der Ortskirche aufgeschlossene Haltung des angesehenen deutschen Theologen und derzeitigen Präfekten der römischen Glaubenskongregation wird diesem sehr oft vor allem von progressiven kirchlichen Kreisen genüßlich vorgehalten, so jüngst in *Kirche intern,* Nr. 7, Juli 1989, S. 23.[12]

Die internationale theologische Zeitschrift *Concilium* beschäftigte sich in den Jahrgängen 1971 und 1972 ebenfalls mit dieser Thematik. In zahlreichen Artikeln werden historische und mit anderen Ländern und christlichen Konfessionen vergleichbare Aspekte behandelt. Den theologischen Kernaufsatz schrieb der damalige Mainzer Dogmatiker und jetzige Bischof von Mainz, Karl Lehmann.[13]

Für diese Zeit erwähnenswert sind noch der Beitrag von Bernhard Kötting sowie als entscheidender Kontrapunkt zur Diskussion über eine Demokratisierung der Kirche der Mainzer Kirchenrechtler Georg May. Er ist ein Gegner eines solchen Vorhabens und auch gegen eine Beteiligung weiterer Kreise an einer Bischofswahl. Für ihn genügt die Form des Domkapitelwahlrechts.[14]

Für die weiteren siebziger Jahre sind die Arbeiten von Franz Nikolasch, Alexander Dordett, aber auch von Herbert Schambeck von Interesse, der ebenfalls eine Verbreiterung in der Praxis der Ämterbestellung fordert.[15]

Ein Heft des Jahrgangs 1980 der Zeitschrift *Concilium* beschäftigt sich wieder in einer Reihe interessanter Beiträge mit diesem Thema.[16]

Mehr auf die praktische Seite und Information waren die Arbeiten von Wilhelm Grafl und Gerhard Hartmann ausgerichtet.[17]

Auch die von den Jesuiten herausgegebene Zeitschrift *Stimmen der Zeit* beschäftigt sich immer wieder in Beiträgen und vor allem Kommentaren zu diesem Thema, als Beispiel seien nur die von Karl Rahner (1982) und Wolfgang Seibel (1987) genannt.[18]

Dem Verfasser ist klar, daß im Rahmen dieses Buches nur ein kurzer und keineswegs den Anspruch auf Vollständigkeit erhebender Abriß erfolgen konnte. Er sollte nur zeigen, daß die theologische, kirchenhistorische wie kanonistische Diskussion über eine Verbreiterung der Bischofsbestellung seit den sechziger Jahren fast ununterbrochen auf wissenschaftlich hohem Niveau geführt wurde.

Die Reformanstöße des II. Vatikanums sowie die gesellschaftlichen Umbrüche Ende der sechziger Jahre waren sicher mit eine Ursache für die verstärkte Diskussion. Neben vielen theologischen interessanten Aspekten wurden auch konkrete Vorschläge gemacht, die – auch wenn sie praktikabel erschienen – im neuen CIC des Jahres 1983 keine Berücksichtigung fanden.

Die Entwicklung des innerkirchlichen Rechtes und der neue CIC

Das II. Vatikanische Konzil hat vor allem durch das Dekret „Christus Dominus“ in nachfolgenden *Durchführungsbestimmungen, Verordnungen* etc. die Regelungen über die Form der Bischofsbestellung beeinflußt. Ob dies immer im oft angerufenen und zitierten „Geist des Konzils“ geschehen ist, bleibt dem Urteil der künftigen Kirchengeschichtsschreibung vorbehalten.

Die erste dieser Verordnungen war das Motu Proprio „Ecclesiae Sanctae“ vom 6. August 1966. Neben verschiedenen anderen Dingen wurde bestimmt, daß die Bischofskonferenzen jährlich geheim über geeignete Kandidaten zum Bischofsamt beraten und diese dem Heiligen Stuhl benennen sollen (I Art. 10). Damit ist das schon viele Jahrzehnte angewandte Listenverfahren allgemein gesamtkirchliches Recht für die Lateinische Kirche geworden.[19]

Wir haben bei der Behandlung der einzelnen Konkordate für Deutschland und Österreich gesehen, daß dort bereits eine Vielfalt von Formen eines Listenverfahrens enthalten ist. Diese unterschiedlichen Listen in den Konkordaten stehen jedoch unter völkerrechtlichem Schutz. Die betreffenden Listenersteller haben nicht nur das Recht, sondern sogar die völkerrechtliche Pflicht, solche zu erstellen und dem Apostolischen Stuhl zu senden.

Sofern nun auch eine konkordatäre Listenform mit jener des Motu Proprio übereinstimmt, so wird dies hier in einem geschehen. Bei abweichenden Formen sind jedoch die in den Konkordaten festgelegten Listen gesondert zu erstellen. Es sei denn, der Heilige Stuhl und der betreffende staatliche Vertragspartner kommen im Sinne der „Freundschaftsklausel" durch einen Notenaustausch überein, das Listenverfahren nach dem Motu Proprio anstelle der Konkordatsbestimmungen zu setzen. So etwas würde nach der ÖstK am leichtesten gehen, bei den deutschen Konkordaten, wo staatlich umgrenzte Bischofskollegien (BayK, PrK), Domkapitel u. ä. vorgesehen sind, wird das schwieriger sein. Diese Feststellung wird im Fall Österreich noch von Bedeutung sein.

In der Apostolischen Konstitution „Regimini Ecclesiae" über die römische Kurie vom 15. August 1967 wird unter dem Kapitel „Kongregation für die Bischöfe" unter Art. 49 die Bischofsernennung behandelt, für die diese Kongregation zuständig ist. Die Verhandlungen mit den Regierungen hat jedoch der „Rat für die Öffentlichen Angelegenheiten der Kirche" zu führen, wobei ein gemischter Ausschuß von Kardinälen dieser Kongregation und des Rates zu beraten hat.[20]

Die Apostolische Konstitution „Pontificalis Romani" vom 18. Juni 1968 änderte hinsichtlich der Bischofsweihe das „Pontificale Romanum". Eine stärkere liturgische Beteiligung des Volkes als früher ist augenfällig.[21]

Das Motu Proprio „Sollicitudo omnium Ecclesiarum" vom 24. Juni 1969 beschäftigt sich mit dem Päpstlichen Gesandtschaftswesen. Es enthält eine einschneidende Bestimmung über die Bischofsbestellung. Der Nuntius führt nun den Informativprozeß, durch den die Eignung des Kandidaten geprüft wird. Er hat Kandidaten zu benennen und mitzuteilen, wen er für den geeigneteren hält, wobei er dazu Priester wie Laien nach seinem Ermessen befragen kann. Die Zuständigkeit der Bischofskonferenz bei der Listenerstellung ist jedoch zu beachten (Art. VI, Z. 1 und 2).[22]

Am 25. März 1972 wurden vom „Rat für die Öffentlichen Angelegenheiten der Kirche" Normen über die Kandidatenauswahl für den bischöflichen Dienst in der Lateinischen Kirche erlassen („Episcoporum delectum"), die Ausführungsbestimmungen des Motu Proprio „Ecclesiae Sanctae" darstellen. Die Verfahrensweise bei der Erstellung der Listen, Eigenschaften der Kandidaten u. v. a. m. werden in diesen Normen behandelt. Die bereits in dem Motu Proprio „Sollicitudo omnium Ecclesiarum" festgelegte hervorragende Stellung des Nuntius wird weiterhin normiert. Auch wie die einzelnen Bischöfe sich über potentielle Kandidaten informieren sollen, wurde festgelegt. Dabei ist interessant zu vermerken, daß der Bischof nur bei einzelnen Personen (Priester, Laien) Erkundigungen einziehen darf, auf keinen Fall dürfen Gremien (Domkapitel, Priesterrat, Pastoralrat etc.) als solche ein Votum abgeben. All diese Listen, die jährlichen wie die im konkreten Erledigungsfall, sind jedoch, und das wird besonders betont, für den Heiligen Stuhl nicht verbindlich.[23]

Heribert Schmitz beurteilt die rechtliche Lage folgendermaßen: „Dem päpstlichen Legaten kommt eine Schlüsselfunktion zu. Dadurch wird dem primatialen Element bei der Bischofsernennung ein nur schwer erträgliches Übergewicht gegeben... Daher ist das Urteil nicht so abwegig, daß die Bischofsernennungen in der Lateinischen Kirche wesentliche Angelegenheiten der päpstlichen Geheimdiplomatie bei bloß formeller Mitsprache von Einzelpersonen und bischöflichen Gremien bleiben."[24]

Diese hervorragende innerkirchliche Stellung des Nuntius in diesem ganzen Verfahren, etwa bei der Listenerstellung und dem Informativprozeß, läßt jedoch Fragen völkerrechtlich-diplomatischer ja sogar staatsrechtlicher Art aufkommen. Der Apostolische Nuntius ist der Botschafter eines Völkerrechtssubjekts. Dieser involviert sich nun in die Personalentscheidung einer öffentlich-rechtlichen Körperschaft eines Staates. Wird damit Art. 137 WRV, der ins Grundgesetz übernommen wurde, bzw. Art. 15 StGG tangiert, wonach die inneren Angelegenheiten der Kirche von dieser erledigt werden, wobei der Begriff Kirche bzw. Religionsgesellschaften in den betreffenden Verfassungsbestimmungen nicht das Völkerrechtssubjekt, sondern die auf den Staat bezogene öffentlich-rechtliche Körperschaft vor Augen hat? Erledigt nun diese die inneren Angelegenheiten allein, wenn sozusagen eine „ausländische Macht“ (Heiliger Stuhl) die Personalhoheit beansprucht?

Dieses Problem stellt sich nicht bei Konkordaten, die auch die Bischofsbestellung zum Inhalt haben. Völkerrechtliche Verträge stehen über innerstaatlichem Recht.[25]

Gemeinsam mit der Ankündigung des Konzils hat Papst Johannes XXIII. am 25. Januar 1959 eine *Revision des Kirchlichen Gesetzbuches* in Aussicht gestellt und dazu eine Kommission eingesetzt. Daß ein Ökumenisches Konzil, welches nach den Intentionen dieses Papstes ein „aggiornamento“ der Kirche bewirken sollte, nicht ohne Auswirkungen auf das kanonische Recht bleiben würde, war damals schon klar. Achtzehn Jahre sollte es nach Beendigung des Konzils dauern, bis der neue CIC am 1. Adventsonntag des Jahres 1983 in Kraft trat, nachdem er am 25. Januar 1983 von Papst Johannes Paul II. promulgiert wurde.[26]

Der c. 377 regelt die Bischofsbestellung. Der § 1 lautet: „Der Papst ernennt die Bischöfe frei oder bestätigt die rechtmäßig Gewählten.“

Dies stellt nun insofern gegenüber dem CIC von 1917 einen Fortschritt dar, weil neben das freie Ernennungsrecht des Papstes die Bestätigung des rechtmäßig Gewählten in gleichberechtigter Form tritt. Ein sich innerkirchlich entwikkelndes Bischofswahlrecht ist auf Grundlage dieser Bestimmung auch ohne Konkordatsbestimmung und lediglich mit päpstlichen Durchführungsbestimmungen bzw. Erlässen möglich. Dazu bemerkt bereits 1980 anläßlich eines Kommentars zum „Schema canonum libri II de poluli Dei“, das diese Bestimmung bereits erhielt, Hartmut Zapp resignierend: „Das ist sicher eine begrüßenswerte Formulierung, doch läßt sich nicht der geringste Anhaltspunkt dafür finden, daß nach dem Entwurf dieses Wahlrecht etwas anderes ist als im CIC (von 1917, Anm. d. Verf.), eben partikulares Ausnahmerecht.“[27]

Die gegenwärtige kuriale Politik in dieser Frage läßt derzeit nicht die geringste Hoffnung erkennen, von der Praxis und dem Anspruch des freien päpstlichen Ernennungsrechtes abzugehen.

Der § 2 dieses Canon regelt das absolute Listenverfahren, nachdem mindestens alle drei Jahre die Bischöfe einer Kirchenprovinz oder Bischofskonferenz dem Apostolischen Stuhl Listen von geeigneten Kandidaten übermitteln.

Im § 3 wird das relative Listenverfahren geregelt, nämlich bei einem konkreten Erledigungsfall, wobei hier, wie bereits vorher schon festgelegt, dem Nuntius eine Schlüsselstellung zukommt. Er ist „Herr des Verfahrens".

Der § 4 regelt die Ernennung von Weihbischöfen, der § 5 stellt fest, daß in Hinkunft staatliche Autoritäten keine Privilegien mehr erhalten dürfen.

Insgesamt ist der CIC des Jahres 1983 zwiespältig zu beurteilen. Zwar wird das Bischofswahlrecht als gleichberechtigte Möglichkeit angeführt, jedoch die praktische Nicht-Auswirkung sowie die verstärkte Stellung des Nuntius, also der primatialen Gewalt, in diesem Verfahren bedeuten für die Mitsprache der Ortskirche bei der Bischofsbestellung einen Rückschritt.

Am 28. Juni 1988 wurden die Zuständigkeitsbereiche der Kurien-Ämter neu geregelt („Pastor Bonus"). Nach Art. 77 ist die Bischofskongregation für die Bischofsernennungen zuständig, die nach Art. 78 mit dem Staatssekretariat Kontakt aufnehmen muß, das nach Art. 47 bei Ernennungen in Konkordatsländern eine Mitzuständigkeit besitzt.[28]

Es ist interessant, wie die Bischofsbestellung in den *mit Rom unierten orientalischen Kirchen* geregelt ist, denn der CIC gilt ja nur für die Lateinische Kirche. Für diese katholischen Ostkirchen gilt das am 2. Juni 1957 promulgierte und seit dem 25. März 1958 gültige Personenrecht (IOpers). Der Bischof wird hier von der Wahlsynode eines Patriarchates gewählt, der alle Residential- und Titularbischöfe angehören. Der Papst muß die Wahl bestätigen, eine Mitwirkung von Laien ist ausdrücklich ausgeschlossen. Diese besondere Form der Bischofsbestellung, eine Art „Selbstergänzungsrecht", fußt auf den Traditionen der Orientalischen Kirchen.[29]

Probleme bei Bischofswahlen und Bischofsernennungen vor 1914

In einer „nervösen Gesellschaft (Erwin K. Scheuch) finden Ereignisse außerhalb des normalen oder für normal gehaltenen Ablaufs große Beachtung und werden nahezu verabsolutiert. Dies um so mehr, wenn in dieser Gesellschaft das Bewußtsein für historische Zusammenhänge verlorengegangen ist, eine Folge der Bildungspolitik der späten sechziger Jahre, die dem zeitlichen Augenblick fast alle Bedeutung zugemessen und Traditionen mißachtet hatte. Daher wurden auch die Vorgänge der Jahre 1988/89 bei den Bischofsernennungen im deutschsprachigen Raum gerade in der innerkirchlichen Kritik oft zu sehr als einmaliges Ereignis gesehen, wiewohl sich Zeitungskommentare oft redlich bemühten, historische Zusammenhänge, wenn auch nur bruchstückhaft, aufzuzeigen.

Mit Recht stellt der Linzer Pastoraltheologe Wilhelm Zauner fest: „Es ist ja nicht zum erstenmal in der Kirchengeschichte, daß so etwas geschieht, und insofern halte ich die Kirchengeschichte für die tröstlichste Disziplin der ganzen Theologie.“[1]

Es scheint daher vor Eingehen in den aktuellen Teil zweckdienlich zu sein, anhand einiger Beispiele aus dem 19. Jahrhundert und bis zum Ersten Weltkrieg dem Leser aufzuzeigen, daß der nach den konkordatären Bestimmungen festgelegte Ablauf der Bischofsbestellung oft die Ausnahme war.

Drei Beispiele sollen dies verdeutlichen: Die Kölner Erzbischofswahlen, die Praxis bei der Nomination durch die bayerischen Könige sowie die Vorgänge rund um die Ernennung des Wiener Erzbischofs Franz Kardinal Nagl.

Für *Köln* galten von 1821 bis zum Ende des Ersten Weltkrieges die Bestimmmungen der Bulle „De salute animarum" (darüber siehe S. 42f.). Das Domkapitel hatte das seit Jahrhunderten geübte Recht der Bischofswahl, durfte jedoch niemanden wählen, der dem König von Preußen „minder genehm" war. In der Zeit zwischen 1821 und 1914 regierten acht Erzbischöfe die bedeutendste Diözese des Königreichs Preußen.[2]

Obwohl das Bischofswahlrecht seit 1821 festgelegt war, wurde 1824 Ferdinand August Graf Spiegel, seit 1813 Kapitelvikar von Münster, auf besonderen Wunsch König Friedrich Wilhelms III. von Papst Pius VII. ernannt, da noch kein Domkapitel in Köln vorhanden war. Dieses wurde erst 1825 von Spiegel errichtet.

Als dieser am 2. August 1835 starb, wäre nun das Kapitel im Sinne der Bulle „De salute animarum" zum Zug gekommen. Noch zu dessen Lebzeiten machte sich die preußische Regierung Gedanken über die Nachfolge. Vor allem durch das Wohlwollen des preußischen Kronprinzen Friedrich Wilhelm (später König Friedrich Wilhelm IV.) fiel die Gunst Berlins auf den Bischof von Münster, Klemens August Freiherr Droste zu Vischering. Entgegen den Bestimmungen der Bulle, wonach sich das Kapitel vor der Wahl zu versichern hat, welche Personen dem König „minder genehm" seien, schrieb das Kölner Domkapitel an den preußischen Kultusminister, welche Personen „die hohe Gnade haben, Seiner Majestät ... angenehm zu sein". Also genau umgekehrt. Damit hatte sich das Kölner Domkapitel, das damals in sich nicht sehr harmonisch war, der Regierung selber ausgeliefert. Die einstimmige Wahl Drostes am 1. Dezember 1835 war daher nur mehr eine Formsache.

Die Hoffnungen, die Berlin auf Droste gesetzt hatte, entschwanden recht bald. Verschiedene Ursachen (Mischehenfrage, Hermesianismus u.a.) führten binnen kurzem zu einem Konflikt Drostes mit der Regierung, die diesen durch dessen Verhaftung und Arretierung am 20. November 1837 zu lösen versuchte. Dieses „Kölner Ereignis" führte zur ersten Phase des preußischen Kirchenkampfes, bewirkte aber auch ein Erstarken der katholischen Romantik (Joseph Görres) und das Entstehen des im deutschsprachigen Raum später mächtig gewordenen Verbandskatholizismus. Die Beilegung dieser „Kölner Wirren“ dauerte fast vier Jahre.[3] Zu Unrecht werden die aufgrund politischer Hintergründe geführten Auseinandersetzungen zwischen Staat und Kirche in dieser Zeit mit dem Jahr 1988 verglichen, auch wenn nur das Vokabular („Kölner Wirren“) herangezogen wurde. 1840 gelangte der den Katholiken freundlich gesinnte Friedrich Wilhelm IV. auf den preußischen Thron, so daß sich eine Lösung anbahnte. In Verhandlungen zwischen dem Heiligen Stuhl und der preußischen Regierung einigte man sich unter Ausschluß des Kapitels auf den Bischof von Speyer, Johannes von Geissel, der vom bayerischen König Ludwig I. seinem Schwager Friedrich Wilhlem IV. empfohlen wurde. Am 24. September 1841 wurde er zum Koadjutor mit dem Recht der Nachfolge sowie zum Apostolischen Aministrator von Köln ernannt, mit dem Tode Drostes (19. Oktober 1845) wurde er automatisch Erzbischof.

Viel eher mit 1988 sind die Wahlstreitigkeiten nach dem Tode Geissels (8. September 1864) zu vergleichen, die eineinhalb Jahre dauerten. Bereits zur Jahreswende 1864/65 scheiterte ein erstes Wahlverfahren, das zweite endgültig im Herbst 1865, nicht zuletzt auch deshalb, weil das Kapitel u. a. für den Mainzer Bischof Wilhelm Emmanuel Frhr. von Ketteler votierte. Am 21. Dezember 1865 beschloß Papst Pius IX. nach endgültigem Einvernehmen mit Berlin, sich im Sinne des innerkirchlichen Devolutionsrechtes die Ernennung des Erzbischofs vorzubehalten, und ernannte auch am 8. Januar 1866 den Bischof von Osnabrück, Paul Ludolf Melchers. Im Zuge des Kulturkampfes nach 1870 exponierte sich Melchers als Vorsitzender der Bischofskonferenz naturgemäß sehr stark, was ihm persönlich zum Verhängnis wurde. Seit 1873 wurde er wegen Verstoßes gegen die preußischen Maigesetze wiederholt zu Geldstrafen verurteilt, im Frühjahr 1874 folgte die Pfändung seines Vermögens, und da er nun mittellos war, mußte er wenig später ersatzweise eine sechsmonatige Gefängnisstrafe antreten. 1875 entzog er sich einer erneuten Verhaftung durch die Flucht nach Maastricht (Niederlande), von wo er die Diözese notdürftig leitete. Nach Abklingen des Kulturkampfes gelang zwischen dem Heiligen Stuhl und Preußen eine Einigung. Der Bischof von Ermland, Philipp Krementz, wurde von Papst Leo XIII. am 30. Juli 1885 zum Erzbischof von Köln unter Umgehung des Kapitels ernannt, nachdem Melchers drei Tage vorher zum Kurienkardinal kreiert worden war. Norbert Trippen, der die Erzbischofwahlen von Köln in der Zeit von 1821 bis 1929 beschrieben hat, meint dazu: „Bei der Beilegung des Kulturkampfes in Preußen war die Wiederbesetzung der vielfach schon seit mehreren Jahren vakanten Bischofsstühle eines der schwierigsten Probleme. Weder die Kurie noch die preußische Regierung wollten sich dabei von Zufälligkeiten einer Kapitelwahl abhängig machen."[4]

Krementz starb am 6. Mai 1899. Bereits vorher legten sich Kaiser Wilhelm II. und die preußische Regierung auf den Bischof von Paderborn, Hubert Theophil Simar, als ihren Kandidaten fest, der aber auch durchaus dem Kölner Kapitel genehm war. Nach der Einreichung der Kapitelvorschlagsliste gemäß dem sog. „irischen Listenverfahren", das nach 1840 auch in Preußen gebräuchlich wurde (siehe S. 45), erhielt das Kapitel im Oktober die auf drei Kandidaten reduzierte Liste zurück, nachdem der Kaiser die „minder genehmen" gestrichen hatte. Auf dieser Liste befanden sich Simar sowie zwei weitere, von denen man wußte, daß sie nicht bereit waren, nach Köln zu gehen bzw. vom Kapitel nicht gewählt wurden. Dazu wiederum Norbert Trippen: „Der Unterschied zu der Scheinwahl Drostes im Jahr 1935 war geringer, als behauptet wurde, 1899 wie 1835 wurde die Wahl erst zugelassen, als feststand, daß die persona Regi gratissima gewählt würde."[5]

Die staatlichen Einflüsse bei dieser Wahl sowie weitere Vorkommnisse (Anwesenheit des Regierungskommissärs) veranlaßten Kardinalstaatssekretär Rampolla am 20. Juli 1900 zu einem Schreiben an die deutschen Domkapitel.

Am 24. Mai 1902 starb Simar völlig unerwartet. Der bereits auf der Regierungsliste im Jahr 1899 stehende Kölner Weihbischof Antonius Fischer, also damals der Regierung nicht „minder genehm", wurde erneut auf jene Kapitelliste gesetzt, die der Regierung vorgelegt wurde. Nachdem Fischer vor dem staatlichen Wahlkommissär Fragen über die Bonner Fakultäts- bzw. Konviktspolitik in befriedigender Weise geklärt hatte, wurde er am 6. November 1902 vom Kapitel mit großer Mehrheit gewählt. Es war dies die problemloseste Bischofsbestellung in Köln seit 1821.

Am 30. Juli 1912 starb Fischer in Bad Neuenahr. Bereits am 3. September stellte das Kapitel seine Liste auf. Relativ rasch und ohne Beanstandung wurde von Berlin durch Kabinettsordre die Liste am 15. Oktober 1912 gebilligt. Am 29. Oktober 1912 wurde der Bischof von Münster, Felix von Hartmann, im zweiten Wahlgang gewählt. Während der Wahlsitzung des Kapitels wurde ein Brief von Kardinal Kopp verlesen, aus dem der massive Wunsch des Heiligen Stuhles nach einer Wahl Hartmanns hervorging.

Von den angeführten acht Kölner Bischofsbestellungen zwischen 1821 und 1914 gab es vier päpstliche Ernennungen (Spiegel, Geissel, Melchers, Krementz), zwei Scheinwahlen (Droste, Simar) sowie zwei weitere halbwegs freie Wahlen (Fischer, Hartmann), bei denen trotzdem ein Einfluß der Regierung bzw. der Kurie nachzuweisen war.

Die Wahl des Bischofs von Paderborn, Karl Joseph Schulte, zum Erzbischof von Köln am 15. Januar 1920 stand im Zeichen der rechtlich ungewissen Verhältnisse nach 1918. Preußen und der dortigen Kirche ging es um die Sicherung des Kapitelwahlrechts, das nach Verhandlungen mit dem Nuntius Eugenio Pacelli durchgesetzt wurde.

Offenbar zum erstenmal richtig gewählt – nun mehr nach dem PrK des Jahres 1929 – wurde trotz des NS-Regimes Josef Frings am 8. März 1942, wie offenbar die völlig überraschte Öffentlichkeit zeigte.[6]

Von 1817 bis 1918 herrschte im Königreich *Bayern* aufgrund des im Konkordat gewährten Privilegs das königliche Nominationsrecht (siehe S. 40f.). Im Gegensatz zu dem der Habsburger, die dieses Privileg seit dem 15. Jahrhundert ausübten, war das des bayerischen Königs neu.

In dem genannten Zeitraum wurden 62 bayerische Bischöfe ernannt. In acht Fällen, das sind fast 13 Prozent, legte der Heilige Stuhl Widerspruch gegen die königliche Nomination ein. Das ist ein relativ hoher Prozentsatz, wenn man bedenkt, daß ein solcher Vorgang für Österreich nicht nachzuweisen ist. Der Heilige Stuhl war offenbar bestrebt, dieses Nominationsrecht als Präsentationsrecht aufzufassen. Ein automatisches ius ad rem sollte der vom König nominierte Kandidat offenbar nicht erhalten.[7]

In *Österreich* hingegen wurde das Nominationsrecht des Kaisers vor allem zur Zeit Franz Josephs in nahezu mustergültiger und für alle Seiten in befriedigender Weise ausgeübt, wie wir bereits gesehen haben (siehe S. 55f.). Doch in einem Fall ist eine wenn auch sehr vorsichtige Empfehlung Papst Pius X. nachzuweisen, die vor allem auch in der Öffentlichkeit starke Diskussionen hervorgerufen hatte. In Wien regierte der greise Erzbischof Joseph Anton Kardinal Gruscha. Papst Pius X. schrieb am 4. August 1909 Kaiser Franz Joseph wegen der Ernennung eines Koadjutors mit dem Recht der Nachfolge, wobei er recht vorsichtig den Namen des Bischofs von Triest, Franz Nagl, ins Spiel brachte. Dieser leitete ein wegen der Nationalitäten (ca. je ein Drittel Italiener, Slowenen und Kroaten) sehr schwieriges Bistum, wobei er auch der Regierung und dem Kaiser genehm war. Aus diesem Grunde war es nicht verwunderlich, daß Kaiser Franz Joseph am 1. Januar 1910 auf diese Anregung des Papstes hin Nagl zum Bischofskoadjutor mit dem Recht der Nachfolge für Wien ernannte.[8]

Die (katholische) Öffentlichkeit favorisierte jedoch seit langem den Wiener Weihbischof und Generalvikar Godefried Marschall als Nachfolger, der bei Klerus und Volk sehr beliebt war. Insbesondere im katholischen Vereinswesen hatte er großen Rückhalt. Die Ernennung Nagls wurde daher sehr enttäuscht aufgenommen, sein Empfang in Wien fiel auch deswegen relativ kühl aus.

Nagl hatte bereits am 5. Januar 1910 Weihbischof Marschall gebeten, sein Amt als Generalvikar beizubehalten, was dieser jedoch bereits am nächsten Tag strikt und unmißverständlich ablehnte. „Es soll dies dem Vernehmen nach mit einem etwas drastischen Ausdruck geschehen sein, wie es seiner populären Umgangssprache auch entsprach."[9]

Die Besetzung des Kölner Erzbischofsstuhles 1987 bis 1989

Die Bedeutung Kölns

Köln ist das bedeutendste und größte Erzbistum des deutschsprachigen Raumes. Der erste historisch nachweisbare Bischof war der hl. Maternus um 313. Danach sind die Zeugnisse spärlich, erst ab dem 7. Jahrhundert ist eine fast lückenlose Reihe der Bischöfe nachweisbar. Unter Hildebold Ende des 8. Jahrhunderts wurde Köln Erzbistum. Die Stadt selbst war bereits unter den Römern ein wichtiger Handelsplatz und Hauptstadt der Provinz Germania inferior. Im Früh- und Hochmittelalter war sie wohl die größte und bedeutendste deutsche Stadt geworden.

Es war daher kein Wunder, daß auch die politische Stellung der Kölner Erzbischöfe immer mehr wuchs. Schon früh gehörten sie zum Kreis der Königswähler und erhielten in der „Goldenen Bulle" (1365) endgültig die Kurwürde. Sie hatten das Vorrecht der Königskrönung, die bis Ferdinand I. in Aachen, später in Frankfurt durchgeführt wurde, und führten den Titel eines Erzkanzlers von Italien. Zwar war der Mainzer Stuhl bedeutender, mit ihm war die Würde des Erzkanzlers des Reiches und der Vorsitz im Kurfürstenkollegium verbunden, doch politisch-wirtschaftlich war Köln weitaus gewichtiger, obwohl Ende des 13. Jahrhunderts sich die Stadt Köln aus der Oberhoheit des Erzbischofs befreien konnte, zu ihrem Nachteil übrigens, wie die Geschichte ihres wirtschaftlichen Niedergangs im Spätmittelalter zeigt.

In der Barockzeit erlebte der Kurstaat zweifellos seinen Höhepunkt. Fast zwei Jahrhunderte, von 1583 bis 1761, regierten die Wittelsbacher am Rhein, wobei der letzte von ihnen, Clemens August, sich besonders als Kunstmäzen hervortat. Er war nicht nur Kurfürst-Erzbischof von Köln, sondern damit auch Herzog von Westfalen (etwa der heutige Regierungsbezirk Arnsberg), das in Personalunion mit Köln vereint war. Aber er war auch jeweils Fürstbischof von Münster, Osnabrück, Hildesheim und Paderborn.

Der letzte Kurfürst von Köln war ein Österreicher, nämlich Erzherzog Maximilian Franz, der jüngste Sohn Maria Theresias. Er regierte von 1784 bis 1801 und war auch in der Seelsorge einer der tüchtigsten und profiliertesten Erzbischöfe. In der Napoleonischen Zeit war die Diözese Köln aufgehoben, sie wurde erst wieder 1824 besetzt. Es spricht für die Bedeutung Kölns, daß es im Gegensatz zu Mainz und Trier als Erzbistum rekonstituiert wurde.

Sowohl im 19. wie auch im 20. Jahrhundert war und ist Köln kirchenpolitisch bedeutsam. Sehr oft waren deren Erzbischöfe Vorsitzende der Fuldaer bzw. der Deutschen Bischofskonferenz. Die Kardinäle Frings und Höffner spielten im konziliaren wie nachkonziliaren Prozeß auch weltkirchlich eine große Rolle.[1]

Gegenwärtig umfaßt die Diözese *Köln* eine Fläche von 6.181 qkm und hat nach dem Personalschematismus von 1989 eine Katholiken-Einwohnerzahl von 2.430.881. Das Budget des Jahres 1989 betrug 915 Millionen DM. Zum Vergleich: *München* hat eine Fläche von 11.971 qkm, eine Katholiken-Einwohnerzahl von ca. 2 Millionen und ein Jahrsesbudget (1989) von 590 Millionen DM; *Wien* hat eine Fläche von 9.102 qkm, eine Katholiken-Einwohnerzahl von ca. 1.750.000 und ein Jahresbudget (1989) von 1.050 Millionen ö. S. (das sind ca. 150 Millionen DM).

Die Gegenüberstellung der drei größten und wichtigsten deutschsprachigen Erzdiözesen zeigt, daß Köln nicht nur von der Einwohnerzahl die größte, sondern auch die finanzstärkste ist, ein Umstand, auf den in Kommentaren und Berichten immer wieder hingewiesen wird. Es ist daher kein Wunder, daß die Besetzung des erzbischöflichen Stuhles von Köln seit jeher auf ein allgemein-öffentliches, ja sogar politisches Interesse stößt.

Vorschriftsgemäß hat Joseph Kardinal Höffner anläßlich der Vollendung seines 75. Lebensjahres 1981 dem Papst seinen Rücktritt angeboten, der ihn jedoch gebeten hat, sein Amt vorläufig beizubehalten. Trotz der Rüstigkeit des Kölner Erzbischofs war nun ein Stadium eingetreten, wo seine Nachfolge in eine gewisse zeitliche Greifbarkeit rückte.

Im Laufe des Jahres 1986 wurden ernsthafte Gerüchte aus Rom bekannt, daß in Köln wie auch in Essen ein Koadjutor mit dem Recht der Nachfolge eingesetzt werden sollte. Diese Überlegungen in Rom müssen derart glaubwürdig gewesen sein, daß die Dompröpste bzw. Domdekane der Kathedralkapitel im ehemaligen Freistaat Preußen sich mit Ausnahme von Fulda und Hildesheim Mitte September zur Beratung der weiteren Vorgangsweise trafen.

Das Ergebnis waren zwei Briefe. Am 29. September 1986 schrieb der Kölner Dompropst Bernard Henrichs an den Apostolischen Nuntius in Bonn, Josip Uhac. In diesem Brief wird auf die besondere Bedeutung des PrK hinsichtlich des Verhältnisses von Staat und Kirche (Schulwesen) und auf den Regelfall nach Art. 6 bei der Bischofsbestellung, nämlich Wahl durch das Domkapitel, hingewiesen. Darüber hinaus wurde betont, daß Joseph Kardinal Höffner bereits sein Rücktrittsgesuch eingereicht habe und jederzeit bereit wäre, bei einem gesundheitlich nicht mehr tragbaren Zustand sein Amt zur Verfügung zu stellen. Unterstrichen wird dies durch den Hinweis, daß einige Jahre vorher wegen der Änderung der Dignitätenernennung der Domkapitel gem. Art. 8 PrK (früher durch den Papst nun Ortsbischof) eine Mißstimmung bei der Landesregierung von Nordrhein-Westfalen entstanden sei. Besonders für Berlin sei dies bedauerlich gewesen, „da in Berlin vor allem das Kapitel den Zusammenhang des Bistums in Ost und West garantiert und es politisch nicht klug erscheint, die Dignitäten durch den Ortsbischof ernennen zu lassen".

Der Brief endet mit dem Absatz: „Es ist sicher auch zu bedenken, daß das Bewußtsein der Geistlichen und des Kirchenvolkes auf eine, wenn auch sehr geminderte Mitbestimmung bei der Bischofswahl, außerordentlich sensibilisiert ist. Die Ernennung eines Koadjutors mit dem Recht der Nachfolge brächte völlig unnötige Unruhe und erheblichen Ärger in unser Erzbistum."

Der zweite Brief, datiert vom 5. Oktober 1986, wurde von allen Dompröpsten bzw. -dekanen (mit Ausnahme Osnabrücks, weil dort ein Koadjutor ernannt wurde) unterschrieben und richtete sich an den Papst. Nach einer Darlegung der staatskirchenrechlichen Lage in der Bundesrepublik Deutschland durch das PrK, der Wichtigkeit eines guten Verhältnisses zwischen Staat und Kirche und der Bedeutung des Domkapitelwahlrechts wurden drei Punkte angeführt:

„1. Wenn sich der Apostolische Stuhl in seinem Handeln nicht streng an den Sinn der Vertragsbestimmungen hält, besteht Gefahr, daß die zuständigen Landesregierungen auch Freiheiten in Anspruch nehmen, die das nun fast 60 Jahre bestehende und bewährte Vertragswerk von 1929 ernsthaft gefährden. Die Kirche in Deutschland könnte mit weniger Überzeugungskraft auf die Einhaltung anderer wichtiger Konkordatsbestimmungen dringen.

2. Unter dem Klerus und den Laien in unseren Diözesen gibt es starke Kräfte, die eine stärkere Beteiligung – etwa des Priesterrates und des Diözesanpastoralrates – im Verfahren der Bischofsernennung wünschen. Eine Aushöhlung des Bischofswahlrechtes der Kathedralkapitel würde solche Kräfte enttäuschen und aller Voraussicht nach zu öffentlichen Diskussionen führen, die wir nicht für opportun halten."

In einem dritten Punkt wurde auf die historische Bedeutung der Domkapitel, nicht zuletzt in der Reformationszeit eingegangen. Dieses Schreiben wurde dem Apostolischen Nuntius in Bonn zur Weiterleitung nach Rom übergeben.

Joseph Kardinal Höffner war bis zu diesen Briefen nicht bekannt, daß in Rom fest geplant war, für Köln einen Koadjutor mit dem Recht der Nachfolge zu ernennen, diese Nachricht soll ihn damals sehr bewegt haben. Zusätzlich hat er dann beide Schreiben Anfang Oktober anläßlich eines Besuches nach Rom mitgenommen und mit dem Papst besprochen, was offenbar seine Wirkung getan hatte. Eine Antwort auf ihre Schreiben erhielten weder der Kölner Dompropst noch die Domkapitel.[2] Die nordrhein-westfälische Staatsregierung wurde über den Vorstoß der Kathedralkapitel nicht informiert.[3]

Zusammenfassend kann über dieses Vorgehen der Kapitel folgendermaßen geurteilt werden:

1. Auch wenn aufgrund der vatikanischen Archivsperre und anderer derartiger Umstände derzeit nicht bekannt ist, ob tatsächlich der Heilige Stuhl die Ernennung eines Koadjutors für Köln geplant hatte, kann ein solcher Plan doch als wahrscheinlich angenommen werden. Die ehemals preußischen Domkapitel hätten sich nicht zum Schritt eines Briefes an den Papst durchgerungen, wenn ihre Informationen aus Rom nicht glaubhaft und seriös gewesen wären.

2. Die beiden Briefe zeugen jeweils von einem hohen Verantwortungsbewußtsein der Verfasser, was das Verhältnis von Kirche und Staat betrifft. Spätestens seit damals mußte der Kurie wie dem Bonner Nuntius bewußt gewesen sein, was bei einer Konkordatsverletzung in der Bundesrepublik Deutschland für die Kirche alles auf dem Spiel steht. Auch die Anspielung auf eine verstärkte Mitbestimmung der Ortskirche bei der Bischofsbestellung verdient Beachtung.

3. Die Ernennung eines Koadjutors mit dem Recht der Nachfolge ist nach Art. 7 des PrK zwar Sache des Heiligen Stuhles, jedoch lediglich eine Ausnahme gegenüber Art. 6. Seit der Bestimmung, wonach die Bischöfe mit dem 75. Lebensjahr ihren Rücktritt einreichen müssen, ist die Ernennung eines Koadjutors aber noch mehr Ausnahme geworden, da nach c. 401 der Heilige Stuhl gegenüber früher die Möglichkeit hat, von einem Bischof über die Altersgrenze bzw. einem kranken und nicht mehr amtsfähigen Bischof den Rücktritt jederzeit anzunehmen, so daß das normale Bischofsbestellungsverfahren eintreten kann. Die nicht-notwendige Ernennung eines Koadjutors in einem Konkordatsland mit Kapitelwahlrecht läßt die Vermutung aufkommen, daß es dem Heiligen Stuhl primär um die Durchsetzung eigener personalpolitischer Vorstellungen geht.[4]

4. Bezeichnend ist – vorausgesetzt das Gerücht basierte

auf Tatsachen –, daß so etwas selbst dem wohl in Rom einflußreichsten Ortsbischof, nämlich Kardinal Höffner, passiert wäre.

Vom Rücktritt Kardinal Höffners bis zum erfolglosen Abschluß des ersten Wahlverfahrens

Nach dem Besuch Papst Johannes Pauls II. in der Bundesrepublik Ende April/Anfang Mai 1987 verschlechterte sich der Gesundheitszustand des im 81. Lebensjahr stehenden Kardinals Höffner. Anfang Juli mußte er sich wegen eines Gehirntumors in das Kölner St. Hildegardis-Krankenhaus begeben, das er nicht mehr verlassen sollte.

Am Samstag, den 15. August 1987, dem „hohen Frauentag“, legte er den Vorsitz der Deutschen Bischofskonferenz nieder, den er fast elf Jahre innegehabt hatte. Gemäß c. 401 CIC hatte Höffner schon zweimal seinen Rücktritt angeboten, die fortgeschrittene Krankheit war nun der Anlaß, dieses Gesuch ein drittes Mal zu stellen.

Aus Anlaß seines 25jährigen Bischofsjubiläums (14. September 1987), wurde am Sonntag, den 13. September ein feierliches Pontifikalamt gefeiert, an dem Höffner jedoch nicht mehr selbst teilnehmen konnte. Bereits am Donnerstag, den 10. September wurde in Rom bekannt, daß der Heilige Stuhl nun endlich das Rücktrittsgesuch Höffners mit Wirkung vom 14. September angenommen hatte. Zu Beginn des Pontifikalamts am 13. September um 10 Uhr verkündete der dienstälteste Weihbischof Hubert Luthe, dem gemäß c. 419 CIC nach Erledigung des Erzbischöflichen Stuhles bis zur Wahl eines Diözesanadministrators die Diözesanregierung zufällt, die Rücktrittsannahme durch den Heiligen Stuhl. Zahlreiche politische wie kirchliche Prominenz erwies dem Jubilar durch ihre Anwesenheit die Ehre: Bundeskanzler Helmut Kohl, Bundestagspräsident Philipp Jenninger und Ministerpräsident Johannes Rau waren an der Spitze der politischen Vertreter erschienen. Über 30 Bischöfe aus dem In- und Ausland nahmen an der Feier teil. Das Pontifikalamt zelebrierte der ebenfalls das Silberne

Bischofsjubiläum feierende ehemalige Kölner Weihbischof Augustinus Frotz, assistiert von den Kardinälen Jozef Glemp und Friedrich Wetter.[5]

Innerhalb von acht Tagen nach Kenntnis der Vakanz hat die Wahl des Diözesanadministrators zu erfolgen. Diese hat durch das Kollegium der Konsultoren (c. 502) zu geschehen, welches für den Bereich der Bundesrepublik Deutschland gemäß Beschluß der Deutschen Bischofskonferenz im Sinne von c. 502 § 3 das Domkapitel darstellt.[6]

Bereits am Dienstag, dem 15. September trat das Kölner Domkapitel unter dem Vorsitz seines Dompropstes Bernard Henrichs[7] zu einer Sitzung zusammen und wählte gegen 17 Uhr den dienstältesten Weihbischof Hubert Luthe[8] zum Diözesanadministrator.[9] Gemäß c. 481 § 1 erlöscht bei Erledigung des bischöflichen Stuhles die Funktion des Generalvikars. Diözesanadministrator Hubert Luthe hat noch am selben Tag seiner Wahl den bisherigen Generalvikar Norbert Feldhoff[10] zu seinem ständigen Vertreter ernannt. Desgleichen wurden die bisherigen stellvertretenden Generalvikare, Dompropst Bernard Henrichs und Prälat Herbert Michel, zu Stellvertretern des ständigen Vertreters bestellt.[11]

Gemäß Art. 6 PrK hat das jeweilige Kathedralkapitel nicht nur das Recht, sondern auch die Pflicht, im Erledigungsfall eines bischöflichen Stuhles eine Liste von geeigneten Kandidaten dem Heiligen Stuhl zu übermitteln. Das Kölner Domkapitel beschloß nun, an ca. 250 Priester und Laien der Diözese einen Fragebogen zu richten. Nach vordringlichen Aufgaben, Erwartungen, Anforderungen und Eigenschaften eines neuen Erzbischofs wurde gefragt, aber es wurde auch gebeten, Namen zu nennen.

Die Auswertung des Eigenschaften-Profils erfolgte am 3. Oktober 1987 und ergab folgendes Ergebnis (Reihung nach der Zahl der Nennungen):

Im Glauben fest und treu, Frömmigkeit, Integrationsfähigkeit, Zuhören können, Offenheit, Güte, Klugheit, Optimismus, Demut, Humor, Prediger, Delegieren, Seelsorger, theologisch kompetent, Mann des Volkes, Geduld, Führungsqualität, Kompetenz in weltlichen Fragen, Autorität, Nächstenliebe. Es folgen weitere 21 Eigenschaften, die jedoch nur sehr wenige Nennungen hatten, wie z. B. Toleranz, Gesundheit, aus dem Bistum, internationale Erfahrung, gutes Verhältnis zum Geld.

Diese Umfrage war für das Kapitel eine Entscheidungshilfe, seine Liste verantwortungsvoll zusammenzustellen.[12] Am Dienstag, den 13. Oktober trat es zu einer Sitzung zusammen, um die Vorschlagsliste gemäß Art. 6 PrK zu beschließen. Sie wurde dem Nuntius zur Weiterreichung an den Heiligen Stuhl übergeben.[13]

Am selben Tag verschlechterte sich der Gesundheitszustand Kardinal Höffners rapide, er verlor das Bewußtsein. Der Diözesanadministrator rief die Kölner auf, für eine gute Sterbestunde ihres ehemaligen Oberhirten zu beten.[14] Als am Freitag, dem 16. Oktober um 14.30 Uhr der „decke Pitter", die größte freischwebende Glocke der Welt, über Köln ertönte, da wußte jeder, daß Joseph Höffner nun verstorben war. Um 13.45 Uhr schloß er im Kölner St. Hildegardis-Krankenhaus für immer die Augen.[15]

Die Trauerbekundigungen waren zahlreich. Noch am Tage des Ablebens schrieb Bundeskanzler Helmut Kohl an den Vorsitzenden der Deutschen Bischofskonferenz, Bischof Karl Lehmann, der am 22. September 1987 bei der Herbsttagung der Bischofskonferenz mit einiger Überraschung gewählt worden war[16], u. a.: „Die Menschen in unserem Land trauern um eine große Persönlichkeit der Kirche und des öffentlichen Lebens."[17] Rainer Dederichs schrieb am 17. Oktober 1987 im *Kölner Stadt-Anzeiger:* „Ein großer Kirchenführer ist gestorben. Nicht etwa nur die Ehrfurcht vor einem Toten, die Objektivität gebietet es, Joseph Höffner so zu würdigen." Und Norbert A. Sklorz schloß am selben Tag seinen Nachruf in der *Kölnischen Rundschau,* den er „Ein politischer Kardinal" titulierte, mit den Worten: „In Erinnerung bleiben wird Kardinal Joseph Höffner den Menschen als ein Mann des Geistes und der Wissenschaft, der sich Sorgen machte um das Wohl und die Seele der Mitmenschen – als ein Mann der Kirche, den auch die Welt respektierte."

Das feierliche Requiem fand am Samstag, dem 24. Oktober 1987 um 15 Uhr statt. Der Kardinalstaatssekretär Agostino Casaroli und die deutschen Kurienkardinäle Joseph Ratzinger und Augustin Mayer kamen von Rom nach Köln. Der Präfekt der Glaubenskongregation Ratzinger zelebrierte das Requiem und hielt die Ansprache. Unter den Trauergästen befanden sich u.a. Bundespräsident Richard von Weizsäcker, Bundestagspräsident Philipp Jenninger, Bundeskanzler Helmut Kohl, die Ministerpräsidenten Johannes Rau und Bernhard Vogel sowie auch dessen Bruder, der SPD-Vorsitzende Hans-Jochen Vogel.[18]

Personalentscheidungen reizen in einer Medien-Gesellschaft naturgemäß zu Überlegungen. Eines der „liebsten Spiele“ von Presse, Funk und Fernsehen ist es, in solchen Fällen Spekulationen über mögliche Kandidaten und Namen anzustellen. Die Blumen am Grabe Höffners waren noch nicht verwelkt, da war der *Münchner Merkur* (31. 10./1. 11. 1987) einer der ersten, der das mediale Personal-Karussell eröffnete. Andere Zeitungen folgten. Im nachhinein und in Kenntnis der wahren Termine ist es oft amüsant nachzulesen, welche Behauptungen in den Zeitungen aufgestellt wurden. So schrieb z. B. die *Bild-Zeitung* am 18. Februar 1988, daß das Kapitel in den nächsten Tagen die Dreierliste erhalten werde, und die *Kölnische Rundschau* teilte am 20. April 1988 ihren Lesern mit, daß noch vor Pfingsten ein neuer Erzbischof kommen werde. In zahlreichen Artikeln nicht nur der Kölner Presse wurden immer wieder verschiedene Namen in allen möglichen Variationen als potentielle Erzbischofskandidaten genannt.[19]

Je länger die Vakanz dauerte, um so häufiger geschah dies. Schon am 26. Februar 1988 machte sich der *Rheinische Merkur* unter dem Titel „Erzgerüchte“ darüber lustig – ein verspäteter Beitrag zum rheinischen Karneval. In einer Glosse, gezeichnet mit „Dr. Informatius, Colonia“, wird von folgenden Tatsachen berichtet: „1. Der Kölner Domzeremoniär hat das Buch mit der Liturgie der Bischofsweihe aus der Sakristei in seine Wohnung mitgenommen. Daraus kann man folgern, daß die Entscheidung bald getroffen wird und der Kandidat zum Bischof geweiht werden muß. 2. Die Domküster haben eine neue Taufkerze bestellt. Daraus kann man folgern, daß der Kandidat noch nicht getauft ist. 3. Die Domsakristei wird mit erheblichen Mitteln und unter großem Zeitdruck renoviert und umgebaut. Dabei geht es wesentlich auch um den Einbau von Damentoiletten. Daraus kann man folgern, daß der neue Erzbischof eine Frau ist."

Peter Schilder machte sich am 5. August 1988 in der *Frankfurter Allgemeinen* über seine Kollegen lustig, als er schrieb: „Eine Kölner Tageszeitung bringt in unregelmäßigen Abständen immer neue Namen ins Gespräch, offenbar nach der Devise, daß der künftige Erzbischof darunter ist." Er nennt aber dann selber fast sämtliche Namen der Gerüchte-Küche und schließt seine Liste mit der ironischen Bemerkung: „Nach den Erfahrungen von Wien werden auch die Wallfahrtsdirektoren einbezogen."

Doch wie ging es tatsächlich weiter? Am 7. Juli 1988 meldete sich die *Kölnische Rundschau:* „Vatikankenner glauben sogar zu wissen, daß die Liste noch nicht einmal zusammengestellt ist." Ein Irrtum, denn als am Freitag, dem 8. Juli 1988 wegen einer ganz anderen Angelegenheit der Kölner Dompropst Henrichs um 9.30 Uhr beim Nuntius in Bonn erschien, war er überrascht, als ihm am Ende des Gespräches das versiegelte Kuvert mit den Namen des Dreiervorschlages mit dem Auftrag übergeben wurde, dieses erst im Beisein aller Kapitelmitglieder zu öffnen. Es wurden daher noch am selben Tag für 21 Uhr die bis auf zwei in Köln anwesenden Kanoniker zusammengerufen, danach wurde das Kuvert geöffnet. Die beiden fehlenden Mitglieder wurden anderwärtig verständigt.

Aufgrund der Sommerpause und der damit zusammenhängenden Absenzen wurde vereinbart, erst Anfang September zur Wahl zu schreiten. Interessant ist zu beobachten, daß im Laufe des Juli keinerlei Pressemeldungen erschienen, die den Erhalt des Dreiervorschlages o. ä. meldeten. Erst in der zweiten Augusthälfte verdichteten sich Berichte, wonach das Domkapitel Anfang September den neuen Ezbischof wählen werde.

Seit dem 17. Januar 1986 hatte das Kölner Metropolitankapitel ein neues Statut, das wesentlich vom ehemaligen Bonner Kirchenrechtler, dem bereits verstorbenen Heinrich

Flatten, er war auch Mitglied des Kapitels, geschaffen wurde. Im § 39 des Statuts wird der Modus der Erzbischofwahl geregelt. Entgegen c. 119 CIC wurde in allen Wahlgängen eine absolute Mehrheit der Stimmberechtigten vorgeschrieben. Flatten vertrat die Meinung, die im Kapitel nicht unumstritten war, der neue Erzbischof bedürfe einer hohen Zustimmung, damit er sich angenommen wisse. Kardinal Höffner stimmte dem zu. Damit hatte sich das Kapitel in das Korsett einer engeren Bestimmung als der des CIC begeben, denn nach c. 119 genügt im dritten Wahlgang die einfache Mehrheit.

Unter diesen rechtlichen Voraussetzungen schritt man am Donnerstag, dem 1. September erstmals zur Wahl, dies geschah nun nochmals am Freitag, dem 2. September und zurückblickend gesehen das letzte Mal am Freitag, dem 9. September 1988, jeweils ohne Ergebnis. Am Freitag, dem 16. September trat das Kapitel nochmals zusammen, um die vorläufige Aussichtslosigkeit eines Wahlganges festzustellen. Am selben Tag verfaßte der Dompropst im Auftrag des Kapitels einen Brief an den Nuntius, in dem er für sich und den Diözesanadministrator Luthe in Rom um ein Gespräch bat, um über die Probleme berichten zu können. Dieser Vorschlag wurde von Rom akzeptiert. Nach einer weiteren Kapitelsitzung am Freitag, dem 23. September flogen Henrichs und Luthe am Sonntag, dem 25. September abends nach Rom, um am Montag, dem 26. September um 12 Uhr mittags mit dem Kardinalstaatssekretär Casaroli zusammenzutreffen. Bei diesem Gespräch wurde vom Dompropst u. a. erstmals offiziell die Idee eingebracht, das Kapitelstatut im Sinne des CIC zu ändern, was Casaroli ohne Kommentar zur Kenntnis nahm.

Am Mittwoch, dem 5. Oktober rief der Nuntius Uhac den Dompropst an und drängte auf eine Entscheidung, da ein Ende der dreimonatigen kanonischen Frist nahte, ansonsten würde der Papst den Erzbischof ernennen. Am Donnerstag, dem 6. beschloß das Kapitel, endgültig nicht mehr zu wählen, und am Freitag, dem 7. informierte Dompropst Henrichs schriftlich Nuntius Uhac, daß eine Wahl nicht stattfinden konnte.[20]

Damit hatte das Kölner Domkapitel sich außerstande erklärt, seinem Recht aber auch seiner Pflicht nachzukommen, gemäß Art. 6 PrK einen Erzbischof zu wählen. Für das Domkapitel war es nun vorerst klar, daß die Angelegenheit beendet sei und nun das Devolutionsrecht (c. 165) eintrete, d. h. der Papst den Erzbischof zu ernennen hat. In einem KNA-Interview (8. Oktober 1988) formulierte Henrichs bereits die Möglichkeit einer solchen päpstlichen Ernennung.

In diesem Zusammenhang verdient Beachtung, daß seitens des verfahrensbeteiligten Domkapitels keine Informationen nach außen gedrungen sind. Die in der Presse genannten Termine über die Wahlgänge waren Spekulationen oder beruhten auf rekonstruierte Annäherungsrecherchen. Auch die zahlreichen Namensspekulationen, ja sogar Feststellungen, wer auf der Dreierliste stand, entbehren solange ihrer Verifizierung, bis das Kapitelarchiv geöffnet wird. Daß in dieser langen Zeit der Vakanz Unruhe unter den Katholiken entstanden ist, wundert nicht. Das Generalvikariat mußte daher in einer Stellungnahme am 8. September 1988 vor Panikmache warnen.[21]

Der „Konkordatsstreit" und seine Lösung

Mit der Außerstandeerklärung des Kölner Domkapitels, einen neuen Erzbischof zu wählen, entstand eine staatskirchenrechtliche Diskussion, die in der jüngsten Kirchengeschichte Deutschlands keine Parallele findet. Diese drohte zu einem ernsten Konflikt zwischen dem Staat und dem Heiligen Stuhl auszuarten, da einerseits die staatlichen Vertragspartner (Nordrhein-Westfalen, Rheinland-Pfalz) die Einhaltung des Konkordats verlangten, die Kurie jedoch das Devolutionsrecht für sich in Anspruch nahm.

Doch lassen wir zuerst wiederum die ereignisgeschichtliche Darstellung zu Wort kommen.[22] Nicht zuletzt wegen des KNA-Interviews mit Dompropst Henrichs und der darauf basierenden Pressemeldungen rief am Sonntag, dem 9. Oktober 1988 der nordrhein-westfälische Ministerpräsident

Johannes Rau den Kölner Dompropst an, um sich über den Stand der Dinge zu erkundigen, wobei nach Henrichs keine der Schweigepflicht unterworfenen Interna bekanntgegeben wurden. Aufgrund dieser Information haben sich Rau und der ebenfalls beteiligte rheinland-pfälzische Ministerpräsident Bernhard Vogel beraten und nach Kenntnis der Dinge beschlossen, am Freitag, dem 14. Oktober an den Apostolischen Nuntius in Bonn, Josip Uhac, ein Schreiben zu richten. In diesem wird sehr höflich darauf aufmerksam gemacht, daß den beiden die Schwierigkeiten bei der Bestellung des Kölner Erzbischofs zu Ohren gekommen seien. Verklausuliert wurde ein gewisser „Warnschuß" signalisiert und ein Gespräch im Sinne der „Freundschaftsklausel" angeboten, worauf Uhac am Mittwoch, dem 26. Oktober positiv reagierte. Von seiten der nordrhein-westfälischen Landesregierung wurde im nachhinein betont, daß die Initiative für Gespräche im Sinne dieser Klausel von ihr und nicht vom Heiligen Stuhl ausgegangen sind.

Diese Klausel findet sich in fast allen Konkordaten, im PrK ist es Art. 13. Sie hat ihre Entstehungsursache darin, daß die Kirche dem Schiedsgerichtsgedanken zurückhaltend gegenübersteht und die schiedlich-friedliche Beilegung von Meinungsverschiedenheiten („amicabilis compositio") vorzieht. Diese Klausel verbietet eine einseitige Interpretation des Vertragstextes und fordert loyale Verhandlungen zur Beilegung jeglicher Meinungsverschiedenheiten.[23]

Die beteiligten Landesregierungen haben sich in dieser heiklen staatskirchenrechtlichen wie völkerrechtlichen Frage von drei Wissenschaftlern beraten lassen, darunter dem Freiburger Alexander Hollerbach.[24] Dieser hat in einem KNA-Interview vom 13. Oktober 1988 seinen Rechtsstandpunkt dargelegt, daß der Heilige Stuhl nicht sofort eine Ernennung vornehmen kann und vorerst Verhandlungen nach der „Freundschaftsklausel" stattfinden müssen. Ein Devolutionsrecht käme nicht in Anwednung, da die Verstreichung der Frist nicht fahrlässig war. Hollerbach vertrat auch die Meinung, daß nun Rom eine Liste vorlegen müsse, die mindestens einen neuen Namen enthält.[25]

Aufgrund der Expertenmeinungen bildete sich seitens der

Landesregierung folgender Standpunkt heraus: Der Modus der Bischofsbestellung für Köln ist im Art. 6 PrK genau normiert und bindet den Heiligen Stuhl in einem völkerrechtlichen Vertrag. In diesem verpflichtet sich der Heilige Stuhl, das genannte Verfahren so und nicht anders durchzuführen. Die Landesregierungen anerkennen das Devolutionsrecht nach c. 165 nicht. Es ist rein innerkirchliches Recht und nicht Gegenstand einer völkerrechtlich bindenden Abmachung. Der Heilige Stuhl hat Sorge zu tragen, daß in seinem Bereich das Verfahren nach Art. 6 eingehalten wird. Abgesehen von Lösungsmöglichkeiten nach der „Freundschaftsklausel" kann daher der Heilige Stuhl nicht feststellen, das Domkapitel sei seiner Pflicht nicht nachgekommen, daher ernenne der Papst nun frei den Erzbischof. Genausogut kann der nordrhein-westfälische Wissenschaftsminister nicht von vornherein einen Professor an einer Theologischen Fakultät ernennen, wenn der zuständige Bischof sein „Nihil obstat" nicht im zeitlichen Rahmen einer im staatlichen Verwaltungsverfahren normierten Frist erteilt hat.

Der Heilige Stuhl bzw. der Nuntius ließen sich vor allem vom Augsburger Kirchenrechtler Joseph Listl beraten, dessen Position auch der Mainzer Kirchenrechtler Georg May[26] vertrat. Danach habe das Domkapitel sein Wahlrecht verwirkt, eine neue Liste komme nicht in Frage, im Sinne der pastoralen Notwendigkeit müsse ein Erzbischof ernannt werden, es gelte jetzt die Bestimmung nach c. 165, da ja das PrK in diesem Fall keine Lösung vorsieht.

Inzwischen haben auch andere versucht, den Konflikt zu entschärfen. Der Vorsitzende der Deutschen Bischofskonferenz, Bischof Karl Lehmann, traf sich anläßlich des Papstbesuches in Straßburg mit Kardinalstaatssekretär Casaroli, wo er auf eine für Köln akzeptable Lösung drängte.[27] Und der SPD-Vorsitzende Hans-Jochen Vogel war vom 18. bis 20. Oktober 1988 in Rom und hat in verschiedenen Gesprächen auf die „Freundschaftsklausel" hingewiesen.[28]

In einer „kleinen Anfrage" richtete der FDP-Abgeordnete Joachim Schultz-Tornau am 25. Oktober 1988 an die Düsseldorfer Landesregierung im Landtag folgende Fragen:

„1. Teilt die Landesregierung die Auffassung, daß die Öffentlichkeit einen Anspruch darauf hat, die Rechtsauffassung der Landesregierung über ihre konkreten Rechte nach dem Preußenkonkordat von 1929 bei der Findung eines neuen Erzbischofs zu erfahren?

2. Teilt die Landesregierung die Auffassung, daß es die Achtung vor dem Konkordat als verbindlichem Völkervertragsrecht gebietet, sich vor eventuellen einseitigen Entscheidungen des Vatikans um eine übereinstimmende Auslegung des Konkordats zu bemühen und die Gründe hierfür offenzulegen?

3. Teilt die Landesregierung die Auffassung, daß es einen stillschweigenden und ausgesprochenen Verzicht auf völkerrechtliche Positionen nicht geben darf, weil damit über den konkreten Einzelfall hinaus das Gefüge der gegenseitigen Mitwirkungsrechte und Mitwirkungspflichten für alle Zukunft zerstört würde?

4. Hält die Landesregierung die Rechtsauffassung des päpstlichen Nuntius für begründet oder sieht sie durch diese Rechtsauffassung ihr im Konkordat umschriebenes Mitwirkungsrecht berührt?“[29]

Das Schicksal „kleiner Anfragen“ ist es, nicht sofort beantwortet zu werden. In diesem Falle geschah es erst am 2. Dezember, also knapp vor Lösung der Konkordatskrise.

Inzwischen preschte am 7. November 1989 die Tageszeitung *Die Welt* vor und meldete als „Aufmacher“ die Ernennung Kardinal Meisners, und der aus dem protestantischen Milieu des Baltikum stammende *Welt*-Kommentator Enno von Loewenstern nannte die Vorgänge in Köln „karnevalistisch“ und konstatierte: „Sein Amt (das des Kölner Erzbischofs, Anm. d. Verf.) kann nicht im Klüngelwege besetzt werden.“ Damit wurde in dieser Phase die öffentliche Diskussion neu angeheizt, die durch die Feststellung der *Rheinischen Post* vom 9. November 1988 („Es geht auch um viel Geld. Nach Polen statt in die Dritte Welt?“) eine neue Facette erhielt.

Am Buß- und Bettag, dem 16. November 1988 kam es am Abend in der nordrhein-westfälischen Landesvertretung in

Bonn zu einem Gespräch zwischen den beiden Ministerpräsidenten Rau und Vogel, die von ihren persönlichen Referenten begleitet wurden, und dem Nuntius, einem weiteren Vertreter der Nuntiatur sowie zur Verwunderung und Verärgerung der Ministerpräsidenten dem Berater des Nuntius, Joseph Listl. In diesem Gespräch wurden die Rechtsstandpunkte der beiden Partner dargelegt, wobei es jedoch zu keiner Annäherung der Auffassungen kam. Es wurde aber Konsens erzielt, einen Konflikt zu vermeiden.

Das Gespräch wurde teilweise von bereits am Dienstag bekanntgewordenen Gerüchten überschattet, der Papst plane für Freitag, den 18. November die Ernennung Meisners bekanntzugeben.[30] Daß dies doch nicht geschehen ist, dürfte möglicherweise auf die Gespräche zwischen den Ministerpräsidenten und dem Nuntius zurückzuführen gewesen sein.

Die beiden Ministerpräsidenten hatten aber den Eindruck gewonnen, daß dem Nuntius die Konsequenzen einer Konkordatsverletzung nicht bewußt geworden waren. Rau und Vogel haben betont, wenn Art. 6 PrK verletzt werde, dann ist das ganze Konkordat in Frage gestellt. Für ein neues gäbe es in der gegenwärtigen politischen Situation der Bundesrepublik keine Möglichkeit.

Rau informierte am Donnerstag, dem 17. November telefonisch Dompropst Henrichs von dem Gespräch und über die Haltung der beiden Länder gegenüber dem Heiligen Stuhl, nämlich auf Einhaltung des Konkordats zu dringen, wobei bei Konkordatsverletzung Folgen in der Schul-, Finanz- und Nihil-Obstat-Frage angedroht wurden. Rau hätte sich geärgert, daß der Nuntius ohne vorherige Ankündigung Prof. Listl beigezogen habe. Er hat Henrichs auch mitgeteilt, daß er den Raum verlassen hätte, wenn Namen (d. h. ein vom Papst in Aussicht genommener Kandidat) genannt worden wären.

Weil man sich der Risiken und Tragweite einer einseitigen Konkordatsverletzung durch den Heiligen Stuhl bewußt war, haben die beiden Ministerpräsidenten beschlossen, Kardinalstaatssekretär Casaroli einen Brief zu schreiben, in dem die ganze Problematik und die Position der

Landesregierungen dargelegt wurde. Dieser Brief, datiert vom Freitag, dem 18. November, wurde am Montag, dem 21. November per Boten dem Auswärtigen Amt übergeben und über Diplomatenpost nach Rom gebracht. Der deutsche Botschafter beim Heiligen Stuhl übergab diesen Brief am Donnerstag, dem 24. November dem Kardinalstaatssekretär. Dieser antwortete am Mittwoch, dem 30. November und wiederholte den Rechtsstandpunkt des Heiligen Stuhles. Die Ministerpräsidenten reagierten darauf nochmals am 7. Dezember in einer Antwortnote, um dem Heiligen Stuhl kein „argumentum e silentio" zu liefern. Im übrigen wurde das Auswärtige Amt von den Schritten beider Landesregierungen in dieser Angelegenheit unverzüglich und laufend informiert.

Noch bevor Casaroli das Schreiben der beiden Ministerpräsidenten erhielt, reiste der Bonner Nuntius zur Berichterstattung nach Rom. Am Mittwoch, dem 23. November wurde er vom Papst in Privataudienz empfangen.[31] Über die Gespräche wurde nichts verlautet, jedoch läßt die Antwortnote Casarolis vom 30. November die Vermutung zu, daß sich meritorisch noch nichts bewegt hatte. Inzwischen wurden zunehmend kritische Stimmen über das Verhalten des Nuntius laut.[32] Am 28./29. November befand sich Kardinal Meisner ebenfalls in Rom.[33]

Der Päpstliche Nuntius antwortete nach seiner Rückkehr aus Rom den beiden Ministerpräsidenten am 28. November, wobei die Möglichkeit der Einsetzung eines Apostolischen Administrators für Köln angesprochen wurde. Damit war immer noch keine Lösung der Frage in Sicht, im Gegenteil, durch diese Überlegung hätte sich zweifelsohne die Krise verschärft. Dies wäre nicht nur ein Affront gegenüber den beiden Landesregierungen, sondern auch eine Düpierung des deutschen Katholizismus gewesen. Die Einsetzung eines Apostolischen Administrators erfolgte ja bislang nur in extremen Notfällen (etwa in der Tschechoslowakei) oder anderen ähnlichen Umständen, und im übrigen fehlen im neuen CIC Bestimmungen darüber, was aber den Papst wegen seiner Machtvollkommenheit nicht daran gehindert hätte.[34] Es war daher klar, daß die beiden Ministerpräsidenten noch am 29. November diese Möglichkeit gegenüber dem Nuntius zurückgewiesen haben. Gleichzeitig wurde auch die Expertenmeinung der drei wissenschaftlichen Berater von Rau und Vogel in Form eines „Non-Paper“ übersandt und ein neues Gespräch angeboten.

Am 2. Dezember beantwortete Ministerpräsident Rau im Einvernehmen mit dem Kultusminister die parlamentarische Anfrage der FDP:

„Zur Frage 1. Die Landesregierung vertritt die Auffassung, daß angesichts der großen politischen Tragweite des Konkordats und insbesondere auch des Besetzungsverfahrens die Öffentlichkeit zu gegebener Zeit zu informieren ist. Dementsprechend habe ich am Tage nach dem Treffen mit dem päpstlichen Nuntius in einem Interview mit dem Westdeutschen Rundfunk zum wesentlichen Gesprächsinhalt Stellung genommen und dargelegt, welche Rechtsauffassung ich vertrete. Die Angabe darüber hinausgehender Details wäre weder mit dem vertraulichen Charakter der Unterredung vereinbar noch dem erfolgreichen Abschluß der Gesprächskontakte dienlich.

Zur Frage 2. Im Art. 13 des Preußischen Konkordats haben sich die vertragsschließenden Parteien verpflichtet, Meinungsverschiedenheiten über die Auslegung einer Konkordatsbestimmung auf freundschaftliche Weise zu beseitigen. Das Gespräch mit dem Nuntius ist auf der Grundlage dieser Freundschaftsklausel geführt worden.

Zur Frage 3. Die Landesregierung erwägt keinen Verzicht auf ihre konkordatären Rechte.

Zur Frage 4. Die Landesregierung ist der Auffassung, daß die im Konkordat enthaltenen Regeln über die Wahl des (Erz-)Bischofs und die nachfolgende Anfrage des Kapitels bei der zuständigen Landesregierung auch in der gegebenen Situation eingehalten werden müssen. Soweit der Heilige Stuhl einen anderen Standpunkt einnimmt, wird sich die Landesregierung in den laufenden Gesprächen darum bemühen, diese Meinungsverschiedenheit im Einvernehmen mit dem Konkordatspartner auszuräumen.“[35]

In diesem Zusammenhang ist es bemerkenswert, daß es seitens der Landesregierung keine Kontakte zur größten

Opposition im Landtag, der CDU, gegeben hat. Man hatte den Eindruck gewonnen, daß durch den Vorwurf der CDU, die Landesregierung plane die Aufkündigung des Konkordats, diese (CDU) eher die Postion des Heiligen Stuhles in der Auslegung des Konkordats vertrete. Aus diesem Grund kam es u.a. nicht zu Gesprächen mit der CDU-Opposition in dieser Frage.[36]

Doch die Lösung des Problemss trat nun in eine entscheidende Phase. Am Montag, dem 5. Dezember abends traf der Vorsitzende der Deutschen Bischofskonferenz, Bischof Karl Lehmann, aus Kuba kommend in Rom ein. Am Dienstag, dem 6. Dezember kam es zu Gesprächen zwischen ihm und Casaroli bzw. dem Papst. Ab diesem Tag befand sich auch der Kölner Diözesanadministrator Hubert Luthe in Rom. Lehmann kehrte noch am 6. Dezember abends zurück und vertrat in einem Interview die Auffassung, daß der Papst Meisner favorisiere. Luthe kehrte erst am 8. Dezember nach Köln zurück.[37]

Inzwischen eskalierte der „Medienkrieg“ weiter. Ministerpräsident Rau betonte, daß bei einer Verletzung des Konkordats durch den Heiligen Stuhl auch die anderen Bestimmungen zur Disposition stünden, insbesondere jene, die das Schul-, Universitäts- und Finanzwesen betreffen.[38]

In einem Bischofswort wandte sich zum 3. Adventssonntag (11. Dezember) Diözesanadministrator Luthe an die Gläubigen der Erzdiözese Köln, wobei er das Domkapitel wegen des strengen Wahlsystems in Schutz nahm. „Bei allem Ringen um die richtige Entscheidung hat das Kapitel mitbrüderliche Einheit bewiesen. Es hat zu keiner Zeit aus Ungehorsam oder Widerstand gegenüber dem Heiligen Vater gehandelt. Unzutreffend ist auch die Behauptung, das Kapitel habe den Staat zu Hilfe gerufen, um seine Position durchzusetzen.“[39]

Am Sonntag, dem 11. Dezember gab der Direktor des Pressesaals des Heiligen Stuhls eine Erklärung ab, in der einige Klarstellungen, jedoch keine Festlegungen erfolgten. Einerseits wure das Recht des Papstes nach c. 165 (Devolutionsrecht) betont, in diesen Fällen den Bischof zu ernennen, gleichzeitig aber auch die strikte Einhaltung des Konkordats versichert.[40] Ebenfalls an diesem Wochenende kam am Rhein einiges in Bewegung. Bischof Lehmann sprach mit Ministerpräsident Rau und am Sonntag, dem 11. Dezember abends (19 Uhr) mit dem Kölner Domkapitel, wo es auch über mögliche Auswege im Hinblick auf die Änderung des Statuts ging. Danach reiste Lehmann am Montagabend neuerlich nach Rom.

Mit einem Schreiben des Nuntius an das Domkapitel vom Mittwoch, dem 14. Dezember 1988 wurde im Auftrag des Kardinalstaatssekretärs der Art. 39 des Kapitelstatuts einmalig aufgehoben, an seine Stelle die Bestimmung des CIC (c. 119) gesetzt und eine Neuwahl auf der Basis der bereits im Juli übergebenen Dreierliste angeordnet. Diese fand dann am Donnerstag, dem 15. Dezember 1988 statt, bei der der Bischof von Berlin, Joachim Kardinal Meisner, die nach dem CIC notwendige Mehrheit im Kapitel erhielt.

Damit war diese wohl in der Geschichte der Bundesrepublik bislang einzigartige Auseinandersetzung zwischen Staat und Kirche über das Besetzungsverfahren eines bischöflichen Stuhles beendet.

Ernennung und Eidesleistung

Bereits am Freitag, dem 16. Dezember 1988 in der Früh begab sich Dompropst Henrichs nach Bonn, um in der rheinland-pfälzischen Landesvertretung mit Ministerpräsident Carl-Ludwig Wagner bei einem Frühstück zusammenzutreffen und ihm gemäß Art. 6 PrK das Ergebnis der Wahl mitzuteilen. Ministerpäsident Wagner erklärte sofort, daß gegen den erwählten Erzbischof keine Bedenken politischer Art vorliegen. Zu Mittag traf Henrichs in Düsseldorf mit Ministerpräsident Rau zusammen, auch er erklärte sofort, daß keine Bedenken vorlägen. Beide mündlichen Erklärungen waren wirksam, die schriftliche wurde erst am 20. Dezember nachgereicht. Noch am selben Tag hat der Dompropst den Nuntius vom Ergebnis der Gespräche mit den Ministerpräsidenten mündlich informiert, so daß einer päpstlichen Ernennung nichts mehr im Wege stand.[41]

Als der „decke Pitter" am Dienstag, dem 20. Dezember 1988 um 11.30 Uhr zu läuten begann, da wußten die Kölner, daß die mehr als 15 Monate dauernde Vakanz beendet war. Um 12.10 Uhr teilte im Kölner Dom Prälat Henrichs die zeitgleich mit Rom bekanntgewordene Ernennung des Berliner Bischofs, Joachim Kardinal Meisner, zum 91. Nachfolger des hl. Maternus mit. Zur selben Zeit hielt in Berlin Meisner eine Pressekonferenz ab, auf der er u. a. sagte: „Ich gehe davon aus, daß diese Ernennung unter Einhaltung der Bestimmungen des Konkordats von 1929 erfolgte, wie es der Sprecher des Vatikanischen Pressesaals bereits am 11. Dezember 1988 mitgeteilt hat."[42] Um den Kölnern ungestörte Karnevalsfreuden zu belassen, erklärte er, erst am 12. Februar 1989, am 1. Fastensonntag, von der Erzdiözese kanonisch „Besitz zu ergreifen". Obwohl beim Rosenmontagszug bereits als Figur anwesend, kam Meisner am Donnerstag, dem 9. Februar 1989 mit dem Flugzeug von Berlin nach Köln. Am Freitag, dem 10. Februar 1989 erfolgte der letzte staatskirchenrechtliche Akt, nämlich die Eidesleistung nach Art. 16 RK (darüber siehe S. 96 ff.).

Die Zeremonie fand ab 12 Uhr in der Düsseldorfer Staatskanzlei, Haus des Ministerpräsidenten, statt. Für das Land Nordrhein-Westfalen waren anwesend: Ministerpräsident Johannes Rau, der Minister für Wissenschaft und Forschung, Frau Anke Brunn, der Minister für Finanzen, Heinz Schleußer, Staatsminister a. D. Prof. Paul Mikat, der Chef der Staatskanzlei, Staatssekretär Wolfgang Clement, der Sprecher der Landesregierung, Helmut Müller-Reinig, als Protokollführer ltd. Ministerialrat Depenbrock sowie als „kontrastierender Farbtupfer" die Parlamentarische Staatssekretärin für die Gleichstellung von Frau und Mann, Ilse Ridder-Melchers. Für das Land Rheinland-Pfalz war der Staatsminister für Bundesangelegenheiten, Albrecht Martin, als Vertreter des Ministerpräsidenten anwesend.

Seitens der Katholischen Kirche nahmen teil: der Erzbischof von Köln, Joachim Kardinal Meisner, Weihbischof Hubert Luthe, Dompropst Bernard Henrichs, Generalvikar Norbert Feldhoff, der Leiter des Katholischen Büros Nordrhein-Westfalen, Augustinus Graf Henckel-Donnersmarck

OPraem, der Leiter des Katholischen Büros Rheinland-Pfalz, Prälat Friedhelm Hammes, und der persönliche Kaplan des Erzbischofs, Bernward Granel.

Nach der Begrüßung durch Ministerpräsident Rau hielt Kardinal Meisner eine kurze Ansprache, bei der er u. a. ausführte: „Ich glaube, dankbar feststellen zu können, daß sich das Verhältnis von Staat und Kirche in diesem Land in der Vergangenheit fruchtbar und im wesentlichen konfliktfrei gestaltet hat. Und ich werde alles in meinen Kräften Stehende tun, um diese Tradition in Zukunft fortzusetzen. Was die vergangenen Monate angeht, möchte ich bei allen Nöten und Sorgen auch dieses Positive nennen: Vielen in unserem Land ist in Erinnerung gerufen worden, daß Staat und Kirche originäre Rechte haben und daß es vertragliche Regelungen gibt, die nicht in das Belieben einer Seite gestellt sind."

Ministerpräsident Rau antwortete daraufhin u. a.: „Diese Eidesleistung findet mit sehr viel stärkerem öffentlichen Interesse statt, als das früher der Fall gewesen ist. Und ganz gewiß schwingt darin ein wenig mit in diesem öffentlichen Interesse das, was es an Erörterungen in den letzten Monaten gegeben hat. Um so dankbarer bin ich für das, was Sie zu Beginn Ihrer Rede über das Recht des Staates und das Recht der Kirche, über das Gegenüber und über das Miteinander gesagt haben. Wir leben in einem weltanschaulich neutralen Staat. In diesem weltanschaulichen neutralen Staat leben Christen unterschiedlicher Konfessionen und Nichtchristen miteinander, und der Staat hat die Pflicht, die Rechte aller seiner Bürger wahrzunehmen. Er kann das nur tun in der freien Partnerschaft, die sich in den letzten Jahren und Jahrzehnten unter uns so bewährt hat, wie sie das dankenswerterweise in Ihren Worten noch einmal dargestellt haben."

Zum Schluß ergriff Staatsminister Martin, zu dessen Bundesland einige Kölner Pfarreien gehören, das Wort und führte u. a. aus: „Ganz gewiß ist die Teilnahme eines Vertreters der Landesregierung von Rheinland-Pfalz bei der heutigen Eidesleistung nicht nur darin begründet, daß ein – wie ich zugebe – nur relativ kleiner Teil des Landes Rheinland-Pfalz Ihrer unmittelbaren Verantwortung unterstellt ist, sondern es ist auch ein Stück fortlebender Geschichte. Denn die drei Erzbistümer und Kurfürstentümer am Rhein, nämlich Köln, Mainz und Trier, bildeten einmal nicht nur die Mitte des alten Reiches, sondern verkörperten auch in besonderer Weise ein Miteinander der beiden großen Aufgabenbereiche von Kirche und Staat, wie sie vergangene Jahrhunderte in dieser Selbstverständlichkeit hatten, und wie sie so ganz gewiß heute nicht unmittelbare Wirksamkeit ist."

Im Anschluß daran leistete Kardinal Meisner den Eid in der Formel nach dem RK, jedoch mit der Einfügung der beiden Bundesländer und mit dem Begriff Deutschland statt Deutsches Reich.[43] Es fällt auf, daß nicht Bundesrepublik Deutschland, sondern nur Deutschland verwendet wird, womit der Gültigkeitsanspruch des RK für Deutschland in den Grenzen von 1937 dokumentiert werden soll.

Mit dieser Eidesleistung war nun der Weg frei für die Inbesitznahme der Erzdiözese, die am 12. Februar 1989 erfolgte.

Die Problemfelder bei der Kölner Besetzung

Zum Schluß dieses Kapitels empfiehlt es sich, die einzelnen Probleme, die sich bei der Bestellung des neuen Kölner Erzbischofs ergeben haben und in der Öffentlichkeit stark diskutiert wurden, der Reihe nach anzuführen und zu analysieren.

1. Ein wichtiger Diskussionspunkt war die mangelnde Mitwirkungsmöglickeit der *Ortskirche* und damit zusammenhängend die Forderung, der neue Erzbischof solle möglichst *aus dem Bistum* kommen. Die Rechtslage ist klar. Das Kirchenrecht kennt ein unverbindliches Listenverfahren (siehe S. 117), und auch das PrK bindet den Heililgen Stuhl nicht an die Listen der Bischöfe und des betreffenden Domkapitels. Es findet sich zwar im Art. 6 PrK der Begriff „Würdigung", doch beiden Vertragspartnern war klar, daß es keine rechtliche Verpflichtung des Heiligen Stuhles gibt,

die Kandidaten nur aus den betreffenden Vorschlagslisten wie beim BayK zu entnehmen. Der Begriff „Würdigung“ beinhaltet nur eine moralische Verpflichtung für den Heiligen Stuhl, sonst gar nichts.

Seitens des verfahrensbeteiligten Domkapitels wurde auch niemals die Feststellung getroffen, ihre Liste sei beim Dreiervorschlag nicht berücksichtigt worden bzw. eine solche Nichtberücksichtigung stelle eine Konkordatsverletzung dar.[44]

In der öffentlichen Diskussion wurde oft der „kölsche Klüngel“ gegen Rom ausgespielt sowie spekuliert, ob nicht doch Rom eine Verpflichtung nach dem „Geist des Konkordats“ hätte, aus der Liste des Kapitels zumindest einen auf die Terna zu nehmen. Eigenartigerweise wurde fast immer auf die Kapitelvorschlagsliste verwiesen, jedoch kaum auf das Recht und die Pflicht der übrigen Bischöfe des ehemaligen Preußen, auch solche Listen zu erstellen. Ob diese das getan haben, kann derzeit nicht nachgewiesen werden, ebenso ob der Heilige Stuhl diese Listen berücksichtigt hat oder nicht.

Einen hohen Stellenwert in der öffentlichen Diskussion nahm auch der Wunsch nach einer „kölnischen Lösung“ ein, d.h. der neue Erzbischof soll aus der Diözese kommen bzw. sie sehr gut kennen.[45] Damit wurde die Frage angeschnitten, was günstiger sei: Soll ein Bischof sich vom Kaplan bis nach oben in derselben Diözese hochdienen, oder soll auch in der Kirche das Prinzip von Führungskräften von außen an Bedeutung erlangen? Dieses in der Wirtschaft, in der Politik und im Universitätswesen gehandhabte Prinzip der Fremdberufungen hat vieles für sich.

Blicken wir in die Geschichte des 19. und 20. Jahrhunderts, so kommen wir zu folgenden interessanten Ergebnissen. Analysiert man für 1839, 1889 und 1939 (also in 50-Jahr-Sprüngen) die jeweils residierenden Bischöfe Deutschlands, ob sie aus der eigenen Diözese stammen oder nicht, so ergibt sich folgendes Bild:

	1839	1889	1939	Insgesamt
Aus eigener Diözese	12	12	10	34
Aus fremder Diözese	11	11	14	36

Das Verhältnis ist ziemlich ausgeglichen, wobei ein leichter Trend zu den Fremdberufungen erkennbar ist. Analysiert man jedoch die Erzbistümer (Bamberg, Breslau, Freiburg, Köln, München, Paderborn), so ergeben sich insgesamt 13 Fremdberufungen vor 5 Hausberufungen, also ein deutliches Übergewicht gegenüber dem fast ausgeglichenen Durchschnitt. Das bedeutet, daß bei wichtigeren und größeren Diözesen, also Erzbistümer, größtenteils die Bischöfe von außen geholt wurden.

Von den Anfang 1990 im Amt befindlichen 22 Bischöfen der Bundesrepublik sind jedoch bereits 14 von außen und 8 von derselben Diözese, d.h. daß sich der Trend zugunsten von Fremdberufungen verstärkt hat.

In Österreich ist der Trend umgekehrt, während 1839 bei jenen Diözesen, die auf dem heutigen Gebiet Österreichs liegen, die Fremdberufungen die Mehrzahl waren, kehrte sich 1889 und 1939 das Verhältnis um. Bei allen vier Stichjahren zusammen ergeben sich 21 Hausberufungen vor 12 Fremdberufungen. Auch die beiden Erzbistümer liegen im selben Trend.[46]

Ob ein Bischof aus der eigenen Diözese kommt oder nicht, ist vielfach zur Ermessensfrage der am Besetzungsverfahren Beteiligten geworden. Ein Unterschied in der Praxis zwischen freier päpstlicher Ernennung, freiem oder gebundenem Kapitelwahlrecht sowie landesfürstlicher Nomination ist für Deutschland nicht erkennbar.

Bei der Umfrage des Kölner Domkapitels im September 1987 bei ca. 250 Priestern und Laien haben lediglich zwei (!) angemerkt, daß der neue Bischof „aus dem Bistum" kommen soll.[47]

2. Der zweite Problemkreis berührt die *Wahlpflicht des Domkapitels.* Diese ist in der Tat durch die Formulierung

des Art. 6 PrK gegeben, die nicht nur ein Recht, sondern auch die Pflicht des Domkapitels normierte, aus dem päpstlichen Dreiervorschlag zu wählen. Das trifft übrigens auch für die gleichlautenden Bestimmungen des BadK und ÖstK (Salzburg) zu.

Das Konkordat ist ein völkerrechtlicher Vertrag, und ein solcher wird durch Ratifizierung und Transformierung einfaches Bundes- bzw. Landesgesetz. Die Bestimmungen des Konkordats sind daher auch staatliches Recht, an das sich die Normadressaten (physische und juristische Personen) halten müssen, das Gegenteil wäre ein Verstoß. Konkordatsmaterien sind demnach staatlich-rechtliche wie auch kirchenrechtliche Norm, so daß die aus Art. 6 PrK herrührende Verpflichtung zur Wahl für das Domkapitel und deren Mitglieder in zwei Rechtskreisen abgesichert ist.

Nach Kenntnis des bisherigen Sachverhalts kann man mit Fug und Recht behaupten, daß das Kölner Kapitelwahlrecht in Art. 39 die erste Hauptursache für das Entstehen des „Konkordatsstreites“ war.[48] Weil nun das Domkapitel trotz mehrfacher Wahlversuche keinen der drei Kandidaten mit der erforderlichen absoluten Mehrheit der Stimmberechtigen (das wären 9 von 16 gewesen) gewählt hat, wurde ihm eine Verletzung des Kirchen- und Staatsrechts vorgeworfen, die in der Folge eine Verwirkung des Wahlrechts nach sich ziehen würde.[49]

Haben nun das Domkapitel und seine Mitglieder in der Tat eine doppelte (kirchliche und staatliche) Rechtsverletzuzng begangen? Eine staatliche sicherlich nicht, denn über den Bestimmungen des Art. 6 PrK steht das Grundrecht der unverletzlichen Freiheit des Gewissens nach Art. 4 Abs. 1 GG. Das Domkapitel als staatliche juristische Person und deren Mitglieder sind auch Normadressaten des Grundgesetzes. Dieses hat absoluten Vorrang über einfache Gesetze, auch Völkerrechtsverträge. Dies gilt umso mehr, wenn es sich hierbei um Normen wie etwa die Gewissensfreiheit handelt, die auch andere Verfassungsgesetze binden.

Die Verpflichtung zur Wahl zwingt zwar das Domkapitel zu Wahlgängen, jedoch nicht zu Wahlergebnissen, wenn damit die Verletzung der Gewissensfreiheit verbunden wäre. Der Dompropst kann ja nicht mit gezogener Pistole oder durch Essensentzug wie in mittelalterlichen Konklaven die Kanoniker zu einem Ergebnis zwingen, denn das würde sogar gegen die im Art. 6 PrK normierte Freiheit des Wahlganges verstoßen. Dompropst Henrichs formuliert die Angelegenheit folgendermaßen: „Sicher gibt es eine Wahlpflicht, der wir vielfach nachgekommen sind, aber genauso sicher gibt es aufgrund freier Gewissensentscheidung jedes Wahlberechtigten keine Pflicht, zu einem Ergebnis zu kommen, erst recht nicht zu einem von außen gewünschten Ergebnis. Das Wahlstatut, wie es im CIC 1983 vorgesehen ist, führt rechtmäßig in jedem Fall zu einem Ergebnis, das zunächst für uns gültige Statut des Kapitels nicht."[50]

Die Gedankenüberlegung wäre reizvoll, ob bei einer Erfüllung der Wahlpflicht gegen die Entscheidung des Gewissens einiger Kapitelmitglieder diese durch den Gang zum Bundesverfassungsgerichtshof mit einer Klage wegen Verletzung des Art. 4 Abs. 1 GG Erfolg gehabt hätten und die Wahl für nichtig erklärt worden wäre.

3. Der Hauptstreitpunkt zwischen dem Heiligen Stuhl und den betreffenden Bundesländern war die Anwendung des innerkirchlichen *Devolutionsrechts.* Es empfehlen sich vorab einige systematische und historische Überlegungen. Nach Godehard Josef Ebers ist das Devolutionsrecht „das außerordentliche Verleihungsrecht des nächsthöheren Kirchenoberen für den Fall, daß die zur Besetzung eines kirchlichen Amtes oder zur entscheidenden Mitwirkung bei denselben berufenen Personen schuldhafterweise ihre Rechte gar nicht oder den kanonischen Vorschriften zuwider ausgeübt haben."[51]

Eine derartige Bestimmung begegnet uns in der Kirchengeschichte schon früh, doch erst auf dem 3. Laterankonzil 1179 erfolgte die Ausformulierung dieses Rechtes, das geschichtlich eine Etappe in der allmählichen praktischen Ausgestaltung des päpstlichen Besetzungsrechts ist. Nach dem Dekretalenrecht ist ein Grund für das Eintreten der Devolution die schuldhafte Fristversäumnis. Bereits 1179 wird die Dreimonatsfrist genannt, die jedoch historisch schon auf Papst Gregor den Großen (597) zurückgeht.

Die Beurteilung dieses Devolutionsrechtes ist ambivalent. Einerseits entspricht es der notwendigen Ämterbesetzung, daß eine höhere Instanz schon aus pastoralen Gründen eingreifen muß, andererseits ist es ein Mittel zur Ausgestaltung des päpstlichen Primats bei der Bischofsbestellung. Es ist daher kein Wunder, daß dieses Recht seine Formulierung nach der „Gregorianischen Reform" (siehe S. 22f.) und der Beilegung des Investiturstreites erhielt.

Gerade im Fall Köln 1988 empfiehlt es sich, einen Blick auf die für Preußen vor 1918 gültige Bulle „De salute animarum" (1821) und deren praktische Auswirkung zu werfen. Danach hatten die Kapitel innerhalb dreier Monate nach den kanonischen Regeln den Bischof zu wählen. Nach Ebers geht bei Fristverstreichung das Wahlrecht der Kapitel verloren. Ob aber durch diese Formulierung (drei Monate, kanonische Regel) das Devolutionsrecht Gegenstand einer konkordatären Vereinbarung war, darüber herrschte keine Einigkeit. Einerseits ist das Devolutionsrecht expressis verbis nicht vereinbart worden, und auch die preußische Regierung hat in der Praxis ein solches nie anerkannt, andererseits hat aber der Papst auf ein solches nicht verzichtet, vielmehr ist es durch die Fristerwähnung gewahrt worden. Ebers kommt 1906 zu einem Ergebnis, das auch für 1988 nachdenklich hätte stimmen sollen: „Mag nun immerhin dem Papste streng genommen das Devolutionsrecht zustehen, so wird er es in der Praxis doch nicht ausüben, schon weil die preußische Regierung dasselbe nie anerkannt hat. Die Kurie wird vielmehr in solchen Fällen, wie es auch tatsächlich geschehen ist, um des Friedens willen mit der Regierung in Verhandlung treten und im Einverständnisse mit dieser entweder dem Kapitel eine Neuwahl bzw. eine neue Frist gewähren oder selbst den Bischof ernennen."[52]

Wie sieht es derzeit aus? Der CIC von 1983 kennt in c. 165 die Devolution bei „ungenutzt verstrichener Frist" so daß die innerkirchliche Rechtslage eindeutig ist.[53] Weder das PrK noch das RK wie auch die übrigen Konkordate (BadK, ÖstK) kennen eine Wahlfrist noch den Begriff Wahl nach „kanonischen Regeln" wie in der Bulle „De salute animarum". Wenn daher schon das Königreich Preußen das

Devolutionsrecht nicht anerkannt hat, so ist nach dem PrK noch weniger anzunehmen, daß ein solches völkerrechtlich verankert ist.

Es ist bewiesen, daß das Kölner Domkapitel Anfang Oktober 1988 der Meinung war, daß nach erfolgloser Wahl nun die Devolution eintritt. In dieser Frage hat es sich staatskirchenrechtlich nicht beraten lassen. Es ist daher aus diesem Grund absurd, anzumehmen, daß das Kapitel die staatliche Seite intervenieren ließ.[54]

Welche innerkirchliche Lösung wäre nun, abgesehen von der Aufhebung des Wahlstatuts, konkordatskonform noch möglich gewesen? Sicherlich nicht eine Ergänzung oder Präsentation einer neuen Liste. Diesse Möglichkeiten sind begrenzt (siehe S. 73 f.), sie trafen auf Köln nicht zu, und die Übersendung einer neuen Dreierliste hätte gegen die genaue Normierung des Art. 6 PrK verstoßen, die von einer und nicht mehreren Listen spricht.[55] Die einzige Möglichkeit wäre eine Fristverlängerung gewesen, denn dazu gibt es keine Konkordatsbestimmung. Wegen der Aussichtslosigkeit einer solchen hat sich der Heilige Stuhl dazu nicht entschlossen.

Für ihn war die Sache klar: Das Devolutionsrecht tritt nun ein. Hätte das Kölner Kapitelwahlrecht auf einem rein innerkirchlichen Privileg beruht, wäre dem nichts entgegenzuhalten gewesen. Aber ein völkerrechtlicher Vertrag, der nach c. 3 CIC auch innerkirchlich bindend ist, hat nun das Besetzungsverfahren genau normiert. In diesem Augenblick, als der Heilige Stuhl nun erkannte, daß, aus welchen Gründen auch immer, eine konkordatsgemäße Besetzung nicht mehr möglich war, hätte er sofort mit den staatlichen Vertragspartnern im Sinne der „Freundschaftsklausel" in Kontakt treten müssen, um eine Lösung einvernehmlich zu erreichen. Jedoch das Gegenteil trat ein: Das rein innerkirchliche Devolutionsrecht wurde als die einzig mögliche Lösungsform angesehen, wobei augenfällig ist, daß der Heilige Stuhl bzw. der Nuntius sowie dessen Rechtsberater niemals zu erkennen gegeben haben, daß hier eigentlich vor Beharrung auf Rechtsstandpunkten ein Gespräch notwendig gewesen wäre.[56] Otto B. Roegele urteilt daher mit

Recht: „Faire und kluge Konkordatspolitik läßt es daher nicht auf das Ausspielen der letzten juristischen Trumpfkarte ankommen, sondern sucht nach Lösungen, die beiden und damit der Gesamtheit nützen – und dies rechtzeitig."[57]

Die zweite Hauptursache für den „Konkordatsstreit" war der, daß der Heilige Stuhl bzw. der Nuntius nicht erkannt haben (bzw. erkennen wollten), daß bei rigoroser Anwendung des Devolutionsrechtes eine Konkordatsverletzung vorliegt und daß zur Lösung dieses Problems zuerst einmal Gespräche im Sinne der „Freundschaftsklausel" notwendig sind. Nicht der Nuntius hat zuerst das Gespräch gesucht, sondern die Ministerpräsidenten Rau und Vogel haben das in ihrem Schreiben vom 14. Oktober getan, auf das der Nuntius erst am 26. Oktober reagierte.[58]

Die Überlegung wäre reizvoll, was geschehen wäre, wenn sich der Nuntius sofort nach Kenntnis der Lage, also unmittelbar nach dem 7. Oktober 1988, zu den Ministerpräsidenten begeben und sie voll informiert hätte, daß eine Wahl wegen des Wahlstatuts nicht möglich, die kanonische Frist abgelaufen und aufgrund der Gegebenheiten eine konkordatsmäßige Besetzung nicht mehr möglich sei. Und wenn dann der Nuntius vorgeschlagen hätte, daß der Papst denjenigen Kandidaten ernennen möchte, der zuletzt die relativ meisten Stimmen erhalten hat (und somit nach CIC ja gewählt wäre), hätten dann die Landesregierungen diesem Vorschlag zugestimmt? Eine solche Wahrscheinlichkeit wäre denkbar gewesen. Aber durch die Versteifung des Heiligen Stuhls auf das Devolutionsrecht ist die staatliche Seite erst hellhörig geworden und hat sich mit Recht auf den Konkordatsstandpunkt gestellt, nachdem der Heilige Stuhl von sich aus nicht die Initiative nach der „Freundschaftsklausel" ergriffen hat, wozu er ja verpflichtet gewesen wäre.

Was wäre geschehen, wenn der Heilige Stuhl ohne Verhandlungen nach der „Freundschaftsklausel" einseitig im Sinne des Devolutionsrechts entgegen Art. 6 PrK einen Erzbischof ernannt hätte? Da das politische Bedenkenrecht auch nach Art. 14 RK geregelt ist, hätte eine Nichtbeachtung von Art. 6 PrK in dieser Frage keine Bedeutung. Jedoch hat der Staat eine letzte Trumpfkarte in der Hand. Er hätte die Eidesleistung nach Art. 16 RK ablehnen und so die Inbesitznahme der Diözese blockieren können. Ein Vorgang, der übrigens stark an das Jahr 1688 erinnert (siehe S. 33 f.). Die staatliche Seite hätte dazu erst dann das Recht und die Unterstützung der öffentlichen Meinung (auch der innerkirchlichen), wenn der Heilige Stuhl auf seinen Rechtsstandpunkt stur verharrt und Gespräche brüsk abgelehnt hätte. Daß ein solcher Vorgang schwere staatskirchenrechtliche Folgen, sogar die Kündigung des Konkordats nach sich gezogen hätte, ist wohl klar.

Es ist daher auf jeden Fall der Bemerkung des neuen Erzbischofs Joachim Kardinal Meisner anläßlich seiner Vereidigung am 10. Februar 1989 zuzustimmen, „daß Staat und Kirche originäre Rechte haben und daß es vertragliche Regelungen gibt, die nicht in das Belieben einer Seite gestellt sind".[59]

4. *Die Aufhebung des Art. 39* des Kölner Wahlstatuts und die einmalige Ersetzungs durch c. 119 CIC hat zu Fehleinschätzungen geführt. Daß das sehr enge Wahlstatut des Domkapitels einer Lösung hinderlich war, wurde recht bald bewußt. In dem Gespräch mit dem Kardinalstaatssekretär Casaroli am 26. September 1988 hat Dompropst Henrichs u.a. bereits auf die Möglichkeit einer Änderung hingewiesen. Es erhebt sich daher die Frage, wieso der Heilige Stuhl diese konkordatsgemäße Lösung nicht aufgegriffen und fast zwei Monate zugewartet hat? Es besteht die Vermutung, daß er nun die Chance witterte, über die Durchsetzung des Devolutionsrechts „seinen" Kandidaten durchzubringen, und sich nicht mehr auf die Unsicherheit einer einfachen Mehrheit mit einem möglichen anderen Ausgang einlassen wollte. Dafür spricht die Betonung des Devolutionsrechts noch in der Erklärung des Vatikanischen Pressesaals vom 11. Dezember 1988.

Diese Änderung wurde als Eingriff in ein schwebendes Verfahren kritisiert, insbesondere im Punkt 1 der am 5. Januar 1989 verabschiedeten sog. „Kölner Erklärung".[60] Abgesehen davon, daß dies (schwebendes Verfahren) nur zum Teil, nämlich für den konkordatären Bereich, stimmt, jedoch nach Abschluß des ersten Wahlgangs nach drei Monaten nicht mehr innerkirchlich, wie hätte denn nach Meinung der Unterzeichner der „Kölner Erklärung“ eine konkordatsgemäße Lösung aussehen sollen, nachdem die Präsentation einer neuen Liste, wie wir gesehen haben, ausgeschlossen war? Es bleibt diesen Unterzeichnern die Kritik an der päpstlichen Personalpolitik unbenommen, jedoch steht eindeutig fest, daß nur auf diesem Wege eine Lösung aus der staatskirchenrechtlichen wie auch politischen Sackgasse möglich war.

Bei dem nun zweiten Verfahren sind einige Anmerkungen vonnöten. So wird z. B. von einigen Kirchenrechtlern die Meinung vertreten, daß nach c. 119 beim dritten Wahlgang der an Lebensjahren Ältere als gewählt gilt, auch wenn bei der Stichwahl auf beide Kandidaten 0 Stimmen entfallen. Das ist aber wohl eine etwas sehr gewagte These.

Eine weitere Meinung – zuletzt u. a. vertreten von Kurienbischof Paul Josef Cordes – ist die, daß die Wahlordnung des Kölner Domkapitels nach Art. 39 nicht mit dem Vertragspartner abgesprochen und daher von vornherein ungültig war.[61] Dazu ist zu bemerken, daß Art. 6 PrK nur von einer Wahl spricht. Über die Art der Wahl findet sich weder etwas im PrK noch im Schlußprotokoll oder in anderen authentischen Dokumenten, wie z. B. in der Regierungserklärung. Gegenstand des Konkordats kann daher nur die Wahl als solche, jedoch nicht die Art ihrer Durchführung sein. Die Festlegung des Wahlverfahrens fällt demnach allein in die Kompetenz des kirchlichen Vertragspartners, der nun diese im Rahmen des CIC regeln oder die Aufstellung eines subsidiären Statuts erlauben kann. Auf jeden Fall muß jedoch der Charakter einer Wahl gewahrt sein d. h. das Mehrheitsprinzip in Anwendung kommen. Dies kann von der relativen über die absolute bis hin zur Zwei-Drittel-Mehrheit reichen. Die Forderungen einer einstimmigen Wahl wäre jedoch problematisch. Aus dem PrK ist auch keine Verpflichtung des Heiligen Stuhles ersichtlich, die jeweilige Wahl-Geschäftsordnung dem Staat mitzuteilen.

Nach c. 505 CIC geben sich die Kapitel die Statuten selber, sie müssen jedoch vom Diözesanbischof genehmigt werden. Eine Anzeigepflicht an den Heiligen Stuhl gibt es nicht. Deswegen kann also nicht behauptet werden, Art. 39 sei ungültig.

Joseph Listl vertritt in diesem Zusammenhang den Standpunkt, daß das Domkapitel die Verpflichtung hat, ein solches Wahlstatut zu beschließen, das in jedem Fall ein Ergebnis gewährleistet und daher auch der konkordatären Verpflichtung zur Wahl entspricht. Dieser Gedanke ist zweifelsohne richtig, denn jeder Vertragspartner eines völkerrechtlichen Vertrages hat in seinem Bereich Sorge zu tragen, daß durch entsprechende Durchführungsbestimmungen die vertraglichen Verpflichtungen erfüllt werden können. Bei einem konkordatär abgesicherten Domkapitelwahlrecht ist die Erstellung eines Kapitelwahlstatuts nicht nur nach den Gesichtspunkten des innerkirchlichen Rechts, sondern auch nach denen des Konkordats vorzunehmen.[62]

Ob daher aus diesen Gründen Art. 39 des Kölner Kapitelstatuts von vornherein ungültig war, muß erst einer endgültigen Klärung zugeführt werden. Eine entsprechende Änderung für die Zukunft wird aber sicher notwendig sein müssen.

Im nachhinein ist man aber immer klüger.

In einem Kommentar am 21. Dezember 1988 in der KNA vertrat deren Chefredakteur Karl Heinz Hock die Auffassung, daß Meisner mit absoluter Mehrheit gewählt worden sei. Diese These vertrat auch der Nuntius in einem Gespräch mit der KNA am 22. Juni 1989, so daß diese Auffassung einen offiziellen Wert erhielt. Es erhebt sich die Frage, ob der Nuntius dies aufgrund des KNA-Kommentars getan hat, was eine Ungeschicklichkeit wäre, oder ob er vom genauen Ergebnis als Verfahrensbeteiligter wußte. Trifft Letzteres zu, so ist ihm der Vorwurf der Verletzung der konkordatsrechtlichen wie innerkirchlich abgesicherten Schweigepflicht zu machen. Dompropst Henrichs meinte dazu: „Die Äußerungen des Herrn Nuntius … sind für mich erstaunlich. Ob er das Recht hat, solche Äußerungen zu tun, kann ich nicht beurteilen. Meines Wissens ist allerdings nicht nur das Kapitel zur strengen Geheimhaltung der Wahlergebnisse verpflichtet."[63]

Über die Rolle des Nuntius in der Endphasse des „Konkordatsstreites“ urteilt Otto B. Roegele: „Auch für kirchliche Amtsträger ist es gefährlich, ihre Partner für dümmer zu halten, als diese sind. Es kommt gewiß nicht von ungefähr, daß es nicht der Nuntius war, sondern der Vorsitzende der Bischofskonferenz, der vom Papst nach Rom geholt wurde, um den Kollisionskurs zu beenden und in Köln zu einer Lösung zu gelangen.“[64]

5. Das *politische Bedenkenrecht* des Staates nach Art. 6 PrK bzw. Art. 14 RK hat in freiheitlich-demokratischen Staaten und bei einem freundschafdtlichen Verhältnis zur Kirche nur mehr staatsnotarielle Bedeutung, wie wir gesehen haben (siehe S. 94). Doch tauchten beim nun ernannten Erzbischof von Köln, Joachim Kardinal Meisner, andere politische Bedenken auf. Bereits Mitte November 1988 sollen Pressemeldungen zufolge die Bundesregierung, es wurde Bundeskanzler Helmut Kohl genannt, und der damals in Berlin regierende Senat unter Eberhard Diepgen sich für den Verbleib Meisners in Berlin eingesetzt haben. Die schwierige deutschlandpolitische Situation dieses geteilten Bistums erforderte deren Meinung nach einen Verbleib des allseits geachteten Meisner in Berlin.[65] Vor Aufhebung der staatlichen wie kirchlichen Archivsperre ist natürlich in seriöser Weise mehr darüber nicht zu berichten, und das ist auch richtig so. Die Frage ist die, ob bei einem guten Verhältnis zwischen Staat und Kirche und bei einer sensiblen Kurienleitung der Heilige Stuhl nicht Verständnis für solche staatlichen Wünsche hätte haben sollen.

Derartige Überlegungen wurden zusätzlich noch genährt, als über eine Neuordnung der DDR-Diözesangrenzen kurz vor der Ernennung Meisners spekuliert und dies in dem Zusammenhang mit seiner Transferierung nach Köln gebracht wurde. Eine Neu-Zirkumskription der Bistümer würde wesentlich die Materien des PrK wie des RK berühren und könnte ohne Zustimmung der Bundesrepublik nicht erfolgen. Aus der Sicht der Bundesregierung, die ja vom Weiterbestehen des Deutschen Reiches in den Grenzen 1937 ausgeht, kann es auch im Hinblick auf das Wiedervereinigungsgebot keine Diözesanneuregelungen geben, die einer

Bestätigung der DDR-Grenzen gleich käme. Die inzwischen eingetretenen Veränderungen im östlichen Teil Europas lassen auf diesem Gebiet eine Prognose noch weniger zu als früher.[66]

All diese Überlegungen und Bedenken politischer Art bezogen sich nicht auf die Person Meisners als solche, sondern auf andere Umstände. Der Wunsch der Bundesregierung nach seinem Verbleib in Berlin aus politischen Gründen hätte über das Konkordat nicht durchgesetzt werden können.

6. Als letzter Punkt sei noch auf die *Rolle des Staates* eingegangen. Nach den derzeit gültigen Konkordaten in Deutschland und Österreich hat der staatliche Partner mit Ausnahme des politischen Bedenkenrechts keinerlei Rechte im Besetzungsverfahren von Bischöfen. Trotzdem darf eine These des Kölner Staatsrechtslehrers Martin Kriele nicht unwidersprochen gelassen werden. Nach ihm hätte der Staat kein Widerspruchsrecht gegen das Verfahren der Bischofsernennung.[67] Dies stimmt nicht. Denn es ist nicht nur das Recht, sondern die verfassungsäßige Pflicht des staatlichen Vertragspartners, auf die Einhaltung von völkerrechtlichen Verträgen penibel zu achten. Aus dieser Legitimation heraus ist das Verhalten der beiden Ministerpräsidenten ab Mitte Oktober 1988 zu erklären. Sie haben sich nicht Ernennungsrechte angemaßt, sie haben auch niemanden zu verhindern getrachtet, sondern sie sind nach Kenntniserlangung des Sachverhalts ihrer verfassungsmäßigen Pflicht nachgekommen. Alles andere wäre nicht nur eine Unterstellung, sondern ein Verzicht auf die Beobachtung der Einhaltung völkerrechtlicher Verträge.

Das Bischofswahlrecht gehört zum verbindlichen Vertragsinhalt des PrK. Zwar ist der Träger dieses Rechtes nicht der staatliche Vertragspartner, sondern das Domkapitel. Aber durch das PrK hat der Heilige Stuhl dem Staat ein vertragliches Recht zugunsten eines Dritten eingeräumt. Dies begründet die rechtliche Wirkung, daß der Heilige Stuhl ohne die Zustimmung der staatlichen Vertragspartner dieses Wahlrecht nicht beschneiden oder gar aufheben darf. Ja selbst ein freiwilliger Verzicht des Domkapitels ohne Zustimmung der staatlichen Vertragspartner wäre nicht zulässig. Der Staat erfüllte in diesem Verfahren sozusagen eine treuhänderische Funktion mit dem Ziel, die innerkirchliche Rechtsordnung durchzusetzen.

Trotzdem, und das ist die kirchenpolitische Kehrseite, war der politischen Führung der Länder Nordrhein-Westfalen und Rheinland-Pfalz bewußt, daß sie mit ihrer Haltung die im Konkordat festgelegte Mitbestimmung der Ortskirche verteidigte. Sie lag damit in der Tradition früherer Zeiten (siehe S. 69f.). Ministerpräsident Rau erhielt in dem fraglichen Zeitraum ca. 500 Briefe, die fast alle seine Position bekräftigten und ihn aufforderten, nicht nachzugeben.[68]

Der aus dem Kreis der Bekennenden Kirche stammende SPD-Politiker Johannes Rau und der CDU-Ministerpräsident Bernhard Vogel, ehemals Präsident des Zentralkomitees der deutschen Katholiken und dadurch mit den kirchlichen Verhältnissen bestens vertraut, waren sich in dieser Frage mehr als einig, so daß selbst die alternative *taz* am 18. November 1988 ein „Paradoxes Bündnis" meldete. Und Peter Schilder schrieb in der *Frankfurter Allgemeinen* am 8. Dezember 1988 über das deutsche Konkordatssystem: „Was zum Schutz vor staatlicher Übermacht erdacht und vereinbart war, soll jetzt eine örtliche Kirche vor der Macht der vatikanischen Zentrale schützen."

7. Beurteilt man abschließend den „Kölner Investiturstreit von 1988", so muß man feststellen, daß sich der Heilige Stuhl personalpolitisch durchgesetzt hat, was ja aufgrund des Besetzungssystems (Erstellung der Dreierliste) gar nicht anderes zu erwarten war.

Die Kurie, wer nun auch immer in dieser Frage die treibende Kraft war, ist mit ihrem Verhalten bis an den *Rand einer Konkordatsverletzung* gegangen, um ihre personellen Vorstellungen durchzusetzen. Das entschiedene Auftreten der staatlichen Vertragspartner hat dies gerade noch verhindert. Dabei ging es, das ist das Paradoxe, nicht um die Sicherung staatlicher Einflußmöglichkeiten. Die harte Haltung des Staates hat eine Eskalierung des Konkordatsstreits verhindert, der womöglich noch weitaus kritischere Formen, bis hin zur Infragestellung des Konkordats seitens des Staates, hätte annehmen können. Die Folgen für die Kirche Deutschlands wären unübersehbar gewesen. War dies dem Heiligen Stuhl bewußt, oder hätte er das in Kauf genommen, nur um seine Personalpolitik durchzusetzen?

Die klaglos verlaufenen Besetzungen der bischöflichen Stühle von Berlin (nach PrK) und Rottenburg-Stuttgart (nach BadK) lassen ein Einlenken des Heiligen Stuhles vermuten, möglicherweise auch aufgrund des öffentlichen Drucks („Kölner Erklärung").

Das Ende Oktober 1989 wiederum aufgetauchte Gerücht (siehe S. 126) einer bevorstehenden Ernennung eines Koadjutors c. i. s. für Essen[69] zeigt jedoch, daß mit einer solchen möglichen Vorgangsweise des Heiligen Stuhles die Diskussionen des Jahres 1988 jederzeit wieder aufbrechen können.

Die Besetzung des Salzburger Erzbischofsstuhles 1988/89

Die Bedeutung Salzburgs

Die Gründung des Bistums Salzburg erfolgte um 700 durch den hl. Rupert, unter Karl dem Großen wurde es 798 zum Erzbistum erhoben. Es wurde zum Zentrum der Christianisierung und Kolonisierung des Alpen- und Donauraumes. Im Hochmittelalter waren die Gründungen der Suffraganbistümer abgeschlossen. Zur Salzburger Kirchenprovinz gehörten die sog. „Eigenbistümer" Gurk, Seckau, Chiemsee und Lavant (heute Marburg an der Drau), für die der Salzburger Erzbischof das Ernennungsrecht besaß, sowie die übrigen Suffragane Passau, Freising, Regensburg und Brixen. Diese Situation blieb bis zum Reichsdeputationshauptschluß fast unverändert. 1803 wurde Salzburg ein säkularisiertes Kurfürstentum unter dem depossedierten Großherzog der Toskana, Ferdinand von Österreich (wurde später Großherzog von Würzburg und erhielt 1814 wieder die Toskana), kam dann zu Bayern, um erst 1814 endgültig an Österreich als Kronland (Herzogtum) zu fallen. Zu dieser Zeit verlor Salzburg die bayerischen Bistümer als Suffragane, erhielt aber dafür Trient.

In der Zeit der Monarchie behielt der Erzbischof, der bis heute den Titel eines Legatus natus und eines Primas Germaniae führt, das Ernennungsrecht bei seinen „Eigenbistümern" (siehe S. 53), desgleichen konnte das Domkapitel auch sein freies Wahlrecht wahren, das dann im ÖstK ähnlich dem PrK auf eine Dreierliste eingeschränkt wurde (siehe S. 82).

Zur Zeit des Barock waren die Erzbischöfe Wolf Dietrich

von Reichenau (1587–1612), Markus Sittichus III. von Hohenems (1612–1619) und Paris Lodron (1619–1657) in jeder Hinsicht die großen Gestalter des Erzbistums. Letzterer baute den Dom zu Ende und gründete die Universität. Durch das Mäzenatentum der Fürsterzbischöfe auf musikalischem Gebiet profitierten zweifelsohne Wolfgang Amadeus Mozart und Michael Haydn (der Bruder Joseph Haydns).

Das Salzburger Domkapitel geht in seinen Anfängen bis in das 8. Jahrhundert zurück, eine erste urkundliche Erwähnung der Errichtung eines Priesterkollegiums ist unter Bischof Virgil 774 nachzuweisen, das unter Erzbischof Konrad I. (1106–1147) die Regel des hl. Augustinus erhielt. Erst 1514 wurde das Metropolitankapitel in ein weltpriesterliches Kollegium umgewandelt, das – wie in der übrigen Reichskirche üblich – das Bischofswahlrecht besaß.

1825 erfolgte die bis heute gültige Zirkumskription der Erzdiözese. Sie umfaßt seither das Herzogtum (Bundesland) Salzburg und westlich davon einen Anteil an der gefürsteten Grafschaft Tirol bis zur Ziller. Das sind 9.715 qkm und heute 540.000 Katholiken. Das Budget von 1988 betrug 330 Millionen ö. S. (das sind ca. 47 Millionen DM).

Von den neun österreichischen Diözesen liegt sie der Einwohnerzahl nach genau in der Mitte, also an fünfter Stelle, davor liegt noch u. a. das Suffraganbistum Graz-Seckau. Daraus kann man ersehen, daß die Bedeutung des Erzbistums Salzburg heute eher auf kulturell-geistigem wie historischem Gebiet liegt.[1]

Die kirchenpolitische Situation in Österreich

Die katholische Kirche in Österreich unterscheidet sich in einigen Punkten deutlich von der in der Bundesrepublik Deutschland und gar der Schweiz. Das hat, wie so oft, historische Gründe. Im Gegensatz zu den sehr stark reichskirchlich geprägten deutschen Bistümern mit ihrem Selbstbewußtsein gegenüber staatlicher und kirchlicher Oberhoheit und einer historisch starken Stellung der Domkapitel wurde die Kirche in Österreich landesherrlich geprägt, was vor allem in dem seit dem 15. Jahrhundert ausgeübte Nominationsrecht der Habsburger seine Ursache hatte. Das josefinische Kirchensystem mit seinen bis ins lächerliche Detail gehenden Normierungen ließ vor allem eine kirchliche Staatsbeamtenmentalität auf Pfarrebene entstehen, wie sie sich in dieser Form in Deutschland nie entwickelte. Bei einer Begriffszuteilung trifft im historischen Vergleich Selbständigkeit eher auf die deutsche, Unselbständigkeit eher auf die österreichische Kirche zu, wie z. B. noch heute der mit seinem Selbstbewußtsein einzigartig wirkende rheinische Katholizismus zeigt.

Es war daher kein Wunder, daß sich im 19. Jahrhundet in Deutschland viel eher, zügiger und machtvoller der Verbandskatholizismus entwickelte als in Österreich, was sicherlich auch seine Ursachen im heftigeren Kulturkampf (Preußen) gehabt haben dürfte. In Österreich gelang es z. B. nie, eine Katholikentagsbewegung mit jährlichen Treffen zu initiieren und vor allem einen zentralen Dachverband aller katholischen Vereinigungen wie das Zentralkomitee der deutschen Katholiken einzurichten. Auch der Parteipolitische Katholizismus gelangte nie zu einer solchen Einheit wie im Deutschen Reich mit seiner Zentrumspartei. In Österreich schlossen sich unter vielen Mühen erst 1907 die Christlichsoziale Partei und die Katholisch-Konservativen zu einer Fraktion im Reichsrat und in der Folge zu einer Parteiorganisation zusammen. Sicherlich waren diese strukturellen Nachteile auch mit dem Nationalitätenproblem der österreichisch-ungarischen Monarchie verbunden.

Trotz alledem erhielt aber der Sozialkatholizismus des deutschen Sprachraums auch von Österreich entscheidende Impulse und Anregungen, die denen im Deutschen Reich nicht nachstanden.

Ein entscheidender Akzent zur weiteren Differenzierung des deutschen und österreichischen Katholizismus war die Gründung der Katholischen Aktion, einer Laienorganisation, die unter der Führung der Hierarchie steht, von ihr abhängig ist und einen gewissen Monopolanspruch für sich fordert. Dadurch wurden nach 1945 die freien katholischen

Verbände an den innerkirchlichen Rand gedrängt. Obwohl mehrmals versucht, gelang es nach 1945 noch weniger, in Österreich ein adäquates Instrument gleich dem deutschen Zentralkomitee einzurichten, das eine selbstbewußte Stimme der Laien gegenüber der säkularen Gesellschaft, dem Staat aber auch innerhalb der Kirche hätte sein können.

Dafür weist der österreichische Episkopat im Gegensatz zum deutschen nach 1945 einen hohen Grad von Stabilität auf. In dem für die konziliare Phase prägenden Zeitraum der zweiten Hälfte der fünfziger, der sechziger und der siebziger Jahre, also in rund 25 Jahren, gab es nur vier Wechsel auf bischöflichen Stühlen, davon zwei in Salzburg. Der durchschnittliche Bischofswechsel in allen neun österreichischen Diözesen von 1945 bis 1989 beträgt 1,6. Zum Vergleich: Der durchschnittliche Bischofswechsel bei den 22 deutschen Diözesen beträgt 2,7.

Vor allem die Person des Erzbischofs von Wien, Franz Kardinal König, von 1952 bis 1956 Bischof-Koadjutor von St. Pölten und danach bis 1985 Erzbischof von Wien, prägte den österreichischen Katholizismus. Er war einer der führenden Konzilsväter und gemeinsam mit dem Kölner Erzbischof, Josef Kardinal Frings, unzweifelhaft in der deutschen Konzilsgruppe einflußreich. Als Leiter des Päpstlichen Sekretariats für die Nichtglaubenden und als geschickter Unterhändler für die vatikanische Ostpolitik erwarb er internationales Ansehen. Gerade letztere gestaltete er auch aus der Position der 1955 gewonnenen Freiheit und Neutralität Österreichs.

Anfang der achtziger Jahre begannen die personellen Änderungen im österreichischen Episkopat. Während die Ernennungen der neuen Bischöfe von Linz (Maximilian Aichern), Innsbruck (Reinhold Stecher) und Gurk–Klagenfurt (Egon Kapellari) kaum Probleme aufwarfen, war die Öffentlichkeit über die 1986 erfolgte Bestellung des vorher eher unbekannten Benediktiner-Paters Hermann Groër überrascht. Die Ernennungen des Wiener Weihbischofs Kurt Krenn 1987, des Salzburger Erzbischofs Georg Eder 1988/89 und des Feldkircher Bischofs und ehemaligen Opus-Dei-Regionalvikars Klaus Küng 1989 ließen in der

Folge eine teils resignative, teils aber auch explosive Stimmung im österreichischen Katholizismus aufkomnmen, die einerseits das Ende der Ära König schmerzhaft bewußt werden läßt, andererseits nicht sehr zweckdienliche Polarisierungen, vor allem von rechts, aufkommen ließ.

Im Gegensatz zur Bundesrepblik Deutschland, wo durch die Wahlen und Ernennungen der Rottenburger und Berliner Bischöfe und durch die fast nie in Zweifel gezogene Qualität des Kölner Erzbischofs eine gewisse Beruhigung eingetreten sein dürfte, ist dies leider für Österreich und auch für die Schweiz (Chur) nicht auszumachen.[2]

Wahl und Ernennung

Der 1988 im 80. Lebensjahr stehende Salzburger Erzbischof Karl Berg hat mit Erreichung seines 75. Lebensjahres dem Heiligen Stuhl seinen Rücktritt angeboten. Der damals bevorstehende Wechsel in der Erzdiözese Wien, womit traditionellerweise der Übergang des Vorsitzendenamtes in der Österreichischen Bischofskonferenz von Wien auf Salzburg verbunden ist, sowie der Papstbesuch in Österreich Mitte 1988 haben eine Annahme des Rücktritts naturgemäß nicht opportun erscheinen lassen. Nach der Abreise des Papstes wurde die Besetzung des Salzburger Metropolitansitzes aktuell.

Mit Datum vom 26. Juli 1988, Eingang 28. Juli, sandte der Wiener Nuntius Michele Cecchini an den Domdechanten Leonhard Lüftenegger einen Brief, in dem im versiegelten Umschlag der Dreiervorschlag für die Wahl des Salzburger Erzbischofs enthalten war. Am 29. Juli hat der Domdechant in einem Schreiben an den Nuntius den Eingang des Briefes bestätigt und um Verständnis dafür gebeten, daß erst Mitte September eine Wahl durchführbar sei, zumal im Schreiben des Nuntius keine Frist angegeben war. Zur weiteren Begründung führte er an, daß mit Wirkung vom 31. August drei Kanoniker aus dem Kapitel ausscheiden und zum 1. September drei neue bestellt werden. Die Übersendung der Dreierliste bei einem noch amtierenden Erzbischof stellte jedenfalls einen höchst ungewöhnlichen Vorgang dar.[3]

Mit Schreiben des Apostolischen Nuntius vom 2. September 1988 wurde die Rücktrittsannahme des Erzbischofs Karl Berg mit Wirkung vom 5. September mitgeteilt, gleichzeitig wurde er zum Apostolischen Administrator ernannt. Damit ist der Heilige Stuhl von der im CIC normierten Form der Wahl eines Diözesanadministrators (c. 421) abgewichen und hat den ehemaligen Ordinarius zum Apostolischen Administrator eingesetzt (siehe dazu auch S. 140). Auch in Österreich beschloß die Bischofskonferenz am 1. Juli 1983 im Sinne des c. 502 § 3 CIC, die Befugnisse des Konsultorenkollegiums den Domkapiteln zu übertragen, so daß in Salzburg bei kirchenrechlich normalem Verlauf vom Kapitel ein Diözesanadministrator gewählt worden wäre.[4] Offenbar aufgrund der bald zu erwartenden Besetzung des Erzbischöflichen Stuhles hat der Heilige Stuhl Berg gleichzeitig mit der Rücktrittsannahme zum Apostolischen Administrator ernannt, was sicherlich aus pastoralen Erwägungen etwas für sich hat.

Über die Wirksamkeit des Dreiervorschlages im Hinblick auf den Beginn der Dreimonatsfrist war man auf kirchenrechtlicher Seite doch der einhelligen Meinung, daß sie dem Sinn des CIC nach nur ab der Rücktrittsannahme, also ab dem 5. September 1988, beginnen konnte.

Am Montag, dem 12. September 1988 trat das Metropolitankapitel erstmals offiziell zur Wahl zusammen, das versiegelte Kuvert wurde geöffnet und der Dreiervorschlag bekanntgegeben. Es fand aber kein Wahlgang statt. Es folgten daraufhin wiederholt Beratungen des Kapitels und private Konsultationsgespräche einzelner Kapitulare bei römischen Stellen. Diese Vorgänge führten dazu, daß das Kapitel mit Datum vom 7. Oktober 1988 eine Bittschrift (supplex libellus) direkt an den Heiligen Stuhl mit dem Ersuchen richtete, eine Delegation des Kapitels anzuhören, um die Lage der Erzdiözese darzustellen. Dieses Schreiben wurde am gleichen Tag beim Apostolischen Nuntius in Wien und im Kardinalstaatssekretariat in Rom übergeben.

Für den ereignisgeschichtlichen Ablauf ist es weiterhin interessant, die offizielle Stellungnahme des Kapitels vom 30. Dezember 1988 zu Wort kommen zu lassen.[5]

„Die pastorale Verantwortung gegenüber den Katholiken der Erzdiözese veranlaßt das Domkapitel von Salzburg bei voller Respektierung der gebotenen Schweigepflicht zum zeitlichen Ablauf und zur Durchführung der Neuwahl des Erzbischofs von Salzburg folgende Erklärung abzugeben:

1. Seit den ersten Septembertagen ist dem Domkapitel der vom Apostolischen Nuntius übermittelte Dreiervorschlag für die Neuwahl des Erzbischofs gemäß Art. IV par. 1 des Österreichischen Konkordats vorgelegen. Die zwölf Kanoniker haben seither strikte und ausnahmslos das gebotene Schweigen über die Kandidaten gehalten. Im Gegensatz dazu haben andere kirchliche Kreise durch Indiskretion dazu beigetragen, daß es zu zahlreichen Spekulationen in den Medien kommen konnte.

2. Das Domkapitel mußte zur Kenntnis nehmen, daß die Auswahl der Kandidaten für diesen Dreiervorschlag nicht in so ausgewogener Weise vorgenommen war, wie man dies aus den Namenslisten, die von der Diözese offiziell eingegeben wurden, und aus der Praxis früherer Bischofswahlen erwarten konnte.

3. Das Domkapitel hat seit dem Vorliegen des Dreiervorschlages alle nach kirchlichem Recht gegebenen Möglichkeiten (vgl. c. 212 § 2 und 3 CIC) ausgeschöpft, um in Gesprächen und in einer Bittschrift an den Heiligen Stuhl die Lage und Bedürfnisse der Diözese aus örtlicher Sicht darzustellen und so eine Entscheidungsfindung zu erleichtern. Der Heilige Stuhl hat der Bitte um Anhörung einer Delegatin des Kapitels nicht stattgegeben, sondern mit Schreiben vom 14. Dezember d.J. auf der Durchführung der Wahl aus dem vorliegenden Dreiervorschlag beharrt. Dies wurde sowohl mit dem Wortlaut des österreichischen Konkordats als auch mit dem Wunsch des Papstes begründet.

4. Aufgrund dieser gegebenen Situation, mit der auf den Kanonikern ein schwerer Gewissenskonflikt lastete, ist das Domkapitel innerhalb der gestellten Fünftagefrist mehrmals zusammengetreten und hat am 21. Dezember d.J. die Wahl durchgeführt."

Der Wortlaut dieser Erklärung und andere Informationen lassen folgende Schlüsse zu:

1. Das Domkapitel von Salzburg kennt im Gegensatz zu Köln keine Bestimmung über das Wahlverfahren, so daß der c. 119 in Anwendung gelangt. In einem dritten Wahlgang würde im Extremfall eine Stimme bei Enthaltung der anderen genügen, damit der betreffende Kandidat als gewählt gilt.

2. Es ist augenscheinlich, daß die Mehrheit des Kapitels mit dem Dreiervorschlag nicht einverstanden war. Es wollte vorerst das Risiko eines Wahlganges, bei dem es schon aus statistischen Gründen (von 12 Kanonikern hätte sicherlich einer einem der drei Kandidaten die Stimme gegeben) zu einem Ergebnis gekommen wäre, nicht eingehen und hat daher innerhalb der kanonischen Frist, also bis zum 5. Dezember 1988 keinen formellen Wahlgang durchgeführt. Es hat somit auf innerkirchlicher Seite die Wahlpflicht verletzt, auf staatlicher Seite nur bedingt, da das ÖstK keine Fristen kennt.

3. Das Domkapitel hat den Heiligen Stuhl um Verhandlung gebeten, welcher Bitte nicht stattgegeben wurde. Ziel dieser Verhandlung seitens des Kapitels wäre ein neuer Dreiervorschlag gewesen. Dem konnte Rom natürlich nicht willfahren, weil konkordatsrechtlich nur ein Dreiervorschlag möglich ist. In Köln hingegen ging es bei den Verhandlungen mit dem Heiligen Stuhl in der Hauptsache um Verfahrensfragen.

4. Mit Datum vom Mittwoch, dem 14. Dezember 1988 erging ein Schreiben des Kardinalstaatssekretärs Casaroli an den Domdechant Lüftenegger, in dem mitgeteilt wurde, daß der Dreiervorschlag aufrecht erhalten bleibt und daß der Papst die Erfüllung der Wahlpflicht des Domkapitels wünschte. Am Mittwoch, dem 21. Dezember trat dann das Kapitel zusammen und hat dann die Wahl vorgenommen.

5. Obwohl aus der Sicht des Heiligen Stuhles das Salzburger Domkapitel die kanonische Dreimonatsfrist „schuldhaft" hat verstreichen lassen, ist eine Absicht, das Devolutionsrecht (c. 165) anzuwenden, nicht nachzuweisen, ebenso auch nicht ein Vorfühlen der österreichischen Bun-

desregierung, um wie im Fall Köln auf die Einhaltung des ÖstK zu pochen. Wahrscheinlicher ist, daß der Heilige Stuhl keine weitere „Front" eröffnen wollte, weil es ja auch im Fall Salzburg kein hinderliches Wahlstatut gibt, so daß eine innerkirchliche Regelung leichter möglich war.

Der Nuntius wurde am Donnerstag, dem 22. Dezember vom Ausgang der Wahl informiert, ebenso der erwählte Erzbischof Georg Eder. Er hat sich innerhalb der achttägigen Bedenkzeit nach CIC am Donnerstag, dem 29. Dezember zur Annahme der Wahl bereit erklärt.

Der Ministerrat der Republik Österreich nahm nach der Information durch den Nuntius am 10. Januar 1989 die Ernennung zur Kenntnis und erhob keinerlei Bedenken allgemein-politischer Natur. Die Weihe des neuen Erzbischofs und die Inbesitznahme der Diözese erfolgten am Sonntag, dem 26. Februar 1989.

Parallelen zwischen Köln und Salzburg sind vor allem im zeitlichen Ablauf frappierend. Jeweils im Juli 1988 erfolgte die Übersendung bzw. Überreichung des Dreiervorschlages, und jeweils am 14. Dezember 1988 wandten sich die betreffenden Nuntien an die Kapitel, die Wahl vorzunehmen, in Köln mit geändertem Statut, in Salzburg unter Stellung einer Fünftagefrist. Dies läßt eine gleichzeitige Behandlung beider Besetzungsvorgänge in der römischen Kurie vermuten.

Wurde in Österreich das Konkordat verletzt?

In einem Kommentar über die Salzburger Vorgänge schrieb am 31. Dezember 1988 Pia Maria Plechl in *Die Presse:* „Konkordat und Kirchenrecht sind exakt eingehalten worden." Das stimmt leider nicht.

Zwei Bereiche lassen eine Konkordatsverletzung vermuten:

1. In Art. IV § 2 ÖstK wurde über das Besetzungsverfahren strenge Vertraulichkeit vereinbart, „so daß bis zur Ernennung die gewählte Person geheim gehalten wird". Über

diese Vertraulichkeit wurde bereits gehandelt (siehe S. 91 f.). An sie sind alle Verfahrensbeteiligten, der Heilige Stuhl und dessen Organe, das Domkapitel und seine Mitglieder, der in Aussicht genommene Kandidat sowie die Republik Österreich und deren Organe, gebunden. Da das Konkordat ein völkerrechtlicher Vertrag ist, der jeweils partikularrechtlich (kirchlich wie staatlich) gilt, sind alle Normadressaten des Heiligen Stuhls wie der Republik Österreich an dieses Vertraulichkeitsgebot gebunden. Eine Verletzung der Vertraulichkeit ist demnach je nach Normenkreis entweder eine kirchliche oder staatliche Rechtsverletzung. Der Name des am 21. Dezember erwählten Erzbischofs wurde in den Weihnachtstagen von einem Nichtverfahrensbeteiligten in der Öffentlichkeit genannt. Da aufgrund der gegebenen Situation ein „Zufallstreffer" bei der Namensnennung ausgeschlossen ist, müssen Verfahrensbeteiligte eine Information an diesen Dritten weitergegeben haben. Die Republik Österreich fällt aus, weil sie noch nicht informiert war, so daß nur der Heilige Stuhl mit seinen Organen (Nuntius), das Kapitel und seine Mitglieder sowie der Erwählte selbst in Frage kommen.

Zu diesem Vorgang hat das Domkapitel am 30. Dezember 1988 ebenfalls Stellung bezogen:

„Das Domkapitel bedauert außerordentlich, daß entgegen allen Rechtsgepflogenheiten und unter Mißachtung des Freiraumes einer persönlichen Gewissensentscheidung bereits vor der Zustimmung des Gewählten seine Person und sein Leben in die Öffentlichkeit gezerrt wurden. Aus den Berichten in den Medien geht eindeutig hervor, daß dies in keiner Weise dem Domkapitel angelastet werden kann, sondern daß der Öffentlichkeit von anderen Seiten Informationen zugegangen sind."

An die Schweigepflicht sind nicht nur die Verfahrensbeteiligten, sondern alle Normadressaten des staatlich rechtsgültigen Konkordats gebunden. Das heißt, wenn jemand bewußt oder unbewußt, zufällig oder gezielt von der erwählten Person erfährt, darf er davon nicht Gebrauch machen, widrigenfalls er sich eine Rechtsverletzung zuschulden kommen läßt. Im vorliegenden Fall trifft dies also auf den informierenden Verfahrensbeteiligten sowie den informierten Dritten zu.

Eine weitere Frage ist, ob die übrigen Verfahrensbeteiligten das Schweigegebot brechen dürfen, wenn die „Kuh aus dem Stall ist". Dies träfe auf die Erklärung des Domkapitels vom 30. Dezember zu, wo der Name des Erwählten offiziell vom Wahlkollegium bekannt gegeben worden ist. Dazu das Domkapitel in der bereits erwähnten Stellungnahme:

„Das Domkapitel sieht sich vorzeitig zu dieser Stellungnahme genötigt, obwohl die Kontaktnahme mit der Bundesregierung und die Ernennung durch den Papst noch ausstehen. Wegen der Berichte in Presse und Fernsehen, deren Herkunft dem Domkapitel nicht bekannt ist, war diese vorzeitige Erklärung notwendig, um einer weiteren Verunsicherung der Gläubigen und unbedachten Aktionen in der Erzdiözese vorzubeugen. Ein weiteres Schweigen wäre aus der Sorge um die Seelsorge in der Erzdiözese nicht mehr zu verantworten gewesen." Es ist dem Domkapitel zuzubilligen, daß es sich den Schritt in die Öffentlichkeit wohl überlegt und höchst beachtenswerte übergeordnete Gesichtspunkte ins Treffen geführt hat. Ein Unbehagen bleibt trotzdem zurück, denn der Beichtvater darf ja auch dann nicht den Inhalt der Beichte bestätigen, wenn diesen der Beichtende womöglich noch zum Schaden des Beichtvaters herumerzählt. Auch konkordatsrechtlich dürften diese höchst ehrenwerten Motive nicht ausreichend sein.

Die Republik Österreich hat daher in ihrer Antwortnote an den Heiligen Stuhl vom 10. Januar 1989, daß keine Bedenken politischer Natur gegen Georg Eder vorliegen, darauf hingewiesen, daß die in Art. IV § 2 ÖstK vereinbarte Vertraulichkeit des Verfahrens nicht eingehalten wurde. Der Heilige Stuhl bzw. Nuntius Cecchini haben diese Beschwerde dem Domkapitel von Salzburg übrigens nicht zur Kenntnis gebracht.[6]

2. In Art. IV § 1 ÖstK heißt es: „Bei Erledigung ... legen die einzelnen österreichischen Diözesanbischöfe innerhalb eines Monats eine Liste geeigneter Persönlichkeiten dem Heiligen Stuhl vor, ohne daß dieser an die Listen gebunden ist."

Der Begriff der Erledigung ist nach dem CIC eindeutig geregelt. Bei den Bischöfen ist es der Tod bzw. die rechtswirksame Rücktrittsannahme.[7]

Man erinnere sich: Die Übersendung der Dreierliste erfolgte Ende Juli 1988, der Salzburger Erzbischofsstuhl war erst am 5. September 1988 vakant. Durch die Übersendung der Dreierliste vor Erledigung des Erzbischöflichen Stuhles war das Prüfungs- und Vorschlagsverfahren in Rom bereits abgeschlossen.

Die rechtswirksame Rücktrittsannahme des Bischofs von Feldkirch, Bruno Wechner, erfolgte am 21. Januar 1989. Am selben Tag wurde der Regionalvikar des Opus Dei für Österreich, Klaus Küng, zum neuen Bischof ernannt. Auch hier konnten die österreichischen Bischöfe ihrem Recht nach Art. IV ÖstK nicht nachkommen.

Wie bereits mehrfach betont, hat sich der Heilige Stuhl in den Konkordaten mit den deutschsprachigen Ländern verpflichtet, das dort in dieser Form normierte Besetzungsverfahren so und nicht anders, auch gegen die jeweils gültigen Bestimmungen des Kirchenrechts, durchzuführen. Der Heilige Stuhl muß daher nach Erledigung eines bischöflichen Stuhles die Listen der österreichischen Bischöfe, auch wenn er an sie nicht gebunden ist, abwarten und kann erst dann zur Erstellung des Dreiervorschlages bzw. zur Ernennung schreiten.

Das Argument, in Feldkirch liege keine Vakanz vor, da Rücktrittsannahme und Ernennung in einem erfolgten, ist rechtlich untauglich. „Sede vacante" (Erledigung) ist eine objektive Zeitpunktbestimmung und bezeichnet nichts anderes als jenen Zeitpunkt, da der bisherige Amtsinhaber infolge Todes oder Rücktrittsannahme den bischöflichen Stuhl verlassen hat. Zwischen dem Augenblick von „sede vacante" und jenem von „sede plena" (wiederbesetzter Bischofsstuhl) liegt insofern ein zeitlicher Zwischenraum, als ja der neue Bischof vorerst von seinem Amt Besitz ergreifen und inthronisiert werden muß.

Die Vorgangsweisen in Salzburg und Feldkirch haben es den österreichischen Bischöfen unmöglich gemacht, bei Eintritt der Sedisvakanz ihrem Recht und ihrer Pflicht nachzukommen, gemäß Art. IV ÖstK dem Heiligen Stuhl Listen von geeigneten Kandidaten zu übersenden. Das Eintreffen der Dreierliste für Salzburg vor der Vakanz sowie die Ernennung des Feldkircher Bischofs am Tag der Erledigung stellen somit eine Verletzung eines geltenden völkerrechtlichen Vertrages (ÖstK) seitens des Heiligen Stuhles dar.

Der Hinweis, nach dem Kirchenrecht und anderen innerkirchlichen Normen gebe es ja bereits ein ständiges Listenverfahren, so daß es ja nicht unbedingt notwendig erscheint, im Erledigungsfall die ohnedies bereits genannten Persönlichkeiten nochmals zu nennen, ist ebenfalls kein rechtliches Argument. Es hat zwar praktische und durchaus einsehbare Gründe für sich, aber der Heilige Stuhl wäre verpflichtet, in einem solchen Fall gemäß Art. XXII Abs. 2 (Freundschaftsklausel) mit der Bundesregierung zu einer Vereinbarung zu kommen.

Der Verfasser hat daher am 17. März 1989 an das Bundesministerium für Auswärtige Angelegenheiten, Völkerrechtsbüro, ein Schreiben gerichtet und u. a. folgende Fragen gestellt:

„a. Hat der Heilige Stuhl in diesem Sinne das Einvernehmen gemäß Art. XXII Abs. 2 hergestellt? Wenn ja, wann und durch wen?

b. Wenn nicht, was gedenkt die Republik Österreich zu tun, um den Heiligen Stuhl auf diese Verletzung aufmerksam zu machen und eine solche für die Zukunft zu vermeiden?

c. Welche völkerrechtlich haltbare Erklärung hat das Ministerium, in diesem Vorgang keine Verletzung des Konkordats zu erblicken?“

In einer Antwort des Außenministeriums vom 26. Mai 1989 zog man sich auf die konkordatäre Verschwiegenheitspflicht zurück und ging auf die rechtlichen Fragen nicht ein.

Es ist daher anzunehmen, daß es zwischen dem Heiligen Stuhl und Österreich diesbezüglich keine Verständigung gegeben hat, denn eine solche seitens des Ministeriums einzugestehen wäre ja keine Schande oder ein Vertrauensbruch gewesen. Es ist daher bezeichnend, daß die Republik Österreich einem konkreten Hinweis auf eine Verletzung eines völkerrechtlichen Vertrags nicht nachgeht. Eine Vorgangsweise, die man vor allem im Licht der konsequenten Haltung der Landesregierungen von Nordrhein-Westfalen und Rheinland-Pfalz sowie des Kantons Schwyz bzw. der Eidgenossenschaft betrachten muß.

Die Ernennung eines Koadjutors für Chur 1988

Die staatskirchenrechtliche Situation in der Schweiz

In der Schweiz gibt es sechs Bistümer: Das seit dem 4. Jahrhundert nachweisbare *Basel,* es wurde 1828 neu umschrieben und erhielt große Gebiete des ehemaligen Bistums Konstanz. Das seit dem 5. Jahrhundert nachweisbare *Chur,* das bis 1803 als Fürstbistum Suffragan von Mainz war und seitdem exemt ist. Das seit dem 6. Jahrhundert nachweisbare Lausanne, es führte ab 1819 den Namen Lausanne und Genf und seit 1924 den Namen *Lausanne–Genf–Freiburg.* Für den Kanton Tessin wurde 1888 ein Bistum errichtet und bis 1971 von einem Apostolischen Administrator verwaltet. Der Bischof von Basel führte zugleich den Titel eines Bischofs von Lugano, ohne jedoch dort zu residieren. 1971 erfolgte die Umwandlung in ein eigenes Bistum *Lugano.* Das im 4. Jahrhundert gegründete Bistum *Sitten* blieb im wesentlichen auf Wallis beschränkt. 1823 wurde das Bistum *St. Gallen* gegründet. Es war zuerst mit Chur in Personalunion vereint, wurde 1836 von ihm getrennt und schließlich 1847 zum selbständigen Bistum erhoben.[1]

Alle schweizerischen Bistümer sind exemt, gehören keinem Metropolitanverband an und unterstehen direkt dem Heiligen Stuhl.

„Die Schweiz ist die Zufluchtstätte für das einst gemeinrechtliche Bischofswahlrecht geworden“, stellte Klaus Mörsdorf 1933 fest.[2] In der Tat finden wir das volle Kapitelwahlrecht in zwei Schweizer Diözesen. Sehen wir uns aber zuerst der Reihe nach die gegenwärtige Situation mit Ausnahme von Chur an, das später behandelt wird.

Basel besaß als reichsständisches Fürstbistum seit jeher das Domkapitelwahlrecht. Im Zuge der Neuordnung Europas nach 1815, die auch die Schweiz betraf, kam es wegen der Aufhebung des Konstanzer Bistums zu territorialen kirchlichen Veränderungen. Vom 1. bis 3. März 1820 trafen sich in Langenthal Abgeordnete der Stände von Luzern, Bern, Solothurn und Aargau zu einer Konferenz, um eine Übereinkunft für ein Bistum Basel auszuhandeln („Langenthaler-Vertrag"). Als Sitz des Bistums wurde Solothurn vorgesehen, und die Wahl des Bischofs sollte durch das Domkapitel erfolgen, wobei der Gewählte den betreffenden Kantonsregierungen genehm sein müsse. Bereits im August desselben Jahres begannen die Verhandlungen über den Abschluß eines Konkordates.

Nicht zuletzt wegen des Bischofswahlrechts bzw. vor allem wegen des Einflusses des Staates zogen sich die Verhandlungen hin. Am 12. März 1827 kam es dann zur Unterzeichnung über die Reorganisation des Bistums Basel zwischen den Kantonsvertretern und dem päpstlichen Geschäftsträger. In der Folge fand das Ratifizierungsverfahren bei den einzelnen Kantonen statt. Da jedoch Aargau dieses verweigerte, kam es am 26. März 1828 zu einer neuen Übereinkunft („Conventio") zwischen dem Heiligen Stuhl und den Kantonen Bern, Luzern, Solothurn und Zug, der dann Aargau am 2. Dezember 1828 und Thurgau am 11. April 1829 nachträglich beigetreten sind. Darauf beruhen die Bullen „Inter praecipua nostri apostolatus" vom 7. Mai 1828 und die Exhortationsbreven an das Kapitel vom 15. September 1828 und vom 16. Dezember 1831.

Das Baseler Bischofswahlrecht ist demnach konkordatsmäßig festgelegt. Im Art. 12 heißt es: „Die den Senat des Bischofs bildenden Domherren haben das Recht, aus der Diözesangeistlichkeit den Bischof zu wählen. Der zum Bischof Erwählte wird vom Heiligen Vater die Einsetzung erhalten, sobald dessen kanonische Eigenschaften nach der für die Schweizerischen Kirchen üblichen Form dargetan sein werden." Im Breve an das Domkapitel heißt es dazu: „Es ist daher Eure Pflicht, diejenigen zu wählen, von denen Ihr Euch vor dem feierlichen Wahlakt die Gewißheit verschafft habt, daß sie sich nicht nur durch die vorgeschriebenen Eigenschaften auszeichnen, sondern auch den Regierungen nicht minder genehm sind (gubernio minus grati)."

In den „Statuten des Domkapitels des Bistums Basel" (12. März 1979) sind weitere Verfahrensfragen festgelegt. Die Bischofswahl muß innerhalb von drei Monaten stattfinden (Art. 37), die Konsultation mit der Regierung ist vor dem feierlichen Wahlakt durchzuführen (Art. 34), bei notwendiger Wiederholung der Wahl wegen Nichtapprobierung durch den Papst ist wiederum das Domkapitel zuständig (Art. 52), und nach vollzogener Wahl stellt der Dompropst fest: „In meinem eigenen und des Baseler Domsenats Namen verkünde und proklamiere ich den zum Bischof und Hirten der Baseler Kirche Erwählten, den hochwürdigsten Herrn NN., im Namen des Vaters, des Sohnes und des Heiligen Geistes. Amen" (Art. 48).

Bei der Bischofswahl von 1967 gab das Domkapitel den massiven Pressionen des Heiligen Stuhles bzw. der Nuntiatur nach und verpflichtete sich, erst nach der römischen Bestätigung des Gewählten den Namen bekanntzugeben (Art. 49 des Statuts). Weitere Bemühungen des Heiligen Stuhls, die Freiheit des Baseler Domkapitels einzuengen, hat die staatliche Seite zu verhindern gewußt.[3]

Das Baseler Konkordat ist den Bestimmungen des Bischofwahlrechtes der preußischen Bulle „De salute animarum" (siehe S. 42 f.) nicht unähnlich. Die staatlichen Vertragspartner haben das Recht der Mindergenehmigung, was aber heute überhaupt keine Rolle mehr spielt.

Die zweite Diözese mit einem freien Kapitelwahlrecht ist *St. Gallen.* Die Übereinkunft des katholischen Großratskollegiums (das waren die katholischen Mitglieder des Großen Rates, der Legislative des Kantons) mit dem Heiligen Stuhl über die Reorganisation des Bistums von St. Gallen vom 7. November 1845, vom Großen Rat dieses Kantons am 11. März 1847 sanktioniert, und die auf dieser „Conventio" gründende Zirkumskriptionsbulle „Instabilis rerum humanarum" vom 8. April 1847, erlassen von Pius IX., genehmigt vom st. gallischen Regierungsrat am 4. Mai 1847 in Verbindung mit den betreffenden Vollzugsbestimmungen des katholischen Großratskollegiums vom 11. März 1847, begründen und regeln im wesentlichen das st. gallische Bischofswahlrecht. Hinzu kommt noch das Exhortationsbreve „Prout rerum ac temporum" vom 27. Juli 1858 an das Domkapitel.

Art. 7 lautet: „Bei jeweiliger künftiger Erledigung des bischöflichen Stuhles steht das Recht der Bischofswahl dem Kathedralkapitel zu und soll sowohl von den residierenden als den auswärtigen Kapitularen innerhalb von drei Monaten, vom Tage der Erledigung an gerechnet, vollzogen werden." So der Wortlaut der „Conventio". In der Bulle liest es sich etwas anders: „Bei jeweiliger künftiger Erledigung des bischöflichen Stuhles von St. Gallen erteilen wir dem Kathedralkapitel das besondere Vorrecht, den neuen Bischof zu wählen, das ... sodann angehalten sein sollte, unverzüglich die in authentischer Form abgefaßten Wahlakte an diesen Heiligen Stuhl zu übersenden." Damit wird in der Bulle der Privilegiencharakter der st. gallischen Bischofswahl deutlich angesprochen.

In Art. 7 der Übereinkunft heißt es weiter: „Die Person des Gewählten darf jedoch dem katholischen Großratskollegium nicht unangenehm sein." Nach Art. 10 hatte der neugewählte Bischof der Regierung einen Treueeid zu leisten, der jedoch 1959 abgeschafft wurde. In den Vollzugsbestimmungen des katholischen Großratskollegiums, das über die Mindergenehmigung zu entscheiden hat, vom 11. März 1847 wird bestimmt, daß das Kapitel ihm sechs Kandidaten nennt: es müssen jedoch mindestens drei übrigbleiben. Das Recht der Regierung, nach der Wahl das Plazet zu erteilen, wurde mit Gesetz vom 25. Juni 1923 abgeschafft.[4]

Bis zum Jahre 1437 erfolgte die Wahl des Bischofs von *Sitten* in der Regel durch das Domkapitel. Da dieser zugleich weltliches Oberhaupt des Wallis war, wurde das Domkapitel allmählich auf ein bloßes Vorschlagsrecht beschränkt. Seit 1604 wählte der Landrat den Bischof aus einer Viererliste des Domkapitels. Im 19. Jahrhundert wurde seitens des Klerus gewünscht, daß der Staat auf die Nomination des Bischofs verzichte. Als 1918 der Bischofsstuhl vakant wurde, wollte sich der Große Rat neuerlich auf sein Gewohnheitsrecht berufen. Kardinalstaatssekretär Gasparri antwortete am 30. Dezember 1918, daß die im Wallis geübte Gewohnheit nicht den Charakter eines kirchlich anerkannten Gewohnheitsrechtes habe. Der Heilige Stuhl werde aber den gesonderten Gegebenheiten Rechnung tragen, der Staatsrat sei nicht daran gehindert, seine Wünsche bekanntzugeben. Der Heilige Stuhl werde Sorge tragen, daß der Bischof von Sitten der Regierung genehm sein werde. Nach einem Schreiben der Walliser Regierung vom 30. Dezember 1918 mit der Bitte um Aufklärung antwortete am 4. April 1919 Gasparri, daß der Heilige Stuhl bei der Besetzung des Bischofsstuhls die Wünsche der Regierung berücksichtigen werde und immer ein Bischof ernannt werde, der einer der beiden Landessprachen mächtig sei. Somit herrscht in Sitten das freie päpstliche Besetzungsrecht.[5]

In der Diözese *Lausanne–Genf–Freiburg*, für das es ebenfalls kein Konkordat gibt, herrscht ebenfalls das freie päpstliche Ernennungsrecht, desgleichen für das Bistum *Lugano* (Tessin).[6]

Eine Änderung der Situation könnte eintreten, wenn die Pläne zu einer neuen Bistumseinteilung in der Schweiz Gestalt annehmen. Die Bischofskonferenz hat diesbezüglich 1976 eine Kommission eingesetzt, die in einem Bericht vom Juni 1980 vorschlug, die Bistümer Sitten und Lugano in ihrem bisherigen Umfang zu belassen, das Gebiet der Bistümer Basel, Chur, Lausanne–Genf–Freiburg zu reduzieren, jenes der Diözese St. Gallen zu vergrößern und drei neue Bistümer zu errichten (Zürich, Luzern, Genf). Einzelne Kantonsregierungen haben dazu bereits Stellung bezogen, wobei eine neue Bistumseinteilung mit seinen besseren Seelsorgemöglichkeiten anerkannt wurde. Jedoch wurde darauf gedrungen, daß die bisherigen Konkordate bezüglich des Bischofswahlrechts in Geltung bleiben und bei einer Abtretung von Gebieten, die zu Diözesen mit Bischofswahlrecht gehören, in diesen die bisherigen ortskirchlichen Mitbestimmungsrechte beibehalten werden.

Die Eidgenossenschaft ist insofern in einer besonderen Stellung, da Art. 50 Abs. 4 der Bundesverfassung lautet: „Die Errichtung von Bistümern auf schweizerischem Gebiet unterliegt der Genehmigung des Bundes." Sollte es zu einer Neuzirkumskription der Schweizer Diözesen kommen, bedarf es daher konkordatsmäßiger Vereinbarungen zwischen dem Heiligen Stuhl einerseits und der Eidgenossenschaft bzw. den betroffenen Kantonen andererseits.[7]

Das Fürstentum *Liechtenstein* gehört zum Bistum Chur, zwischen dem Heiligen Stuhl und dem Fürstentum besteht kein Konkordat. Es gibt auch keinerlei Mitwirkungsmöglichkeiten des regierenden Fürsten sowie sonstiger staatlicher und kirchlicher Stellen Liechtensteins.[8]

Das Churer Domkapitelwahlrecht

Chur war wie Basel bis 1803 ein reichsständisches Fürstbistum, daher galt auch dort das im Wiener Konkordat 1448 abgesicherte Domkapitelwahlrecht, das jedoch auf eine lange Tradition zurückblicken konnte. Im Spätmittelalter stand der Bischof politisch zwischen dem Haus Österreich (1447 erhielt Friedrich III. das Nominationsrecht für Chur), das ihn als Landesbischof behandeln wollte, und den Dreibünden. Das landesherrliche Nominationsrecht der Habsburger konnte jedoch nicht durchgesetzt werden.

Das Churer Domkapitel blickt auf eine Geschichte von über 1000 Jahren zurück, die erste Erwähnung findet sich im Jahr 940. Ein Wahlprotokoll aus dem Jahre 1237 enthält eine Liste von 24 Mitgliedern, übrigens dieselbe Zahl wie auch heute. Wie in den übrigen deutschen Bistümern bestand vor dem Kapitelwahlrecht, das sich um 1200 durchzusetzen begann, die Wahl durch Klerus und Volk. Nach Auflösung des Deutschen Reiches 1806, der Beendigung der Reichsstandschaft von Chur und nach Untergang des Bistums Konstanz mußten für die Eidgenossenschaft und Chur neue kirchliche Regelungen getroffen werden. Seit 1821 verhandelten die Urkantone (Uri, Schwyz, Ob- und Nidwalden) über einen Anschluß an das Bistum Chur. Das Ziel war ein Bistumskonkordat, wobei den Beteiligten klar war, daß ein solches definitiv nur mit dem Heiligen Stuhl abgeschlossen werden konnte.[9]

Aus verschiedenen Gründen kam es zu einer Unterbrechung der Verhandlungen, die erst mit dem Amtsantritt Papst Leos XII. (28. September 1823) auf Initiative alleine des Kantons Schwyz Ende Juli 1824 wieder in Gang gesetzt wurden. So kam es zu einem Vertrag zwischen dem Bischof von Chur und dem Kanton Schwyz, von dem jedoch beide Vertragspartner wußten, daß der Heilige Stuhl diesen genehmigen müsse. Er wurde dann auch am 3. August 1824 dem Papst zugeleitet. Im § 1 dieser Übereinkunft wurde auch der Vorbehalt einer Genehmigung durch den Papst festgehalten. Der entscheidende § 3 lautet: „Dem Kanton Schwyz werden zwei auswärtige (forenses) Domherren zugeteilt, welche gleiche Rechte und Privilegien genießen wie die alten Domherren forenses, und werden vorzüglich auch zur Wahl eines Bischofs mit gleichen Sitz- und Stimmrechten wie die alten Domherren einberufen."

Am 16. Dezember 1824 erließ Papst Leo XII. hierauf die Bulle „Imposita humilitate Nostrae", mit der die Vereinigung des Kantons Schwyz mit dem Bistum Chur festgelegt wurde. Darin heißt es u. a.: „... Wir beschließen gleichfalls, daß im Kapitel der Kathedralkirche von Chur für den Kanton Schwyz zwei nichtresidierende, sogenannte auswärtige Domherren eingesetzt werden, welche ... besonders zur Wahl des Bischofs mit gleichem Sitz- und Stimmrecht einberufen werden... Was endlich die Wahl des Bischofs von Chur betrifft, ... so beschließen wir, daß selbe nach der gesetzlichen und bis dahin herkömmlichen Übung vom Domkapitel vorgenommen werden sollte..."

Am 25. Januar 1825 wurde diese Bulle dem Schwyzer Landrat vorgelegt, der beschloß, diese „in Vollziehung zu setzen". Das fand dann am 13. Mai 1825 in Schwyz in Anwesenheit des Nuntius und des Bischofs von Chur statt.

Nach Inkrafttreten des CIC 1917, in dem gemeinrechtlich das freie Ernennungsrecht des Papstes durchgesetzt wurde, richtete das Domkapitel von Chur am 4. Januar 1923 eine Anfrage an den Heiligen Stuhl, ob das Wahlrecht weiterhin gültig sei. Die vom Papst bestätigte Entscheidung der Konsistorialkongregation (heute Bischofskongregation) und des Rates für außerordentliche kirchliche Angelegenheiten erfolgte am 6. Dezember 1925 bzw. 4. Januar 1926: „Attentis omnibus, pro nunc nihil esse innovandum quoad electionem Episcopi“ (Es besteht gegenwärtig nicht die Absicht, an der Bischofswahl etwas zu ändern).

Wie wir gesehen haben, war es nach 1918 das Bemühen des Heiligen Stuhles, das freie päpstliche Ernennungsrecht durchzusetzen. In den Konkordaten mit den deutschsprachigen Ländern (PrK, BadK, zum Teil ÖstK) wurde nach oft mühevollen Verhandlungen seitens des Staates der Erhalt des Kapitelwahlrechts, allerdings reduziert auf einen Dreiervorschlag des Heiligen Stuhles, vereinbart. Chur, dessen Position im Vergleich zu Basel und St. Gallen völkerrechtlich am schwächsten ist, wurde diesbezüglich unter Druck gesetzt, sein Kapitel gab schlußendlich am 5. Februar 1943 nach. Im selben Jahr und dann noch 1947 kam es zu einem Notenwechsel zwischen dem Heiligen Stuhl bzw. dem Nuntius und der Regierung des Kantons Schwyz, die immer auf den vertraglichen Charakter des Bischofswahlrechtes aufmerksam gemacht hat. Am 7. März 1947 erteilte sie dann ihre Zustimmung, das Bischofswahlrecht auf einen Dreiervorschlag seitens des Heiligen Stuhles abzuändern. Am 28. Juni 1948 erließ die Konsistorialkongregation das Dekret „Etsi salva“, in dem es u. a. heißt: „In diesem Sinne hat der Heilige Vater, Pius XII., … nach reiflicher Überlegung dem Kathedralkapitel der obgenannten Kirche das Privilegium erteilt, den eigenen Bischof zu wählen aus drei Kandidaten, die ihm vom Apostolischen Stuhl vorgeschlagen werden.“

Wenn auch unter Druck, so erfolgte diese Einschränkung doch im Einvernehmen mit dem staatlichen Vertragspartner und war daher völkerrechtlich korrekt.

Wie ist nun das Domkapitelwahlrecht des Bistums Chur zu bewerten?

1. Zuerst einmal ist festzustellen, daß es sich hierbei um kein Privileg handelt, wie es das Dekret „Etsi salva“ formuliert und u. a. Joseph-M. Bonnemain und Franz Xaver We-

ber behaupten. Die Grundlage dafür ist das seit dem Hochmittelalter bestehende innerkirchliche Recht der Domkapitel, den Bischof zu wählen (siehe S. 23f.). Dieses wurde für den Bereich des „Heiligen Römischen Reiches" im Wiener Konkordat (1448) völkerrechtlich abgesichert, wobei – und das sei betont – damals weder ein neues Recht geschaffen noch ein Privileg erteilt wurde. Mit dem Ende der Reichskirche 1803 und des alten Reiches 1806 fiel zwar der staatliche Partner des Wiener Konkordats weg, aber damit war noch lange nicht das Domkapitelwahlrecht obsolet geworden, das ja innerkirchlich-gewohnheitsrechtlich bereits vor 1448 bestanden hat. Franz Xaver Weber irrt daher, wenn er meint, mit dem Reichsdeputationshauptschluß 1803 sei auch dieses Recht untergegangen.[10] Die völkerrechtliche Absicherung des Domkapitelwahlrechts 1448 hatte u.a. den Zweck, dadurch staatliche Einflüsse (Nominationsbefugnis) abzuwehren.

Der Heilige Stuhl hatte bei den Verhandlungen nach 1815, wie wir gesehen haben, das lebhafte Interesse, das freie Domkapitelwahlrecht im bisherigen vollen Sinne aufrechtzuerhalten. Dies gelang ihm lediglich bei Chur, wo ihm im Vergleich zu Preußen, Bayern, den Oberrheinischen Vertragsstaaten, aber auch im Falle Basel und St. Gallen der schwächste staatliche Vertragspartner (Schwyz) gegenüberstand. Chur besaß nach 1815 als einzige deutschsprachige Diözese ein Kapitelwahlrecht, bei dem es keinerlei staatlichen Einfluß gab und gibt. Die vertraglichen Regelungen von 1824 hatten als Gegenstand das alte geübte Kapitelwahlrecht vor Augen. Das Dekret „Etsi salva" (1948) schränkte dieses Recht lediglich im Hinblick auf den Dreiervorschlag ein, sonst aber in keinem Punkt. Das Domkapitelwahlrecht in Chur ist daher kein Privileg, sondern ein altes kirchliches und ununterbrochen geübtes Gewohnheitsrecht. Umso mehr gilt dies nach Inkrafttreten des CIC 1983, wo im c. 377 die Wahl des Bischofs als Alternative zur freien päpstlichen Ernennung normiert ist.

2. Wie bei den konkordatären Vereinbarungen nach 1815 handelt es sich auch im Fall Chur um eine vertragliche Vereinbarung zwischen dem Heiligen Stuhl und dem Kanton

Schwyz. Gegenstand dieser Vereinbarung waren der Anschluß dieses Kantons an das Bistum Chur und die daraus resultierenden Folgen. Dies geschah in einer konkordatären Vereinbarung, die völkerrechtlich verbindlich ist, auch wenn kein formaler Vertrag zwischen dem Kanton und dem Heiligen Stuhl abgeschlossen wurde. Durch den Erlaß der Bulle am 16. Dezember 1824, den Beschluß des Schwyzer Landrates vom 25. Januar 1825 und durch die Vollziehung am 13. Mai 1825 erlangte diese Vereinbarung in Form von sog. „paktierten Gesetzen" für beide Teile Rechtskraft.[11] Ein in damaliger Zeit üblicher Vorgang, wie wir ihn bei Preußen, Hannover und den Oberrheinischen Vertragsstaaten gesehen haben (siehe S. 42ff.).

Daß die Vereinbarung zwischen dem Kanton Schwyz und dem Bischof von Chur erfolgt ist, mindert in keinem Fall deren Rechtscharakter. Der Linzer Völkerrechtler Heribert Franz Köck bemerkt dazu: „Liegt hingegen die Zustimmung des Heiligen Stuhles vor, so handelt es sich um einen endgültigen, kirchlicherseits lediglich durch ein dezentralisiertes Organ abgeschlossenen Vertrag, also um ein Konkordat. Er bindet Staat und Kirche genauso, als wenn der Abschluß in der üblichen Form erfolgt wäre."[12]

Die Vereinbarung zwischen dem Kanton Schwyz und dem Bischof von Chur, quasi als Machthaber des Heiligen Stuhles, stellt somit einen völkerrechtlichen Vertrag dar, der u.a. das Domkapitelwahlrecht in dem Umfang, wie es 1824 Brauch war, absicherte, das durch eine weitere völkerrechtliche Vereinbarung 1948 lediglich auf das Dreiervorschlagsrecht abgeändert wurde.

Grundlage des Churer Domkapitelwahlrechts ist daher das alte Gewohnheitsrecht sowie die Vereinbarung von 1824 und nicht das Dekret „Etsi salva" (1948).

Die Ernennung eines Koadjutors für das Bistum Chur

Zwischen Weihnachten und Neujahr 1986/87 erklärte der damals im 71. Lebensjahr stehende Bischof von Chur, Johannes Vonderach, in einem privaten Gespräch, daß die Diözese keinen Weihbischof benötige. Es war daher überraschend, als er im März 1987 bei ca. 180 Diözesanmitgliedern (Priestern und Laien) eine Umfrage durchführte, um Namen für einen künftigen Weihbischof (nicht Koadjutor) genannt zu bekommen. Die Mitglieder des Domkapitels waren unter den Befragten, nicht jedoch das Kapitel als Körperschaft.[13]

Ein halbes Jahr hatte man in dieser Angelegenheit nichts mehr vernommen, bis auf einer Sitzung des Domkapitels am 26. Oktober 1987 Bischof Vonderach mitteilte, daß aufgrund einer Information des Berner Nuntius Edoardo Rovida der Heilige Stuhl beabsichtige, nicht nur einen Weihbischof, sondern auch einen Koadjutor mit Nachfolgerecht (c.i.s.) zu ernennen. Darauf reagierte das Domkapitel, das aus sechs residierenden und 18 auswärtigen bzw. nichtresidierenden Mitgliedern besteht. Am 17. November 1987 beschloß es, eine Delegation zum Nuntius zu senden, desgleichen unterzeichneten 21 von 24 Mitgliedern einen Brief an ihn mit dem Ersuchen, bei den zuständigen kurialen Behörden darauf hinzuweisen, daß die Rechtslage die Ernennung eines Koadjutors c.i.s. nicht erlaube und daß eine solche ungünstige pastorale Folgen nach sich ziehen würde. Am 14. Januar 1988 fand dann ein Gespräch zwischen einer Delegation des Kapitels und dem Vertreter des Nuntius, Msgr. Dominique Rézeau, statt, bei dem die schriftliche Eingabe mündlich erörtert wurde. Dieses Gespräch führte im Grunde zu keinem Ergebnis, auf den Brief vom 17. November 1987 erfolgte später auch keine schriftliche Antwort.

Inzwischen wurde der staatliche Vertragspartner des Heiligen Stuhls, der Kanton Schwyz, aufmerksam und wandte sich am 25. Januar 1988 in einem Schreiben an die Nuntiatur, in dem auf die vertraglichen Rechte hingwiesen wurde. Der Eingang des Schreibens wurde am 29. Januar bestätigt, ohne daß dazu inhaltlich Stellung bezogen wurde.

Ende Februar/Anfang März 1988 befand sich Bischof Vonderach in Rom, ein Zusammenhang mit der bevorstehenden Koadjutorenernennung ist nicht auszuschließen.

Am 25. März 1988 wurde in der Berner Nuntiatur dem

Churer Kanzler und Dompönitentiar (Domsextar), dem damals 40jährigen liechtensteinischen Staatsbürger Wolfgang Haas, durch ein Schreiben seine Ernennung zum Weihbischof und Koadjutor c. i. s. mitgeteilt. Es ist daher mehr als merkwürdig, daß am 28. März 1988 Vonderach auf die Anfrage des Priesterrates beteuert hat, er wisse noch nichts über die Ernennung eines Weihbischofs.[14] Am 5. April 1988 hat dann Bischof Vonderach diese Ernennung dem Domkapitel, dem Regierungsrat des Kantons Schwyz und der Öffentlichkeit bekanntgegeben.

Der Regierungsrat des Kantons Schwyz wandte sich am 13. April 1988 erneut an den Nuntius, wobei dem Befremden der Regierung Ausdruck verliehen wurde. Es wurde auf den völkerrechtlichen Charakter des Vertrages von 1824 verwiesen und festgestellt, daß zum Schreiben vom 25. Januar inhaltlich nicht Stellung genommen wurde. „Stattdessen werden wir mit vollendeten Tatsachen konfrontiert. Wir fühlen uns durch dieses Vorgehen ... brüskiert..." Der Eingang dieses Schreibens wurde am 18. April bestätigt, der dabei vertretene Rechtsstandpunkt wurde vom Regierungsrat in einem weiteren Schreiben vom 27. April 1988 als unzutreffend zurückgewiesen.

Am 15. April 1988 reichte Kantonsrat Toni Dettling ein dringliches Postulat zur Ernennung des neuen Weihbischofs und Koadjutors der Diözese Chur ein, womit die ganze Angelegenheit nun auch eine parlamentarische Behandlung erfuhr. Aufgrund dieses Postulats kam der Regierungsrat am 10. Mai (Regierungsratsbeschluß Nr. 798) zu der Erkenntnis, daß mit dieser Ernennung staatsvertragliche Abmachungen verletzt wurden. In einer außerordentlichen Kantonsratssitzung am 19. Mai 1988 wurde dann dieses Postulat mit 79 gegen 3 Stimmen für erheblich erklärt.

Inzwischen fand am 25. April eine Sitzung des Domkapitels statt, auf der die Wahrung seiner Rechte beschlossen wurde. Die Bischofsweihe am Pfingstsonnntag, dem 22. Mai 1988, vollzog sich unter teils spektakulären Umständen (sog. „Menschenteppich"), wie überhaupt diese Vorgänge nicht nur die kirchliche Öffentlichkeit bewegten. Noch am selben Tag hat Wolfgang Haas gem. c. 404 § 1

CIC von seinem Amt als Koadjutor c.i.s. Besitz ergriffen, wobei er dem Diözesanbischof und dem Konsultoren-Kollegium,[15] das nicht vollständig versammelt war, das Schreiben des Nuntius, in dem die Ernennung eröffnet wurde, vorgezeigt hat. Darüber ist ein Protokoll angefertigt worden. Das offizielle Ernennungsschreiben hat zu diesem Zeitpunkt nicht vorgelegen, es langte erst später ein und wurde bislang auch nicht im amtlichen Teil der *Schweizerischen Kirchenzeitung* veröffentlicht.

Am 16. August 1988 wurde der Schwyzer Staatskanzlei ein Schreiben des Berner Nuntius Rovida zugeleitet, in dem die Auffassung vertreten wurde, daß die Ernennung eines Koadjutors Sache des Heiligen Stuhles sei. Dieser Stellungnahme lag auch ein Auszug aus einem Brief des Staatssekretariats vom 23. März 1957 sowie ein Brief an den damaligen Churer Bischof Caminada vom 26. März 1957 bei. Da nicht klar war, ob sich damit der Heilige Stuhl geäußert hatte, wandte sich der Regierungsrat erneut mit Schreiben vom 12. September 1988 an den Nuntius, der in einer Antwort am 19. September mitteilte, daß er auf Anweisung höherer Instanzen geantwortet hätte.

Am 14. November 1988 reichte außerdem Kantonsrat Otto Kümin eine Interpellation betreffend die Beiträge an die Verwaltung des Bistums Chur ein, die am 29. November beantwortet wurde. Aufgrund der Vereinbarungen leisten der Kanton Schwyz und die in ihm sich befindlichen Gemeinden erhebliche Beiträge an das Bistum.

Anfang des Jahres 1989 war eine Delegation des Domkapitels in Rom, am 27. Januar 1989 erfolgte darauf eine Antwort vom Sekretär des Rates für öffentliche Angelegenheiten der Kirche, Erzbischof Angelo Sodano, an den Domdekan. Darin heißt es, daß alles in Respektierung der geltenden kanonischen Normen durchgeführt wurde, ohne daß – seitens des Heiligen Stuhles – in irgendeiner Weise das Privileg des Churer Domkapitels, den Diözesanbischof sede vacante zu wählen, verletzt worden wäre. Das Problem sei nicht mehr so sehr juridischer Natur, sondern besitze vielmehr pastoralen Charakter.

Im Gegensatz zum Kölner Rosenmontagszug 1989, bei

dem eine witzige Figur des soeben ernannten Kölner Erzbischofs, Joachim Kardinal Meisner, mitgeführt wurde, wofür sich dieser beim Gestalter bedankte, fiel die Kritik in der „Churer Fastnacht“ schärfer aus. Das Motto des Zuges lautete „Hasapfeffer“ (Dialektausdruck für ein Wildgericht). Es gab Plaketten und Embleme mit einem durch Brille und Bischofsmütze verfremdeten „Playboy-Hasen“.[16]

Am 23. Mai 1989 übermittelte der Schwyzer Regierungsrat dem Kantonsrat einen 29seitigen Bericht über die Ernennung von Weihbischof Haas. Darin wird nicht nur die bisherige Entwicklung geschildert, sondern auch die Rechtsauffassung des Kantons dargelegt, daß durch die Ernennung eines Koadjutors c. i. s. vertragliche Rechte verletzt worden seien. Da die bisherigen Schritte, nämlich die Korrespondenz zwischen Regierungsrat und Nuntius, nicht befriedigend waren, beschloß jener am selben Tag gemäß Art. 10 der Schweizer Bundesverfassung, den Bundesrat zu ersuchen, beim Heiligen Stuhl vorstellig zu werden, um auf die Einhaltung der vertraglichen Rechte hinzuwirken. Dabei sei zu verlangen, daß das Bischof Haas verliehene Nachfolgerecht zurückgenommen werde. Der Regierungsrat stellte auch fest, „daß durch die Vorgänge um die Ernennung eines Koadjutors für das Bistum Chur die traditionell guten Beziehungen zwischen Kanton Schwyz und Bistum Chur getrübt worden sind. Bis zu einer befriedigenden Lösung der Angelegenheit kann und wird der Regierungsrat nicht zur Tagesordnung übergehen.“

Nach einer Information des Staatsschreibers des Kantons Schwyz, Peter Gander, am 21. Dezember 1989 ist in dieser Angelegenheit das Schweizer Departement für Auswärtige Angelegenheiten an den Berner Nuntius herangetreten. Ein hoher Beamter des Departements war in anderer Angelegenheit im Sommer in Rom und sprach dabei auch im Staatssekretariat vor, wo man ihm den bisherigen Standpunkt verdeutlichte. Eine offizielle Antwort des Heiligen Stuhles auf die Note des Departements erfolgte am 11. November 1989 über die Berner Nuntiatur, wobei im Prinzip der Standpunkt vom 16. August 1988 wiederholt wurde. Der Regierungsrat des Kantons Schwyz hat über eine weitere Vorgangsweise noch nicht entschieden (siehe auch *Vaterland*, 15. 12. 1989).

Seit dem Bekanntwerden der Ernennung von Bischof Haas kam und kommt es zu Kritik am Verhalten des Heiligen Stuhles sowie an der Person des Weihbischofs. Spektakulär war zweifellos der bereits erwähnte sog. „Menschenteppich“ am Tag der Weihe, aber auch andere Protestformen finden das Interesse der Öffentlichkeit, wie etwa die Verweigerung der Firmspendung durch Haas u. a.[17]

Verletzt die Ernennung eines Koadjutors vertragliches Recht?

Neben der Diskussion um den völkerrechtlichen Charakter der Vereinbarung zwischen dem Heiligen Stuhl und dem Kanton Schwyz aus dem Jahr 1824 ist vor allem die Frage nach der Rechtmäßigkeit der Ernennung eines Koadjutors der wohl wichtigste Punkt der Auseinandersetzungen. Vorab scheint es nützlich, die historische Entwicklung sowie die derzeitige Rechtslage des bischöflichen Koadjutors mit dem Recht der Nachfolge (c. i. s.) kurz zu streifen.[18]

Schon im Altertum gab es bischöfliche Gehilfen, deren Bestellung sich in derselben Weise vollzog wie jene der Diözesanbischöfe, also durch Wahl seitens des Klerus und des Volkes, in späterer Zeit dann durch andere Wahlgremien, wie ab dem Hochmittelalter durch das Domkapitel. Mit der Ausgestaltung der päpstlichen Gewalt kam die Ernennung dieser Hilfsbischöfe immer mehr in die Hand des Papstes, aber zunächst weniger dadurch, daß die Päpste sich dieses Ernennungsrecht reservierten, als dadurch, daß sich einzelne Diözesen an den Heiligen Stuhl um Abhilfe wandten. Schon früh bildete sich die Verleihung des Rechts der Nachfolge heraus. Der CIC 1917 normierte dann das freie päpstliche Ernennungsrecht für Koadjutoren c. i. s.

Im CIC 1983 wird die Bestellung von Auxiliarbischöfen und Koadjutoren im c. 403 geregelt. Der § 2 lautet: „Bei Vorliegen schwerwiegender Umstände, auch persönlicher Art (gravioribus in adiunctis, etiam indolis personalis), kann dem Diözesanbischof ein Auxiliarbischof gegeben werden, der mit besonderen Vollmachten ausgestattet ist.“ Dazu ergänzt § 3: „Sollte es dem Heiligen Stuhl zweckmäßiger erscheinen, kann er von Amts wegen einen Bichofskoadjutor ernennen, der ebenfalls mit besonderen Vollmachten ausgestattet ist; der Bischofskoadjutor hat das Recht der Nachfolge.“

Die Bestellung eines Koadjutors c. i. s. hat nur bei Vorliegen schwerwiegender Umstände, auch persönlicher Art, zu erfolgen. Aus der Ernennungsurkunde für Bischof Haas geht hervor, daß Bischof Vonderach um die Ernennung eines Koadjutors (nicht Weihbischofs!) angesucht hat. Sie erwähnt aber keinen schwerwiegenden Grund für diese Maßnahme und auch nicht die Art der besonderen Vollmachten, mit denen der Koadjutor ausgestattet ist. Neben dem Fehlen der offiziellen Ernennungsurkunde (siehe oben) bei der Weihe und Inbesitznahme ist das der zweite Formfehler bei der Ernennung von Bischof Haas.

Die Einschätzung der physischen wie psychischen Schaffenskraft des residierenden Bischofs Vonderach ist natürlich eine subjektive Ermessenssache. Trotzdem waren ab der Jahreswende 1986/87 keine solchen Gründe erkenntlich, die die Ernennung eines Koadjutors c. i. s. gerechtfertigt hätten. Es liegt daher der Schluß nahe, daß Vonderach selber um einen Koadjutor angesucht hat.

Wie bereits vermerkt, ist durch eine Reform nach dem II. Vatikanischen Konzil der Rücktritt eines Bischofs mit der Erreichung des 75. Lebensjahres (oder später) die Regel und die Ernennung eines Koadjutors c. i. s. noch mehr Ausnahme geworden. Wenn der Heilige Stuhl trotzdem zur Ernennung eines solchen schreitet, so erhält dies bei Diözesen mit Domkapitelwahlrecht den Beigeschmack, daß dieser das Wahlrecht, aus welchen Motiven auch immer, umgehen möchte. Die Gerüchte im Jahr 1986 um einen Koadjutor für Köln (siehe S. 126) sowie solche Ende Oktober 1989 um einen Koadjutor für Essen erhärten diese Vermutung.[19]

Wichtig für die rechliche Beurteilung im Falle Chur ist der historische Befund im deutschen Sprachraum. Dazu Philipp Hofmeister: „Da das Wiener Konkordat den deutschen Kapiteln das Wahlrecht zusicherte, blieb ihnen auch das Recht, den etwaigen Koadjutor zu wählen, erhalten, ein Recht, das der Heililge Stuhl, mehrfach dadurch bestätigte, daß er die Kapitel zur Wahl der Koadjutoren aufforderte."[20] Das Domkapitelwahlrecht der alten Reichskirche, damit auch Churs, umfaßte somit auch das Recht zur Wahl eines Koadjutors c.i.s. Gerade in dieser vom Adel beherrschten Zeit wäre jegliche andere Regelung, eine päpstliche Ernennung etwa, undenkbar gewesen. Dieses umfassende Kapitelwahlrecht (für Bischof und Koadjutor) blieb auch nach 1803, wie wir gesehen haben, bestehen, denn das Wiener Konkordat schaffte ja nicht neues Recht, sondern sicherte es zum Schutz der Kirche nur völkerrechtlich ab.

In den Konkordaten und konkordatären Vereinbarungen nach 1815 für die deutschsprachigen Länder fehlt der Begriff Koadjutor. Bis 1918 nominierten bei Notwendigkeit sowohl der Kaiser von Österreich (Franz X. Nagl für Wien) als auch der König von Bayern (Johann Michael Sailer für Regensburg und Karl August Graf von Reisach für München) die Koadjutoren. Das vom Papst verliehene landesfürstliche Nominationsrecht bezog sich daher, ohne es ausdrücklich zu vermerken, auch auf die Koadjutoren.

Bei den Verträgen mit Preußen, Hannover und den Oberrheinischen Vertragsstaaten wurde, abgesehen vom Einfluß des Staates, das Domkapitelwahlrecht im bisherigen Umfang vereinbart. Dabei war auch das Koadjutorenwahlrecht miteingeschlossen. Denn bei den einzigen Fällen Johannes von Geissel (Köln, 1941) und Wilhelm Reiser (Rottenburg, 1866) kam es jeweils zu einer Verständigung mit dem staatlichen Vertragspartner und bei Reiser sogar mit dem Kapitel, so daß die päpstliche Ernennung völkerrechtlich korrekt gewesen ist.[21] Auch bei der Ernennung von Kaspar de Carl ab Hohenbalken zum Koadjutor von Chur (1843) erteilte das Kapitel seine Zustimmung.

In den Konkordaten nach 1918, die ein Kapitelwahlrecht vorsehen (PrK, BadK, ÖstK für Salzburg), wird jeweils die Ernennung eines Koadjutors durch den Papst festgelegt (Art. 7 PrK; Schlußprotokoll zu Art. III/1 BadK; Art. IV § 2 ÖstK). Somit ist die freie päpstliche Ernennung der Koadjutoren c.i.s. in diesen Ländern völkerrechtlich abgesichert. Eine Signatur stellt nach Philipp Hofmeister die Ernennung von Anton Gisler zum Koadjutor für Chur (1928) dar: „Wir sehen daraus deutlich, daß nunmehr der Heilige Stuhl, wo es irgendwie möglich ist, den Standpunkt zu vertreten sucht, daß bei Ernennung eines Koadjutors etwaige Rechte Dritter bei der Bestellung des Diözesanbischofs auszuschließen sind."[22]

Die Ernennung von Wolfgang Haas zum Koadjutor c.i.s. löste nicht nur Konflikte innerhalb der Diözese Chur sowie zwischen dem Kanton Schwyz und dem Heiligen Stuhl aus. Es entstand, wie erwähnt, auch eine grundsätzliche Diskussion, die zwei Punkte berührte. Da war einmal die Frage, ob die Vereinbarung zwischen dem Kanton Schwyz und dem Bischof von Chur 1824 ein völkerrechtlicher Vertrag mit all seinen Konsequenzen ist, und zweitens, was dieser Vertrag beinhaltet, welchen Umfang das Domkapitelwahlrecht hat, d.h. ob die Wahl eines Koadjutors inkludiert ist.

An dieser grundsätzlichen Diskussion beteiligten sich in der Hauptsache Rechtsanwalt Franz Xaver Weber, Bundesrichter Giusep Nay, der Luzerner alt Regierungsrat Walter Gut sowie der Churer Offizial Joseph-M. Bonnemain mit Studien und Veröffentlichungen.[23] Neben diesen Veröffentlichungen sind noch die Standpunkte des Kantons Schwyz sowie des Heiligen Stuhles zu berücksichtigen.

Der Freiburger Rechtsanwalt Weber meint, daß die Vereinbarung von 1824 kein Konkordat sei und daß sich das Bischofswahlrecht nicht auf die Koadjutoren bezog. Folglich ist für ihn dieses Recht einzig und allein ein innerkirchliches Privileg, dessen Rechtsgrundlage nunmehr das Dekret von 1948 ist. Seiner Meinung nach waren die Mitbestimmungsrechte des Kapitels weder Inhalt des Bistumsvertrages noch der Bulle, so daß bei der Ernennung von Wolfgang Haas keine Rechte verletzt wurden.

Als erster replizierte darauf Bundesrichter Giusep Nay. Er geht auf die Frage ein, ob nicht durch eine päpstliche Koadjutoren-Ernennung das Bischofswahlrecht des Domkapitels weitgehend illusorisch wäre. In der Tat verblüfft der Blick auf die Geschichte des Bistums Chur seit 1918. Anton Gisler wurde 1928 am Domkapitel vorbei zum Koadjutor ernennt, starb aber, bevor er Residentialbischof wurde. An seine Stelle wurde 1932 Laurenz Mathias Vincenz zum Koadjutor ernannt, der dann noch im selben Jahr die Nachfolge von Georg Schmid von Grüneck antrat. 1941 wurde als bisher letzter Christian Caminada vom Kapitel frei (ohne Dreiervorschlag) zum Bischof gewählt. Er erhielt dann 1957 Johannes Vonderach zum Koadjutor und dieser nun Wolgang Haas. Dies ist wohl ein Rekord an Koadjutoren im deutschen Sprachraum in relativ kurzer Zeit.

Im Frühjahr 1989 legt der Luzerner alt Regierungsrat Walter Gut seine ungedruckte Studie vor, die versucht, die staatskirchenrechtliche wie auch kirchenrechtliche Lage im Hinblick auf Chur zu analysieren. Er begründet seine Meinung, daß das Vertragswerk von 1824 und die darauf basierende Bulle eine völkerrechtliche Abmachung sind, und führt den Gedanken von Giusep Nay weiter: „Die Ernennung eines Bischofskoadjutors nimmt eine spätere (ordentliche) Bischofswahl vorweg. Sie verunmöglicht es dem Domkapitel, bei Eintritt der Sedisvakanz (durch den Tod oder Amtsverzicht des amtierenden Diözesanbischofs) das ihm ... zuerkannte ... Wahlrecht auszuüben.“ Was den Begriff „sede vacante“ im Dekret „Etsi salva“ (1948) betrifft, so vertritt er die Meinung, die bereits oben (siehe S. 172f.) angeführt wurde.

Am 31. Mai 1989 erschien die ebenfalls unveröffentlichte Studie des Churer Offizials Joseph-M. Bonnemain, die voll und ganz den Standpunkt des Heiligen Stuhles vertritt. Für ihn ist das Dekret „Etsi salva“ (1948) die einzige Rechtsquelle des Kapitelwahlrechts, das er als Privileg definiert. Im Prinzip führt er den Standpunkt von Franz Xaver Weber weiter und versucht ihn zu vertiefen.

Der Nuntius gab im Auftrag des Heiligen Stuhles in einem Schreiben an den Kanton Schwyz vom 16. August 1988 seine Position bekannt. Nach ihm hätte die Bulle des Jahres 1824 lediglich den beiden Schwyzer Domherren die gleichen Rechte, also auch die der Bischofswahl, zugesichert. Im übrigen ist für ihn das Dekret „Etsi salva“ (1948) die einzige Rechtsquelle des Bischofswahlrechts, das als Privileg bezeichnet wird und sich nicht auf die Wahl des Koadjutors bezieht.[24]

Der Kanton Schwyz steht auf dem Standpunkt, daß das Bischofswahlrecht dem Churer Domkapitel seitens des Heiligen Stuhls vertraglich zugesichert wurde und schließt sich im Prinzip der Auffassung von Walter Gut an, wenn er feststellt: „Mit anderen Worten könnte der Heilige Stuhl das Wahlrecht des Domkapitels vollends aushöhlen, indem er immer einen Koadjutor in ‚Reserve' hält. Daß auf einer solchen Basis Völkerrechtssubjekte nicht miteinander verkehren können, ist offenkundig."[25]

In diesem Zusammenhang ist der Beschluß der Diözesankonferenz des Bistums Basel[26] vom 7. September 1989 bemerkenswert. Dort heißt es unter Punkt 2: „Art. 12 Abs. 1 des Konkordats statuiert das Recht des Domkapitels, aus der Diözesangeistlichkeit den Bischof zu wählen. Die Ernennung eines Koadjutors, das heißt eines Weihbischofs mit Nachfolgerecht, durch den Heiligen Stuhl würde dieses Recht mißachten. Denn der Koadjutor wird bei Eintritt der Sedisvakanz sogleich ordentlicher Bischof, ohne daß das Domkapitel, sein Recht ausüben konnte. Die Ernennung eines Koadjutors würde gegen das Konkordat verstoßen."[27]

Faßt man also die rechtliche Diskussion um die Ernennung eines Koadjutors zusammen, so kann man festhalten:

1. Als erstes ist einmal die Bewertung der Vereinbarung von 1824 zwischen dem Bistums Chur und dem Kanton Schwyz entscheidend. Die Argumentation, daß es sich hierbei um einen völkerrechtlichen Vertrag handelt, in dem auch allgemein das Bischofswahlrecht des Domkapitels festgehalten wurde, ist die zutreffendere.

2. Das bezieht sich auch auf den Umfang des Bischofswahlrechtes, wie es 1824 festgelegt wurde. Aufgrund der historischen Entwicklung in der Reichskirche, zu der Chur bis 1803 gehörte, war damit auch das Recht zur Wahl eines Koadjutors c.i.s. miteingeschlossen. Die Beispiele im deutschen Sprachraum bis 1918 zeigen, daß Koadjutoren immer im Einvernehmen mit den staatlichen Vertragspartnern oder sogar des Domkapitels, also völkerrechtlich korrekt, vom

Papst ernannt worden sind. Auch das landesfürstliche Nominationsrecht (Österreich und Bayern) schloß die Koadjutoren-Ernennung mit ein, obwohl eine solche in den betreffenden Konkordaten oder Privilegien nie ausdrücklich erwähnt wurde.

3. Das bedeutet, daß – wenn nicht anders vermerkt (etwa im PrK, BadK und ÖstK) – die Ausübung der Bischofsbestellung von einer anderen Instanz als durch den Papst auch die des Koadjutors c. i. s. beinhaltet, egal ob dies nun auf einem völkerrechtlichen Vertrag oder einem Privileg beruht.

4. Wenn man also die Vereinbarung von 1824 als solchen Vertrag annimmt, dann stellt das Dekret „Etsi salva" (1948) lediglich eine innerkirchliche Durchführungsbestimmung einer völkerrechtlich einvernehmlichen Regelung dar. Sie ist nicht die Rechtsquelle des Churer Bischofswahlrechts, sondern setzt nur das Ergebnis der Verhandlungen um, nämlich lediglich die Einschränkung auf einen römischen Dreiervorschlag. Daß dort das Bischofswahlrecht als „Privileg" bezeichnet wird, ist völkerrechtlich unerheblich. Die Geschichte zeigt, daß der Heilige Stuhl gerne diese Begriffe gebraucht, um andere Formen der Bischofsbestellung als die durch den Papst zu definieren. Es ist auch hinlänglich klargelegt worden, daß das Bischofswahlrecht des Churer Kapitels kein Privileg ist, sondern auf altes kirchliches Recht zurückgeht.

5. Wenn in Verträgen die Bestellung eines Koadjutors nicht ausdrücklich dem Heiligen Stuhl vorbehalten ist (PrK, BadK, ÖstK), dann ist auch – unabhängig von den oben erwähnten Argumenten – die Auffassung von Walter Gut und vom Kanton Schwyz erheblich, daß nämlich durch die Ernennung eines Koadjutors c. i. s. das Wahlrecht „verunmöglicht" wird.

Folgt man also diesen Argumentationen, dann ist nicht nur die Ernennung von Wolfgang Haas zum Koadjutor c. i. s. vertragswidrig, dann waren es möglicherweise auch die von Anton Gisler, Laurenz Mathias Vincenz und Johannes Vonderach.

Zum Abschluß ist noch zu bemerken, daß im Gegensatz

zu den übrigen Konkordaten für Deutschland, Österreich und die Schweiz in Chur die Sachlage nicht so klar und logisch einsichtig ist, was ja schlußendlich auch zu den Diskussionen und unterschiedlichen Meinungen hinsichtlich der Ernennung von Wolfgang Haas geführt hat. Ob aber das Bild, das die Kirche dabei in der Öffentlichkeit bietet, ihrem ureigensten Zweck und ihrer Aufgabe dienlich ist, bleibt dahingestellt.

Wie kann die Zukunft aussehen?

Eine größere Mitbestimmung der Ortskirche kann nur über eine konkordatäre Absicherung erfolgen

Rufen wir uns nochmals die geltende Rechtslage in Erinnerung:

1. Innerkirchlich wird die Bischofsbestellung in c. 377 des CIC von 1983 geregelt. Der Papst ernennt die Bischöfe frei oder bestätigt die rechtmäßig Gewählten. Unabhängig von der Sedisvakanz gibt es ein mindestens dreijähriges Vorschlagslistenverfahren (absolutes) und dann im konkreten Erledigungsfall nochmals ein solches (relatives), wobei nur Bischöfe einer Kirchenprovinz bzw. einer Bischofskonferenz dazu berechtigt sind. Der Heilige Stuhl ist an diese Liste jedoch nicht gebunden (siehe S. 113 f.).

2. In den deutschsprachigen Ländern gibt es von den 40 in Frage kommenden Diözesen bei zwei (Basel, St. Gallen) ein freies Kapitelwahlrecht, bei 17 ein Kapitelwahlrecht aufgrund eines päpstlichen Dreiervorschlags (nach dem PrK für die Kirchenprovinzen Köln und Paderborn sowie für das Bistum Berlin; nach dem BadK Freiburg; nach dem RK für Rottenburg–Stuttgart, Mainz und Meißen; nach dem ÖstK für Salzburg; aufgrund eines Gewohnheitsrechtes für Chur). Bei den übrigen 21 Diözesen kommt das freie päpstliche Ernennungsrecht in Anwendung, das sind die restlichen österreichischen und schweizerischen, dann die bayerischen Diözesen sowie Bozen–Brixen und Luxemburg.

Wir haben gesehen, wie im historischen Verlauf der Heilige Stuhl, aus welchen Motiven auch immer, das freie päpstliche Besetzungsrecht in Anspruch genommen und durchzusetzen versucht hat, bis es als solches im CIC von 1917 gemeinrechtlichen Eingang fand.

Der CIC von 1983 normiert im c. 377 § 1 in syntaktisch gleichberechtigter Form neben der päpstlichen Ernennung auch die Wahl. Dies ist ein deutlicher Fortschritt gegenüber 1917, denn somit ist eine Bischofswahl, in welcher Form auch immer, eine rechtliche Möglichkeit auf dem Boden des CIC von 1983 und kein Privileg bzw. die Anerkennung eines Gewohnheitsrechtes! Dies ist mit aller Deutlichkeit im Auge zu behalten, denn in den jüngsten Diskussionen um die Vorgänge in Köln und in Salzburg wird oft von „konservativen" Vertretern die freie päpstliche Ernennung quasi als „göttliches Recht" hochstilisiert und jedes Abgehen davon (z. B. durch eine Wahl) als „Demokratisierung der Kirche", die ihrem hierarchischem Wesen fremd ist, abgelehnt.

Die verschiedenen Durchführungsbestimmungen für die Lateinische Kirche, die allerdings vor 1983 erlassen wurden, beziehen sich jedoch lediglich auf das päpstliche Ernennungsrecht (siehe S. 113 f.). Es wäre aber gleichwohl denkbar, daß der Heilige Stuhl in ähnlicher Form Durchführungsbestimmungen für die Wahl eines Bischofs aufgrund des c. 377 § 1 erläßt. Eine Reform des Bischofsbestellungsverfahrens, die darauf abzielt, den Teilkirchen in Form von Wahlen mehr Mitsprache zu gewähren, ist auf dem Boden des geltenden Kirchenrechts auf dem Durchführungsverordnungswege kein Problem und jederzeit möglich!

In welchen Diözesen nun das päpstliche Ernennungsrecht und in welchen die Wahl (unabhängig von Konkordatsbestimmungen) gilt, das hat nach gegenwärtigem Kirchenrechtssystem und nach dem Sinn dieses c. 377 § 1 allein der Gesetzgeber des CIC, nämlich der Papst, zu entscheiden. Insofern hätte die Festlegung, in welchen Diözesen gewählt wird, doch einen gewissen Privilegiencharakter.

Diese Alternation zwischen Ernennung und Wahl ist aus praktischen, ja sogar politischen Gründen notwendig. Es wird ja wohl wenig Sinn haben, wenn der Heilige Stuhl in Ländern mit kaum vorhandener demokratischer Kultur oder sogar mit kirchenfeindlichen Diktaturen, welcher Art auch immer, eine Wahl konzediert, wenn die Gefahr außerkirchlicher und politischer Einflußnahmen besteht. Leider Gottes leben die meisten Menschen der Welt, auch die Katholiken, noch immer in solchen Staaten, wie der Blick auf die politischen Realitäten verrät.

Die Erteilung des Wahlrechts kann daher nur für Diözesen in jenen Staaten sinnvoll sein, die ein gefestigtes politisches, soziales und wirtschaftliches System, basierend auf einer freiheitlich-demokratischen Grundordnung, aufweisen. Und diese lassen sich leider noch immer in fünf oder sechs Händen aufzählen. Man braucht auch kein besonderer Prophet zu sein, wenn man eine dahingehende innerkirchliche Entwicklung zumindest für das gegenwärtige Pontifikat ausschließt. Die bisherige Erfahrung lehrt, daß nur Druck von außen oder unten hier etwas zu bewegen vermag.

Die Kirche besitzt ein absolutistisches Rechtssystem, wie bereits anderwärtig betont wurde, d.h. oberste Gesetzgebung, Rechtsprechung und Verwaltung sind in einer Hand, nämlich der des Papstes, vereint, der jederzeit praeter und contra legem (CIC) entscheiden kann, wie Beispiele zeigen.[1] Die im freiheitlich-demokratischen Verfassungsstaat selbstverständliche Rechtssicherheit bzw. Rechtsstaatlichkeit kann daher so ohne weiteres nicht auf das Kirchenrechtssystem übertragen werden.

Aus diesen Gründen kann auch für einen weiteren Zeitraum aufgrund der historischen wie aktuellen Erfahrung ein Bischofswahlrecht nur konkordatär, d. h. völkerrechtlich durchgesetzt und abgesichert werden.

Damit entsteht für den Staat eine schwierige Situation, denn demnach würde ihm die Aufgabe zufallen, gegenüber dem Heiligen Stuhl Mitbestimmungsrechte eines mehr oder minder großen Teils seiner Bürger, der Katholiken, durchzusetzen und abzusichern. Eine Legitimation dafür ist zwar dann leichter, wenn es um Bewahrung langer historischer Traditionen (wie etwa beim PrK oder im ÖstK im Fall Salzburg) geht, doch bei der Durchsetzung eines neuen Wahlrechts wird es schwierig.

Diese Frage kann im Hinblick auf einen weltanschaulich neutralen demokratischen Verfassungsstaat nicht so leicht beantwortet werden und würde wahrscheinlich zu langen politikwissenschaftlichen Diskussionen führen. Aber ist es andererseits nicht auch die Pflicht des Staates, wenn bei einem beträchtlichen Teil seiner Bürger ein dahingehender Wunsch besteht, diesen auch völkerrechtlich durchzusetzen? Es geht ja nicht um Mitwirkungsrechte des Staates bei der Bischofsbestellung, sondern um die seiner katholischen Bürger.

Eine andere Frage ist, ob Bistumseinteilung und Bischofsbestellung aus der Sicht des Staates und der Kirche konkordatär geregelt werden sollen bzw. müssen. Dies ist aus mehreren Gründen zu bejahen. Es geht einmal, um eine völkerrechtliche Sicherheit der Kirche, daß es auf einem bestimmten Staatsgebiet die vereinbarten Diözesen gibt, nicht auch zuletzt deshalb, damit sie die staatliche Rechtspersönlichkeit erhalten. Weiters besteht damit für die Kirche auch die Sicherheit, daß sich der Staat jedweder Mitwirkungsmöglichkeit im Bestellungsverfahren enthält.

Auch für den Staat ist es wichtig zu wissen, welche Diözesen sich auf seinem Gebiet befinden. Wir haben in der Schweiz den Art. 50 Bundesverfassung, wonach nur nach Zustimmung des Bundes Diözesen errichtet werden dürfen, und in Art. 137 WRV, der auch in der Bundesrepublik gilt, genießen die Religionsgesellschaften staatliche Rechtspersönlichkeit. Es ist daher richtig und vernünftig, wenn die Religionsgesellschaften durch Verträge (Konkordate, Kirchenverträge bei der Evangelischen Kirche) die Zirkumskription zum Gegenstand der Vereinbarungen machen.

Beim Bestellungsverfahren kommt neben der bereits erwähnten Absicherung der Kirche gegenüber dem Staat noch ein weiteres Moment hinzu. Art. 137 Abs. 3 WRV lautet: „Jede Religionsgesellschaft ordnet und verwaltet ihre Angelegenheiten selbständig innerhalb der Schranken des für alle geltenden Gesetzes." Art. 15 StGG (Österreich) lautet auszugsweise: „Jede gesetzlich anerkannte Kirche ... ordnet und verwaltet ihre inneren Angelegenheiten selbständig, ... ist aber, wie jede Gesellschaft, den allgemeinen Staatsgesetzen unterworfen." Beide Bestimmungen gehen historisch auf § 147 Abs. 1 der „Frankfurter Paulskirchenverfassung" von 1849 zurück. Die Schweiz kennt keine derartige Bestimmung.

Zwei Momente finden sich in diesen beiden Grundrechtsbestimmungen:

1. Das Recht der Kirchen, ihre Angelegenheiten autonom zu verwalten.

Vor allem aus dem Kontext des Art. 137 WRV geht hervor, daß im Sinne des Verfassungsgesetzgebers unter Kirche weniger das Völkerrechtssubjekt Heiliger Stuhl, sondern eher die auf das Staatsgebiet bezogene öffentlichrechtliche Körperschaft (Abs. 5) gesehen wird. Es kann sich daher die Frage stellen, ob bei einem Fehlen eines Konkordats, das die Bischofsbestellung regelt, das freie päpstliche Besetzungsrecht (eine „auswärtige Macht" also) nicht ein Verstoß gegen Art. 137 WRV wäre.

2. Der Rechtsvorbehalt, daß die Kirchen den allgemeinen Gesetzen unterworfen sind.

Ein Zusammenhang zwischen einer staatlichen demokratischen Grundordnung und der Folgerung für den inneren Aufbau der Kirchen wird zwar in der Literatur weitgehend nicht gesehen[2], jedoch kann dies unter gewissen Umständen[3] doch Bedeutung erlangen, so daß auch in diesem Fall die völkerrechtliche Absicherung des Bischofsbestellungsverfahrens von Vorteil ist.

Eine andere Frage ist, ob es in absehbarer Zukunft zu Konkordatsabschlüssen im deutschsprachigen Raum kommt.

Dagegen spricht, daß seitens eines weltanschaulich neutralen Staates und im Zuge einer weiter zunehmenden säkularisierten Gesellschaft von dort kaum Anstöße zu einem Konkordat kommen werden. Eine Schwierigkeit besteht darüber hinaus beim RK aus deutschlandpolitischen Gründen, die auch beim PrK hinsichtlich der Zirkumskription gelten.

Auf der *positiven Seite* stehen folgende Argumente:

1. So wie es nach 1815 und nach 1918, also nach weitreichenden politischen Umwälzungen, zu Konkordatsab-

schlüssen gekommen ist, müßte es auch nach 1945 zu solchen kommen.

2. Die Diskussion um eine Neu-Zirkumskription der Schweizer Diözesen (siehe S. 179f.) hat auf jeden Fall Konkordate (Bund, Kantone) zur Folge, wenn es dazu kommen sollte.

3. Die Rechtsgültigkeit des RK wie des ÖstK wurde zwar geklärt (siehe S. 101 und 103), doch bleibt an ihnen trotzdem der Makel einer fehlenden parlamentarischen Ratifizierung hängen.

4. Die staatlichen Vertragspartner für das PrK und das BadK sind entfallen.

5. In allen Konkordaten werden Materien behandelt, die aufgrund der politischen wie gesellschaftlichen Umwälzungen als längst überholt gelten.

Erweitertes Domkapitelwahlrecht – Ein Modell für die Zukunft?

Seit den späten sechziger Jahren wurde im deutschsprachigen Raum nicht nur allgemein-theoretisch über eine „Demokratisierung" der Kirche nachgedacht (siehe S. 109f.), sondern es wurden auch praktische Versuche und Vorschläge gemacht, wie ein breiterer Kreis von Katholiken einer Diözese (Klerus und Laien) in die Meinungsbildung über die Bestellung eines Bischofs einbezogen werden kann.[4]

In Holland kam es anläßlich der Neubesetzung des Bistums s'Hertogenbosch 1966 zu einer breitgestreuten Umfrage in der Diözese über Eigenschaften und Namen eines künftigen Bischofs. Diesem Beispiel folgten bald darauf u.a. die Diözesen New York, Speyer, Münster und Graz–Seckau mit jeweils unterschiedlichen Formen. Wie weit diese Ergebnisse tatsächlich und letztendlich die Bischofsbestellung beeinflußt haben, kann nicht beurteilt werden. Einen weitreichenden Einfluß dürften sie mit aller Wahrscheinlichkeit nicht gehabt haben. Besonders bei reinen „Profilumfragen", d.h. bei ausschließlicher Nennung von Eigenschaften des künftigen Bischofs und nicht von Namen, hat man den Eindruck, daß sich die Diözese nur allgemein mit einem neuen Bischof beschäftigen soll. Oder anders, wienerisch ausgedrückt: „No na, schlechte Eigenschaften werden 's nennen."

Von 1971 bis 1975 tagte in Würzburg die *Gemeinsame Synode der Bistümer in der Bundesrepublik Deutschland.* In ihre Beschlüsse über den Pastoralrat und den Priesterrat wurde jeweils gleichlautend folgender Punkt aufgenommen: „Mitwirkung im Verfahren für die Bestellung des Bischofs und der Weihbischöfe im Rahmen des jeweils geltenden Rechts."[5] In den vom Rat für die Öffentlichen Angelegenheiten der Kirche am 25. März 1972 erlassenen Normen über die Kandidatenauswahl für den bischöflichen Dienst in der Lateinischen Kirche wird eine Mitwirkung von Priesterrat und Pastoralrat ausdrücklich untersagt (siehe S. 115). Einige Diözesen haben diesen Synodenbeschluß zwar übernommen,[6] jedoch dürfte sein Wert nicht von allzu großer praktischer Bedeutung sein. Obwohl im neuen CIC 1983 sowohl der Priesterrat (cc. 495 ff.) als auch der Pastoralrat (cc. 511 ff.) Eingang gefunden haben, hat sich an der grundsätzlichen Einstellung der Kurie zu diesen diözesanen Gremien im Hinblick auf eine Mitbestimmung bei der Bischofsbestellung nichts geändert.

Von 1972 bis 1974 tagte der *Österreichische Synodale Vorgang* in Wien. Er beschloß folgende Empfehlung: „Es sind Formen zu suchen, die ein Mitwirken des ganzen Volkes Gottes bzw. seiner Gremien bei der Erstellung der Kandidatenliste für das bischöfliche Amt ermöglichen."[7]

Die Beschlüsse beider Synoden sind ohne Auswirkung auf die kirchliche bzw. teilkirchliche Gesetzgebung geblieben. Trotz dieser entmutigenden Entwicklung wurden in den siebziger Jahren Vorschläge über Formen einer Mitbestimmung bei der Bischofsbestellung gemacht, die jedoch den Schritt in eine konkrete gesetzliche Ausformulierung nicht wagten.[8]

Aufgrund des Befundes der Historischen Theologie und der staatskirchenrechtlichen Entwicklung im deutschsprachigen Raum lassen sich folgende grundlegende Feststellungen für ein erweitertes Bischofsbestellungsverfahren treffen:

1. Aus gutem Grunde hat sich seit der Mitte des ersten Jahrtausends eine Mitwirkung anderer als nur des betreffenden Klerus und des Volkes einer Diözese bei der Bischofsbestellung herauskristallisiert. Es waren dies vor allem die Konprovinzialbischöfe, wobei dem Metropoliten eine schiedsrichterliche Stellung zukam. Die Rolle der Konprovinzialbischöfe trat dann im Hochmittelalter zugunsten des päpstlichen Ernennungs- und Bestätigungsrechts zurück. Weil der Bischof nicht nur von der Teilkirche, sondern auch von der ganzen Kirche angenommen werden muß, sind die drei Elemente *Papst – Konprovinzial- bzw. Nachbarbischöfe – Mitwirkung von Klerus und Volk der Diözese* für eine Bischofsbestellung konstitutiv.

2. Nicht nur aus diesen Gründen, sondern auch aus anderen, vor allem aufgrund der Erfahrungen mit der repräsentativen Demokratie, sind plebiszitäre Elemente oder eine Bestellung allein durch Diözesanklerus und -volk kirchenhistorisch wie auch ekklesiologisch nicht hilfreich.

3. Wie bereits oben dargelegt, kann im deutschsprachigen Raum eine Verbreiterung der Basis bei der Bischofsbestellung nur über ein Konkordat durchgesetzt und abgesichert werden. Ein sofortiger Rücksprung z. B. in die vorkonstantinische Epoche ist nicht nur sachlich ungerechtfertigt, er wäre auch nicht durchsetzbar. Mit dem CIC 1917 hat sich das Bischofsbestellungsverfahren am weitesten vom originären Zustand entfernt. Das II. Vatikanum und der CIC 1983 in seinem c. 377 § 1 haben eine Kehrtwendung signalisiert, ohne jedoch praktische Auswirkungen zu zeigen. Es ist daher der Schritt zurück in die Geschichte unter Berücksichtigung aller Erfahrungen wohl der sinnvollste Weg.

Wie könnte nach diesen Prinzipien ein konkretes Modell aussehen?

1. Zuerst einmal ist das Vorschlagslistenverfahren genau zu normieren. Die dazu berechtigten Personen (Bischöfe einer Kirchenprovinz, eines Konkordatsgebietes, einer Bischofskonferenz) und Gremien (erweitertes Domkapitel, darüber siehe unten) haben alle drei Jahre sowie im konkreten Erledigungsfall Listen von geeigneten Bischofskandida-

ten zu erstellen und dem Heiligen Stuhl zu übermitteln. Es steht ihnen frei, in welcher Art sie sich Informationen beschaffen und wen sie dazu befragen, jedoch sollte zumindestens auf Diözesanebene eine gewisse Regelung dazu getroffen werden. Nach dem Beispiel des ÖstK ist eine Fristsetzung bei der Listenerstellung im Erledigungsfall einzuführen.

2. Im Sinne des BayK ist der Heilige Stuhl an diese Vorschlagslisten zu binden. In diesen relativen wie absoluten Listenverfahren kommen doch eine große Zahl von Namen zusammen, so daß der Heilige Stuhl bei der Auswahl keine Schwierigkeit haben dürfte. Eine Kontrollmöglichkeit ist einzuführen, ob sich der Heilige Stuhl an diese Listen hält. Zusätzlich kann der Heilige Stuhl aus dem Kreis der Residential- wie Weihbischöfe sowie der Generalvikare auswählen. Damit ist einerseits eine Mitbestimmung der Ortskirche gesichert, andererseits besitzt der Heilige Stuhl genügend Freiheit, übergeordnete Gesichtspunkte miteinbringen zu lassen. Überraschungskandidaten wie etwa in Wien oder Salzburg wären aber nicht so leicht möglich.

3. Aus diesen Vorschlägen wählt der Heilige Stuhl eine Dreierliste aus. Hiermit wird die Praxis des PrK, des BadK, des ÖstK (für Salzburg) und von Chur bestätigt. Nach dem Vorbild des BadK muß jedoch ein Diözesanpriester dabei sein.

4. Welches diözesane Gremium ist an der Listenerstellung bzw. an der Wahl aus dem Dreiervorschlag beteiligt? Im deutschsprachigen Raum haben rund 800 Jahre die Domkapitel diese Funktion ausgeübt. Es entstand daher auch im öffentlichen Bewußtsein (ob kirchlich oder allgemein) ein auf eine lange historische Tradition fußendes Faktum. Die Domkapitel haben sich in den letzten Jahrzehnten zu einer Körperschaft gewandelt, in der die an der Diözesanregierung beteiligten Kleriker Sitz und Stimme haben. Bei Reformüberlegungen wird daher aus historischen wie konkordatsrechtlichen Gründen das Domkapitel weiterhin im Mittelpunkt bleiben. Doch wird man auch eine Erweiterung vornehmen müssen, wenn man eine stärkere Mitbestimmung des übrigen Klerus und der Laien ernst nimmt. Die

Geschichte kennt ein Beispiel. Die oberrheinischen Vertragsstaaten hatten 1818 einen Konkordatsentwurf erarbeitet, der in Art. V die Wahl durch das Domkapitel vorsah, das durch eine um die Zahl der Kanoniker erweiterte Anzahl von aus dem Kreis der Landdechanten Gewählten vergrößert wurde (siehe S. 48).

Für den Fall der Listenerstellung und der Wahl des Bischofs aus dem Dreiervorschlag erweitert sich das Domkapitel um eine der Zahl seiner Mitglieder gleiche Gruppe, wobei je zur Hälfte die Delegierten vom Priesterrat und vom Pastoralrat bestimmt werden. Damit ist einerseits der historisch und staatskirchenrechtlich begründete Vorrang der Domkapitel gewahrt, andererseits haben Vertreter der repräsentativen Gremien, wie Priester- und Pastoralrat, Mitbestimmungsmöglichkeiten bei der Erstellung der Vorschlagslisten sowie der Wahl des Bischofs. Dies scheint insofern auch eine praktikable Lösung zu sein, weil das eigentliche Entscheidungsgremium nicht allzu groß sein sollte. Dieses Modell ist variabel entwickelbar: Die Zahl der Ergänzungsmitglieder kann vergrößert werden, oder Domkapitel, Priesterrat und Pastoralrat wählen Delegierte in ein eigenes Wahlgremium, wobei dem Vorsitzenden des Domkapitels die Leitung zukäme.

Die Ernennung eines Koadjutors für Chur sowie die des Wiener Weihbischofs Kurt Krenn lassen auch die Bestellung eines Koadjutors mit dem Recht der Nachfolge sowie die eines Weihbischofs ins Licht des Interesses rücken:

1. Bezüglich des *Koadjutors mit Nachfolgerecht* wurde bereits ausgeführt (siehe S. 189f.), daß aufgrund des c. 401 eine Bestellung eines solchen im Vergleich zu früher immer weniger notwendig wird. Der Papst kann jederzeit nach dem 75. Lebensjahr und dem Vorliegen eines Rücktrittsgesuches einen Bischof des Amtes entheben, wenn gesundheitliche Gründe das erfordern. In Konkordatsländern mit einem Kapitelwahlrecht, das den Koadjutor nicht tangiert, bekommt die Ernennung eines solchen noch mehr einen negativen Beigeschmack, weil damit dem Heiligen Stuhl unterstellt werden kann, er wolle am Kapitel vorbei den Bi-

schof ernennen. Bei einer zukünftigen Regelung ist daher darauf zu achten, daß auch die Koadjutoren mit dem Nachfolgerecht in demselben Modus bestellt werden wie Diözesanbischöfe.

2. In der Regel erfolgt die Ernennung eines *Weihbischofs* nach c. 403 § 1 auf Ersuchen des Diözesanbischofs unter Vorlage einer Dreierliste. Damit wird dem Bischof bei der Suche seines engsten und höchstrangigsten Mitarbeiters ein Vorschlagsrecht zugebilligt, was ja an und für sich vernünftig ist. Doch der Weihbischof ist nicht der persönliche Sekretär oder Zeremoniär eines Bischofs, er hat eine herausragende sakramental begründete Funktion, die – im Gegensatz zum Generalvikar – den Residentialbischof überdauert. Außerdem gehört er zum engsten Kreis der potentiellen Kandidaten für die Nachfolge eines Diözesanbischofs. Daher ist es nur recht und billig, jenes diözesane Gremium (erweitertes Domkapitel) beim Vorschlag für die Bestellung eines Weihbischofs miteinzuschalten, so daß Gewähr besteht, daß gegen dessen ausdrückliche Willenserklärung niemand für einen Weihbischof vorgeschlagen wird.

Dem Verfasser ist bewußt, daß die hier gemachten Vorschläge ein ähnliches Schicksal erleiden können wie die in den letzten beiden Jahrzehnten zuvor gemachten, nämlich Makulatur zu sein. Es ist aber trotzdem zu hoffen, daß die Diskussion auf einer solchen Basis weitergeführt wird und zu einem Ergebnis kommt. Der Vorsitzende der Deutschen Bischofskonferenz, Bischof Karl Lehmann, erklärte dazu hoffnungsvoll in einem Interview: „Unser Wahlsystem ist ja in der Kirche selten, aber es könnte künftig eine vorbildhafte Modellfunktion bekommen für die Weltkirche im dritten Jahrtausend, wenn die Ortskirche mit ihrem Anteil an einer Entscheidung gestärkt werden soll. Niemand will ja dem Papst ein Vorschlagsrecht für die Dreierliste und ein Ernennungsrecht bestreiten. Aber nach dem II. Vatikanischen Konzil wird man sagen dürfen, daß der Ortskirche dabei in der Vorbereitung ein angemessenes Gewicht zukommen kann.“[9]

Zusammenfassung

Bei der abschließenden Bewertung lassen sich folgende Punkte zusammenfassen:

1. Der *historische Befund* zeigt eindeutig, daß die Wahl des Bischofs durch Klerus und Volk der Diözese unter Mitwirkung der Nachbarbischöfe die über Jahrhunderte geübte originäre Form der Bischofsbestellung war. In einer Zeit, in der die „klassische" Demokratie fremd geworden war und die parlamentarische noch sehr weit in der Zukunft lag, praktizierte die junge Kirche durchaus demokratische Verfahren, die sich offensichtlich mit dem hierarchisch-neutestamentlichen Amtsverständnis vereinbaren ließen.[1]

Der päpstliche Besetzungsanspruch entstand im Zuge der „Gregorianischen Reform" des 11. Jahrhunderts einerseits im Kampf gegen den staatlichen Einfluß, andererseits auch durch eine ideologische Ausformulierung der Primatskompetenzen, die die Ernennung der Bischöfe durch den Papst als „göttliches Recht" hinstellte. Wie in allen übrigen gesellschaftlichen Bereichen, so war auch hier die Erringung der Personalhoheit ein machtpolitischer Faktor.

Die freie Ernennung der Bischöfe durch den Papst trotz mancher Variationen in den Konkordaten erscheint daher nicht als unabdingbarer Höhepunkt der historischen Entwicklung, sondern als zeitbedingte Konsequenz, die für eine den Bedürfnissen gemäße Verbesserung offen ist. Eine rechte Theologie des Amtes führt nicht zwangsläufig zur Mystifizierung administrativer Vorgänge. Es ist unzulässig, einschlägige Aussagen der Historischen Theologie durch Spiritualisierung oder gar Ignorierung zu entwerten, um eine herrschende Praxis zu rechtfertigen.[2]

2. Der *gegenwärtige CIC* aus dem Jahr 1983 kennt alternativ die freie Ernennung durch den Papst oder die durch ihn bestätigte Wahl. Dies ist ein deutlicher Fortschritt gegenüber dem CIC des Jahres 1917, obwohl es daraus noch keine Konsequenzen gibt.

Die Forderung nach einer Abkehr vom freien päpstlichen Ernennungsrecht und nach Einführung von Mitbestimmungsformen (Wahlen), die auch der Ortskirche Einflußmöglichkeiten gewähren, verstößt weder gegen theologische Grundprinzipien noch gegen das Kirchenrecht. Leider wurde die Frage nach der Wahl der Bischöfe zu eng mit der innerkirchlichen Demokratisierungsdebatte verknüpft, ist so gelegentlich in Mißkredit geraten und das Opfer von Mißverständnissen geworden. Die „designatio personae", die Benennung einer Person für ein kirchliches Amt durch Wahl, stellt noch lange nicht die Forderung nach einer Demokratisierung der Kirche im Bereich des Hirten-, Lehr- und Priesteramtes dar. Diese, möglicherweise unbewußt absichtliche Verwechslung kommt leider allzuoft auch in jüngster Zeit vor, genauso steht es um die Meinung, daß vermehrte Laienmitbestimmung einen Einfluß des Staates bedeute.[3]

Weder die Forderung nach einer Änderung der Bischofsbestellungspraxis, noch die Kritik an der konkreten päpstlichen Personalpolitik sind ein „liebloses" Verhalten der Kirche gegenüber, sie stellen auch nicht die hierarchisch-neutestamentliche Amtsstruktur noch den päpstlichen Primat in Frage. Die Verfechter des gegenwärtigen Ernennungssystems und der Personalpraxis benützen gerne diese Argumentationslinie, um derartige Kritiken zu nihilieren. Man hat aber oft den Eindruck, daß dies auch aufgrund mangelnder Argumentationsmöglichkeit geschieht.

3. Das *staatskirchenrechtliche System* in Deutschland, Österreich und der Schweiz hat eine lange historische Tradition. Trotz vieler Konflikte zwischen Staat und Kirche in der Vergangenheit, wie wir beispielhaft gesehen haben und die in der Hauptsache machtpolitisch zu erklären waren, bietet es seit 1918 ein gedeihliches Zusammenleben für beide Partner auch in einer wertneutralen und sich immer

mehr säkularisierenden Gesellschaft. Da sich der Staat praktisch von jedem politischen Einfluß auf die Kirche zurückgezogen hat, gewährt das Konkordatssystem in erster Linie Rechte für die Kirche in verschiedenen Bereichen. Demgegenüber hat der Heilige Stuhl die Verpflichtung übernommen, im Bischofsbestellungsverfahren bestimmte Normen einzuhalten. Abgesehen von der letztlich wirkungslosen „Politischen Klausel" ist der Nutznießer dieser Verpflichtung nicht der staatliche Vertragspartner, sondern eigentlich wiederum die Kirche in Gestalt der betreffenden Bistümer und Domkapitel.

Es ist daher die Anfrage zu stellen, ob dem Heiligen Stuhl die konkrete Durchsetzung personeller Vorstellungen wichtiger ist als die Erhaltung der durch das Konkordatssystem gewährten Vorteile für die Ortskirche.

4. In den angesprochenen konkreten Fällen, nämlich Köln, Österreich und zum Teil auch Chur, konnte nachgewiesen werden, daß der Heilige Stuhl bis an den Rand einer *Konkordatsverletzung* gegangen ist oder eine solche sogar begangen hat. Ob das unbewußt, fahrlässig oder bewußt geschehen ist, kann natürlich derzeit mit seriösen Argumenten nicht nachgewiesen werden. Im nachhinein betrachtet hat das entschiedene Verhalten der Bundesländer Nordrhein-Westfalen und Rheinland-Pfalz der Erhaltung des Konkordatssystems und damit der deutschen Kirche gedient.

5. Obwohl in dieser Darstellung versucht wurde, die *personelle Seite* möglichst nicht zu berühren und sich in der Hauptsache auf die historischen Abläufe und die staatskirchenrechtlichen Positionen zu konzentrieren, kann trotzdem die Personalpolitik des gegenwärtigen Pontifikats nicht außer acht gelassen werden. Sie ist ja letztlich eine der Ursachen für die geschilderten Vorgänge und sorgt vor allem auch weiterhin in Österreich und der Schweiz für Diskussionen. Die Ernennung eines Bischofs durch den Papst ist weder eine Entscheidung des unfehlbaren Lehramtes noch eine Kompetenz aufgrund des Petrusamtes, wie die Geschichte zeigt, sondern ein Akt der kirchlichen Verwaltung. Den Heiligen Stuhl oder das zur Bischofswahl berufene Wahlgremium trifft gegebenenfalls eine „culpa in eligendo".

Und eine daraus resultierende Kritik an den betreffenden Entscheidungsträgern ist etwas durchaus Normales, ganz gleich, ob sie nun konkret oder erst durch das „Urteil der Geschichte“ erfolgt.[4] Dasselbe gilt auch für eine Kritik am Heiligen Stuhl, wenn er offenbar in der Handhabung völkerrechtlich verbindlicher Verträge nicht mehr jene Sorgfalt aufwendet, wie es vielleicht seiner großen diplomatischen Tradition entspricht.

6. Die Beispiele Köln, Salzburg und Chur, nahezu zeitgleich mit sehr vielen Parallelen aufgetreten, werden sicherlich eine *Signatur der kirchlichen Zeitgeschichte* des deutschsprachigen Raumes im Hinblick auf das Verhältnis zwischen Staat und Kirche (Heiliger Stuhl) sowie zwischen römischer Zentrale und Ortskirche sein. Es ist zu hoffen, daß alle Beteiligten für die Zukunft das rechte Maß erkennen und ihr Handeln danach ausrichten. Denn nur so kann wieder jene Glaubwürdigkeit erreicht werden, die in Zukunft für die Kirche in Deutschland, Österreich und der Schweiz notwendig sein wird.

Abkürzungsverzeichnis

AAS	Acta Apostolicae Sedis, Rom
AHP	Archivum Historiae Pontificae, Rom
AkathKR	Archiv für katholisches Kirchenrecht, Mainz
AnnéeC	L'Année Canonique, Paris
AÖG	Archiv für Österreichische Geschichte, Wien
AÖR	Archiv für Öffentliches Recht, Tübingen
Apg	Apostelgeschichte
BadK	Badisches Konkordat (1932)
BayK	Bayerisches Konkordat (1924)
c.	Canon
CIC	Codex Iuris Canonici
c. i. s.	cum iure successionis (mit dem Recht der Nachfolge)
DBK	Deutsche Bischofskonferenz
GG	Grundgesetz (Bundesrepublik Deutschland)
GuG	Geschichte und Gegenwart, Graz
HerKorr	Herder-Korrespondenz, Freiburg/Br.
HJ	Historisches Jahrbuch der Görres-Gesellschaft, München
HPBl	Historisch-politische Blätter für das Katholische Deutschland, München
JÖR	Jahrbuch des Öffentlichen Rechts
KNA	Katholische Nachrichten-Agentur
LThK²	Lexikon für Theologie und Kirche, Freiburg/Br. 2. Aufl. 1957 ff.
LV NRW	Landesverfassung Nordrhein-Westfalen
MdL	Mitglied des Landtages
MdR	Mitglied des Reichstages
MThZ	Münchener Theologische Zeitschrift

NRTh	Nouvelle Revue Théologique, Tournai
ÖAKR	Österreichisches Archiv für Kirchenrecht, Wien
ÖstK	Österreichisches Konkordat (1933–34)
Phil	Philipper-Brief
PL	Patrologia Latina, hrsg. von J. P. Migne, 161 Bde. Paris 1857–1866
PrJ	Preußische Jahrbücher, Berlin
PrK	Preußisches Konkordat (1929)
RK	Reichskonkordat (1933)
RQ	Römische Quartalschrift für christliche Altertumskunde und für Kirchengeschichte, Freiburg/Br.
StdZ	Stimmen der Zeit, Freiburg/Br.
StGG	Staatsgrundgesetz (Österreich)
ThGl	Theologie und Glaube, Paderborn
ThPQ	Theologisch-praktische Quartalschrift, Linz
ThQ	Theologische Quartalschrift, Stuttgart
Tit	Titus-Brief
TThZ	Trierer Theologische Zeitschrift, Trier
WRV	Weimarer Reichsverfassung
ZADR	Zeitschrift der Akademie für Deutsches Recht, Berlin
ZevKR	Zeitschrift für evangelisches Kirchenrecht, Tübingen
ZGRG	Zeitschrift für Gesetzgebung und Rechtsprechung in Graubünden, Chur
ZÖR	Zeitschrift für Öffentliches Recht
ZSavRGkan	Zeitschrift der Savigny-Stiftung für Rechtsgeschichte, Kanonistische Abteilung, Tübingen

Quellen- und Literaturverzeichnis

Persönliche, schriftliche Mitteilungen und Protokolle

Josef Gelmi, Professor (Brixen), Brief vom 15. März 1989
Bernard Henrichs, Dompropst (Köln), Briefe vom 25. Februar und 5. Juli 1989; Protokoll eines Gespräches am 17. April 1989 (autorisiert)
André Heiderscheid (Luxemburg), Brief vom 5. Juli 1989
Alexander Hollerbach, Professor (Freiburg/Br.), Brief vom 21. April 1989
Informationen von einem Mitglied des Churer Domkapitels, Protokoll und Briefe (autorisiert)
Johannes Neuhardt (Salzburg), Brief vom 13. März 1989
Hans Paarhammer, Professor (Salzburg), Briefe vom 24. April und 2. Juni 1989
Peer Steinbrück, Leiter des Büros von Ministerpräsident Johannes Rau (Düsseldorf), Protokoll von Gesprächen am 3. und 5. Mai 1989 (autorisiert) und Brief vom 1. August 1989
Sebastian Ritter, Domdechant (Salzburg), Brief vom 8. September 1989
Bernhard Worms, MdL (Düsseldorf), Brief vom 9. März 1989

Zeitungen, Agenturen

Deutsche Tagespost, Würzburg
Frankfurter Allgemeine
Katholische Nachrichten-Agentur (KNA), Bonn
Kathpress, Wien
Kirchenzeitung des Erzbistums Köln
Kölner Stadt-Anzeiger
Kölnische Rundschau
Rheinische Post, Düsseldorf
Rheinischer Merkur, Bonn
Süddeutsche Zeitung, München
Die Welt, Bonn
Weltwoche, Zürich

Gedruckte Quellen und Literatur

Akten Papst Paul VI. Apostolisches Schreiben. Motu Proprio. Normen zur Ausführung einiger Dekrete des Zweiten Vatikanischen Konzils. Revidierte Übersetzung. Trier 1967. (= Nachkonziliare Dokumentation Band 3)

Akten Papst Paul VI. Kurienreform. Apostolische Konstitution über die Römische Kurie. Von den deutschen Bischöfen approbierte Übersetzung. Kommentiert und eingeleitet von Heribert Schmitz. Trier 1968. (= Nachkonziliare Dokumentation Band 10)

Akten Papst Paul VI. Motu Proprio über die Aufgaben der Legaten des römischen Papstes. Von den deutschen Bischöfen approbierte Übersetzung. Kommentiert von Klaus Ganzer und Heribert Schmitz. Trier 1970. (= Nachkonziliare Dokumentation Band 21)

Akten Staatliche (Kupper). Staatliche Akten über die Reichskonkordatsverhandlungen 1933. Bearbeitet von Alfons Kupper. Mainz 1969. (= Veröffentlichungen der Kommission für Zeitgeschichte. Reihe A: Quellen, Band 2)

Albrecht, Dieter: Die politische Klausel des Reichskonkordats in den deutsch-vatikanischen Beziehungen 1936–1943, in: Katholische Kirche im Dritten Reich. Eine Aufsatzsammlung zum Verhältnis von Papsttum, Episkopat und deutschen Katholiken zum Nationalsozialismus 1933–1945. Mainz 1976, SS. 128–170. (= Topos Taschenbücher, Band 45)

Aretin, Karl Otmar Freiherr von: Heiliges Römisches Reich 1776–1806. Reichsverfassung und Staatssouveränität. Teil I. Darstellung. Wiesbaden 1967.

Auwerda, Richard: Bischofsernennungen in den Niederlanden nach dem Zweiten Vatikanischen Konzil, in: Conc 16 (1980), SS. 525–529.

Bartelink, Gerhard: „Electio" und „consensus" im christlichen Sprachgebrauch (bis etwa 600), in: Conc 8 (1972), SS. 556–559.

Bauer, Joachim: Das Verhältnis von Staat und Kirche im Land Nordrhein-Westfalen. Jur. Diss. Münster 1968.

Bauer, Johann B.: Bischofswahl gestern, heute, morgen, in: ThPQ 128 (1980), SS. 248–254.

Bauer, Manfred: Preußisches und bayerisches Recht bei der Besetzung der katholischen Kirchenämter. Coburg (Jur. Diss. Erlangen) 1932.

Becker, Wolfgang: Die „politische Klausel" des Vertrages zwischen dem Freistaat Preußen und dem Heiligen Stuhl vom 14. Juni 1929 vom Standpunkt der Reichsverfassung. Jur. Diss. Marburg 1932.

Below, Georg von: Die Entstehung des ausschließlichen Wahlrechts der Domkapitel. Mit besonderer Berücksichtigung auf Deutschland. Leipzig 1882. (= Historische Studien, elftes Heft)

Bernhard, Jean: Das Konzil von Trient und die Bischofswahl, in: Conc 16 (1980), SS. 478–482.

Biemer, Günter: Die Bischofswahl als neues Desiderat kirchlicher Praxis. Ein Bericht, in: ThQ 149 (1969), SS. 171–184.

Der Bischof in seiner Zeit. Bischofstypus und Bischofsideal im Spiegel der Kölner Kirche. Festgabe für Joseph Kardinal Höffner, Erzbischof von Köln. Im Auftrag des Kölner Metropolitankapitels hrsg. von Peter Berglar und Odilo Engels. Köln 1986.

Die Bischöfe der deutschsprachigen Länder. 1785/1806 bis 1945. Ein biographisches Lexikon. Hrsg. von Erwin Gatz. Berlin 1983.

Böck, Karl: Die Änderung des Bayerischen Konkordats 1968, in: Forum Katholische Theologie 5 (1989), SS. 103–116.

Bonnemain, Joseph-M.: Ausschließliche Kompetenz des Heiligen Stuhles bei der Ernennung eines Bischofskoadjutors für die Diözese Chur. Eine kirchliche Begründung. Als Manuskript vervielfältigt. Chur 1989.

Born, Otto: Das Problem der Weitergeltung des Reichskonkordates und der Länderkonkordate nach dem Zusammenbruch. Jur. Diss. Münster 1953.

Braubach, Max: Wilhelm von Fürstenberg (1629–1704) und die französische Politik Ludwigs XIV. Bonn 1972. (= Bonner historische Forschungen, Band 36)

Bredt, Johann Viktor: Das Preußische Konkordat, in: PrJ 217 (1929), SS. 137–150.

Broucker, José de: Das Dossier Suenens. Diagnose einer Krise. Graz 1970.

Bundesverfassungsrecht. Mit einer Einführung, erläuternden Anmerkungen und einem ausführlichen Register hrsg. von Bernhard Raschauer. München 1975.

Carlen, Louis: Kirche und Staat in der Schweiz nach dem neuen Codex Iuris Canonici, in: Recht im Dienst des Menschen. Eine Festgabe. Hugo Schwendenwein zum 60. Geburtstag. Hrsg. von Klaus Lüdicke u. a. Graz 1986, SS. 585–600.

Cavelti, Urs Josef: Die staatsvertragliche Grundlage des Bistums St. Gallen. St. Gallen 1988.

Cereti, Giovanni: Die ökumenische Bedeutung einer Mitwirkung der Gläubigen an der Bischofswahl, in: Conc 16 (1980), SS. 495–499.

Chadwick, Owen: Die anglikanische Praxis bei der Wahl von Bischöfen, in: Conc 8 (1972), SS. 552–555.

Claude, Dietrich: Die Bestellung der Bischöfe im merowingischen Reiche, in: ZSavRGkan 80 (1963), SS. 1–75.

Codex des Kanonischen Rechts. Lateinisch-deutsche Ausgabe. Hrsg. von der Deutschen und der Berliner Bischofskonferenz u. a. Die deutsche Übersetzung ... besorgten Winfried Aymans u. a. Kevelaer 2. verb. und verm. Aufl. 1984.

Congar, Yves: Der Laie. Entwurf einer Theologie des Laientums. Stuttgart 1957.

Csoklich, Fritz: Das „katholisch und“ in Österreich. Die Situation nach dem Bischofswechsel in Wien, in: HerKorr 40 (1986), SS. 463–467.

Csoklich, Fritz: Österreich. Die innerkirchliche Situation wird noch schwieriger, in: HerKorr 43 (1989), SS. 57–59.

Csoklich, Fritz: Der Streit um die Identität. Österreichs Kirche nach der jüngsten Bischofsernennungen, in: HerKorr 43 (1989), SS. 112–115.

Csoklich, Fritz: Was ist in Österreichs Kirche los? Eine „Machtergreifung“ mit fatalen Folgen, in: HerKorr 43 (1989), SS. 456–462.
La Curia Romana. Aspetti ecclesiologici, pastorali istituzionali. Per una lettura della „Pastor Bonus“. Teso e commenti. Città del Vaticano 1988. (= Quaderni de l’Osservatore Romano, 10)
Danziger, Johannes: Beiträge zum preußischen Konkordat vom Jahre 1929. Jur. Diss. Breslau 1930.
Deuerlein, Ernst: Das Reichskonkordat. Beiträge zur Vorgeschichte, Abschluß und Vollzug des Konkordates zwischen dem Heiligen Stuhl und dem Deutschen Reich vom 20. Juli 1933. Düsseldorf 1956.
Deussen, Giselbert: Weisen der Bischofswahl im 1. Clemensbrief und in der Didache, in: ThGl (1972), SS. 125–135.
Deutsche Verfassungen. Hrsg. und mit einer Einführung versehen von Rudolf Schuster. München 9. erw. Auflage. 1978.
Doeberl, Anton: Die Bayerischen Konkordatsverhandlungen in den Jahren 1806 und 1807. Mit einem Anhang ungedruckter Aktenstücke. München 1924. (= Historische Forschungen und Quellen, 7./8. Heft)
Dordett, Alexander: Kirche zwischen Hierarchie und Demokratie. Wien 1974.
Ebers, Godehard Josef: Das Devolutionsrecht vornehmlich nach katholischem Kirchenrecht. Stuttgart 1906. (= Kirchenrechtliche Abhandlungen, 37. und 38. Heft)
Ebers, Godehard Josef: Das Recht der Bischofswahlen in Altpreußen, in: HPBl 140 (1907), SS. 187–204 und 233–256.
Ebers, Godehard Josef: Staat und Kirche im Neuen Deutschland. München 1930.
Eichmann, Eduard – Mörsdorf, Klaus: Lehrbuch des Kirchenrechts aufgrund des Codex Iuris Canonici. I. Band. Allgemeiner Teil und Personenrecht. München 9. verb. Aufl. 1959.
Engel, Fr. K.: Das bayerische Konkordat und die Reichsverfassung. Trier 1928.
Engel-Janosi, Friedrich: Vom Chaos zur Katastrophe. Vatikanische Gespräche 1918 bis 1938. Vornehmlich auf Grund der Berichte der österreichischen Gesandten beim Heiligen Stuhl. Wien 1971.
Engel-Janosi, Friedrich: Österreich und der Vatikan. 1846–1918. Erster Band: Die Pontifikate Pius’ IX. und Leos XIII. (1846–1903). Graz 1958.
Eßer, Albert: Kirche, Staat und Öffentlichkeit. Das Kölner Ereignis (1837). Köln 1987. (= Kleine Schriften zur Kölner Stadtgeschichte, 7)
Feine, Hans Erich: Die Besetzung der Reichsbistümer vom Westfälischen Frieden bis zur Säkularisation 1648–1803. Stuttgart 1921. (= Kirchenrechtliche Abhandlungen, 97. und 98. Heft)
Feine, Hans Erich: Kirchliche Rechtsgeschichte. I. Band. Die Katholische Kirche. Weimar 2. durchgearb. und erg. Aufl. 1954.
Fischer, Eugen Heinrich: Die politische Klausel des Reichskonkordats und ihre rechtliche Tragweite, in: ThQ 134 (1954), SS. 352–376.
Föhr, Ernst: Geschichte des Badischen Konkordats. Freibrug/Br. 1958.
Föhr, Ernst: Das Konkordat zwischen dem Heiligen Stuhl und dem Frei-

staat Baden vom 12. Oktober 1932. Italienischer und deutscher Text nebst Anlagen. Freiburg/Br. 1933.
Friedberg, Emil: Der Staat und die Bischofswahlen in Deutschland. Ein Beitrag zur Geschichte der katholischen Kirche und ihres Verhältnisses zum Staat. Mit Aktenstücken. 2. Band: Das neunzehnte Jahrhundert. Leipzig 1874.
Funk, Franz Xaver: Die Bischofswahl im christlichen Altertum und im Anfang des Mittelalters, in: Kirchengeschichtliche Abhandlungen und Untersuchungen. 1. Band. Paderborn 1897, SS. 23–39.
Gaab, F.: Das bayerische Konkordat mit dem Heiligen Stuhl vom 29. 3. 1924. Jur. Diss. Köln 1924.
Gampl, Inge: Die inneren Angelegenheiten gem. Art. 15 des österreichischen Staatsgrundgesetzes über die allgemeinen Rechte der Staatsbürger, in: ZevKR 16 (1972), SS. 113–130.
Ganzer, Klaus: Zur Beschränkung der Bischofswahl auf die Domkapitel in Theorie und Praxis des 12. und 13. Jahrhunderts, in: ZSavRGkan 57 (1971), SS. 22–82 und 58 (1972), SS. 166–197.
Ganzer, Klaus: Papsttum und Bistumsbesetzung in der Zeit von Gregor IX. bis Bonifaz VIII. Ein Beitrag zur Geschichte der päpstlichen Reservationen. Köln 1968. (= Forschungen zur Kirchlichen Rechtsgeschichte und zum Kirchenrecht, Band 9)
Gatz, Erwin: Die Bischöfe der Krichenprovinz Wien und Salzburg von 1785/1803 bis 1962. Herkunft. Werdegang und Aufstieg, in: AHP 21 (1983), SS. 259–274.
Gatz, Erwin: Die Bischofsernennungen in den deutschsprachigen Ländern. Theorie und Praxis seit dem 19. Jahrhundert, in: ThPQ (1988), SS. 258–266.
Gatz, Erwin: Domkapitel und Bischofswahlen von 1821 bis 1945, in: RQ 78 (1983), SS. 101–126.
Gatz, Erwin: Herkunft und Werdegang der Diözesanbischöfe der deutschsprachigen Länder von 1785/1803 bis 1962, in: RQ 78 (1983), SS. 270–282.
Gaudemet, Jean: Von der Bischofswahl zur Bischofsernennung, in: Conc 16 (1980), SS. 468–472.
Gebhart, Martin: Die Rechtslage des Reichskonkordats und der Länderkonkordate nach 1945. Jur. Diss. München 1950.
Geiger, K. A.: Das bayerische Konkordat vom 5. 6. 1817. Regensburg 1819.
Gelmi, Josef: Die Päpste in Lebensbildern. Graz. 2. verb. Aufl. 1989.
Gemeinsame Synode der Bistümer in der Bundesrepublik Deutschland. Beschlüsse der Vollversammlung. Offizielle Gesamtausgabe I. Freiburg/Br. 5. Aufl. 1982.
Gerhartz, Johannes Günther: Demokratisierung in der Kirche, in: Theologische Akademie Band VI. Hrsg. von Karl Rahner und Otto Semmelroth. Frankfurt 1969.
Geschichte der Katholischen Kirche. Ein Grundkurs. Hrsg. von Josef Lenzenweger u. a. Graz 1986.

Geselbracht, Franklin: Das Verfahren bei den deutschen Bischofswahlen in der zweiten Hälfte des 12. Jahrhunderts. Weida (Phil. Diss. Leipzig) 1905.

Glässer, Alfred: Das Kirchenrecht als konsekutives Recht und die Bestellung der Bischöfe, in: ThPQ 130 (1982), SS. 4–19.

Golombek, Dieter: Die politische Vorgeschichte des Preußenkonkordats (1929). Mainz 1970. (= Veröffentlichungen der Kommission für Zeitgeschichte. Reihe B: Forschungen, Band 4)

Grafl, Wilhelm: Prinzip miteinander. Für eine kollegiale Kirche der Zukunft. Graz 1980. (Reihe engagement)

Granfield, Patrick: Der „sensus fidelium" und die Ernennung eines Bischofs, in: Conc 16 (1980), SS. 483–488.

Grisar, Joseph: Das Kölner Ereignis nach Berichten italienischer Diplomaten, in: HJ 74 (1955), SS. 727–739.

Grisar, Joseph: Die preußische Konvention mit dem Heiligen Stuhl vom Jahr 1821, in: StdZ 101 (1921), SS. 353–366.

Groppe, Herbert: Das Reichskonkordat vom 20. Juli 1933. Eine Studie zur staats- und völkerrechtlichen Bedeutung dieses Vertrages für die Bundesrepublik Deutschland. Köln 1956.

Grüninger, Eitelhans: Das Besetzungsrecht des erzbischöflichen Stuhles und der Domkapitelstellen in der Erzdiözese Freiburg seit der Staatsumwälzung von 1918, in: AkathKR 112 (1932), SS. 437–467.

Gruß, Heribert: Die „politische Klausel" bei der Neubesetzung des Paderborner Bischofsstuhles im Jahr 1941. Kirchenpolitische Probleme in der Kriegsphase des Dritten Reiches, in: ThGl 79 (1989), SS. 162–177.

Gut, Walter: Die Ernennung eines Koadjutors des Bischofs von Chur. Eine juristische Studie. Als Manuskript vervielfältigt. Hildisrieden/Luzern 1989.

Haag, Paul: Das Recht der Ämterbesetzung nach dem bayerischen Konkordat von 1924. Jur. Diss. Frankfurt 1931.

Handbuch des Kirchenrechts. Hrsg. von Joseph Listl. Regensburg 1983.

Hantsch, Hugo: Die Geschichte Österreichs. 2. Band: 1648–1918. Graz 4. durchges. und erg. Aufl. 1968.

Haring, Johann B.: Grundzüge des Katholischen Kirchenrechts. Graz 3. umgearb. Aufl. 1924.

Haring, Johann B.: Kommentar zum neuen österreichischen Konkordat. Text des Vertrages mit Erklärungen. Innsbruck 1934.

Harouel, Jean-Louis: Les désignations épiscopales dans le droit contemporain. Paris 1977. (= Travaux et recherches de l'université de droit, d'economie et de sciences sociales de Paris. Série sciences historique 13)

Harouel, Jean-Louis: Die Ernennung der Bischöfe und das Konkordatsrecht, in: Conc 16 (1980), SS. 504– 507.

Hartmann, Gerhard: Mitbestimmung in der Kirche Österreichs. Wien 1978. (= AKV Informationen 3/1978)

Hartmann, Gerhard: Franz Xaver Nagl (1855–1913), in: Die Bischöfe (Gatz), SS. 526–528.

Haude, Wilhelm: Die Fortgeltung des preußischen Konkordats vom 14. 6. 1929 und der preußischen evangelischen Kirchenverträge vom 11. 5.

1921 in den Ländern Hessen, Niedersachsen, Nordrhein-Westfalen und Rheinland-Pfalz. Jur. Diss. Bonn 1955.
Haugg, Werner: Staat und Kirche in Nordrhein-Westfalen. Berlin 1960.
Hegel, Eduard: Das Erzbistum Köln zwischen Barock und Aufklärung vom Pfälzischen Krieg bis zum Ende der französischen Zeit 1688–1814. Geschichte des Erzbistums Köln, Band 4. Köln 1979.
Herrmann, Horst: Die Neuordnung der Bischofswahl: eine weitere Surrogatlösung, in: Diakonia 3 (1972), SS. 417–419.
Herzig, Arthur: Die Systematik und Problematik des konkordatären Rechts in Nordrhein-Westfalen. Jur. Diss. Köln 1965.
Hilling, Nikolaus: Das bayerische Konkordat, in: Hochland 22 (1924/25), SS. 672–683.
Hirschel, J.: Das Recht der Regierungen bezüglich der Bischofswahlen in Preußen und der oberrheinischen Kirchenprovinz. Mainz 1870.
Hoefnagels, Harry: Demokratisierung der kirchlichen Autorität. Wien 1969.
Hoffmann, Georg: Wahlen und Ämterbesetzung in der Kirche, in: Festschrift für Erich Ruppel zum 65. Geburtstag am 25. Januar 1968. Herausgegeben von Heinz Brunotte u.a. Hannover 1968, SS. 164–196.
Hofmeister, Philipp: Der Bischofseid gegenüber dem Staate, in: MThZ 6 (1955), SS. 195–214.
Hofmeister, Philipp: Von den Koadjutoren der Bischöfe und Äbte, in: AkathKR 112 (1932), SS. 369–436.
Hollerbach, Alexander: Die neue Entwicklung des Konkordatsrechtes, in: JÖR NF 17 (1968), SS. 117–183.
Hollerbach, Alexander: Das badische Konkordat vom 12. Oktober 1932, in: Beiträge zur Rechtsgeschichte. Gedächtnisschrift für Hermann Conrad. Hrsg. von Gerd Kleinmeyer und Paul Mikat. Paderborn 1979. SS. 283–305. (= Rechts- und Staatswissenschaftliche Veröffentlichungen der Görres-Gesellschaft, NF, Heft 34)
Hollerbach, Alexander: Streiflichter zur Entstehungsgeschichte der Badischen Staatskirchenverträge von 1932. Aus Anlaß eines Briefwechsels zwischen Ulrich Stutz und Eugen Baumgartner, in: ZSavRGkan 61 (1975), SS. 324–347.
Hollerbach, Alexander: Verträge zwischen Staat und Kirche in der Bundesrepublik Deutschland. Frankfurt 1965.
Hove, A. van: Le Concordat entre le Sainte-Siège et l'Autriche, in: NRTh 61 (1934), SS. 785–803 und 897–813.
Hove, A. van: Le concordat entre le Sainte-Siège et l'Etat de Bade, in: NRTh 60 (1933), SS. 769–782.
Hove, A. van: Le concordat entre le Sainte-Siège et le Reich allemand, in: NRTh 61 (1934), SS. 158–185.
Huber, Ernst Rudolf: Staat und Bischofsamt. Bemerkungen zu dem gleichnamigen Buch von Werner Weber, in: Deutsche Rechtswissenschaft 5 (1940), SS. 162–167.
Huber, Ernst Rudolf: Verfassungsrecht des Großdeutschen Reiches. Hamburg 2. Auflage. 1939.

Huber, Ernst Rudolf – Huber, Wolfgang: Staat und Kirche im 19. und 20. Jahrhundert, Dokumente zur Geschichte des deutschen Staatskirchenrechts. Berlin Band I 1973, Band II 1976, Band III 1983, Band IV 1988.
Hünermann, Peter: Franz Anton Staudenmaier. Graz 1975. (= Wegbereiter heutiger Theologie, Band 8)
Hürten, Heinz: Kurze Geschichte des deutschen Katholizismus. 1800–1960. Mainz 1986.
Hütteroth, Ferdinand: Das bayerische Konkordat von 1924 im Verhältnis zur Reichsverfassung. Jur. Diss. Marburg 1927.
Huizing, Peter – Walf, Knut: Ortskirche und Bischofswahl, in: Conc 16 (1980), SS. 461–462.
Hussarek, Max: Die Krise und die Lösung des Konkordats vom 18. 8. 1855. Ein Beitrag zur Geschichte des österreichischen Staatskirchenrechts. Wien 1932. (= Archiv für österreichische Geschichte, 12. Band, 2. Hälfte)
Hussarek, Max: Zum Tatbestand des landesfürstlichen Nominations- und Bestätigungsrecht für die Bistümer Österreichs 1848–1918, in: ZSavRGkan 16 (1927), SS. 181–252.
Hussarek, Max: Die Verhandlungen des Konkordats vom 18. August 1855, in: AÖG 109 (1922), SS. 447–812.
Jestaedt, Rudolf: Das Reichskonkordat vom 20. Juli 1933 in der nationalsozialistischen Staat- und Verwaltungspraxis unter besonderer Berücksichtigung des Artikels 1, in: AkathKR 124 (1950), SS. 335–430.
Kaiser, Joseph H.: Die politische Klausel der Konkordate. Berlin 1949.
Kaiser, Matthäus: Kann die Kirche demokratisiert werden?, in: Lebendiges Zeugnis 1969, Heft 1, SS. 5–23.
Keith, Franz: Werdegang und Ende des österreichischen Konkordats, in: ZADR 6 (1939), SS. 478–483.
Ketteler, Wilhelm Emanuel Frhr. von: Das Recht der Domkapitel und das Veto der Regierungen bei den Bischofswahlen in Preußen und der oberrheinischen Kirchenprovinz. Mainz 1868.
Kilmartin, Eduard: Das Bischofswahlrecht der Laien, in: Conc 16 (1980), SS. 489–492.
Kindermann, Adolf: Das landesfürstliche Ernennungsrecht. Warnsdorf 1933.
Kirche in Österreich. 1918–1965. Hrsg. von Ferdinand Klostermann u. a. 2 Bände. Wien 1966/67.
Kißling, Helmut: Abschluß und Inhalt neuerer Konkordate. Jur. Diss. Tübingen 1931.
Klecatsky, Hans R.: Die Kirchenfreiheit in Österreich, in: Kirche und Staat. Fritz Eckert zum 65. Geburtstag. Hrsg. von Herbert Schambeck. Berlin 1976, SS. 149–168.
Kleriker- und Weiherecht. Rat für die Öffentlichen Angelegenheiten der Kirche. Normen über Kandidatenauswahl für den bischöflichen Dienst in der Lateinischen Kirche. Von den deutschen Bischöfen approbierte Übersetzung. Eingeleitet und kommentiert von Heribert Schmitz. Trier 1974. (= Nachkonziliare Dokumentation Band 38)

Köck, Heribert Franz: Rechtliche und politische Aspekte von Konkordaten. Berlin 1983. (= Schriften zum öffentlichen Recht, Band 444)

Köck, Heribert Franz: Kirche und Staat. Zum Problem der Kompetenzabgrenzung in einer pluralistischen Gesellschaft, in: Kirche und Staat. Fritz Eckert zum 65. Geburtstag. Hrsg. von Herbert Schambeck. Berlin 1976, SS. 77–101.

Köck, Heribert Franz: Die völkerrechtliche Stellung des Heiligen Stuhles. Dargestellt an seinen Beziehungen zu Staaten und internationalen Organisationen. Berlin 1975.

Kölmel, Wilhelm: Wie haben die Bischofswahlen den politischen Mächten die Gelegenheit zur Manipulation geboten?, in: Conc 8 (1972), SS. 515–519.

Koeniger, Albert M.: Die neuen deutschen Konkordate und Kirchenverträge mit der preußischen Zirkumskriptionsbulle. Bonn 1932. (= Kanonische Studien und Texte, Band 7)

Koeniger, Albert M.: Das preußische Konkordat vom 14. Juni 1929 und die Zirkumskriptionsbulle vom 13. August 1930. Mit Erläuterungen herausgegeben. Bonn 1931.

Köstler, Rudolf: Das neue österreichische Konkordat, in: ZÖR 15 (1935), SS. 1 ff.

Kötting, Bernhard: Bischofsamt und Bischofswahl, in: Fragen der Kirche heute, Hrsg. von Adolf Exeler. Würzburg 1971, SS. 111–122.

Konkordate (Listl). – Konkordate und Kirchenverträge in der Bundesrepublik Deutschland. Textausgabe für Wissenschaft und Praxis. Hrsg. von Joseph Listl. 2 Bände. Berlin 1987.

Konkordate (Weber). – Die deutschen Konkordate und Kirchenverträge der Gegenwart. Textausgabe mit den amtlichen Begründungen sowie Ergänzungsbestimmungen, vergleichende Übersichten, Schrifttumshinweise und einem Sachverzeichnis. Hrsg. von Werner Weber. Göttingen 1. Band 1962, 2. Band 1971.

Der Konkordatsprozeß. In Zusammenarbeit mit Hans Müller hrsg. von Friedrich Giese und Friedrich August von der Heydte. München 2. Band 1957, 3. Band 1958, 4. Band 1959. (= Veröffentlichungen des Instituts für Staatslehre und Politik, Mainz, Band VII)

Konzil Vatikanisches Zweites. – Das Zweite Vatikanische Konzil. Konstitutionen, Dekrete und Erläuterungen. Lateinisch und Deutsch. Kommentare. Teil II. Freiburg/Br. 1967. (= LThK^2. Erg. Band 2)

Kostelecky, Alfred: Die Anerkennung des österreichischen Konkordats vom 5. 6. 1933 und die Verträge der Republik Österreich mit dem Hl. Stuhl von 1960 und 1962, in: Im Dienste der Sozialreform. Festschrift für Karl Kummer. Hrsg. von Anton Burghardt u.a. Wien 1965, SS. 431–441.

Kostelecky, Alfred: Anerkennung der Rechtsgültigkeit des österreichischen Konkordats vom 5. Juni 1933 durch die Zusatzverträge mit dem Hl. Stuhl in den Jahren 1960 bis 1976, in: Kirche und Staat. Fritz Eckert zum 65. Geburtstag. Hrsg. von Herbert Schambeck. Berlin 1976, SS. 215–239.

Kostelecky, Alfred: Konkludente Handlungen als Wegbereiter der Anerkennung des Konkordats, in: Recht im Dienst des Menschen. Eine Festgabe für Hugo Schwendenwein zum 60. Geburtstag. Hrsg. von Klaus Lüdicke u.a. Graz 1986, SS. 601–606.
Kostelecky, Alfred: Kirche und Staat, in: Kirche in Österreich. 1, SS. 201–217.
Kottje, Raymond: Die Wahl der kirchlichen Amtsträger. Geschichtliche Tatsachen und Erfahrungen, in: Conc 7 (1971), SS. 196–200.
Krämer, Peter: Bischofswahl heute – im Bistum Trier, in: TThZ 89 (1980), SS. 243–247.
Kremsmair, Josef: Der Weg zum österreichischen Konkordat von 1933/34. Wien 1980. (= Dissertationen der Universität Salzburg, 12)
Krüger, Kurt: Kommentar zum Reichskonkordat nebst Einleitung und dem Text der Länderkonkordate. Berlin 1938.
Küng, Hans: Die Freiheit der Baseler Bischofswahl, in: Conc 16 (1980), SS. 529–531.
Küng, Hans: Mitentscheidung der Laien in der Kirchenleitung und bei kirchlichen Wahlen, in: ThQ 149 (1969), SS. 147–165.
Kurienreform II (1968–1975). Sammlung neuer Erlässe. Von den deutschen Bischöfen approbierte Übersetzung. Eingeleitet und kommentiert von Heribert Schmitz. Trier 1976. (= Nachkonziliare Dokumentation Band 47)
Kurköln: Land unter dem Krummstab. Essays und Dokumente. Hrsg. vom Nordrhein-Westfälischen Hauptstaatsarchiv u.a. Kevelaer 1985. (= Veröffentlichungen der staatlichen Archive des Landes Nordrhein-Westfalen. Reihe C: Quellen und Forschungen, Band 22)
Lampert, Ulrich: Kirche und Staat in der Schweiz. Darstellung ihrer rechtlichen Aspekte. Basel 1. Band 1929, 2. Band 1938, 3. Band 1939.
Die Lateran-Verträge zwischen dem Heiligen Stuhl und Italien vom 11. Februar 1929. Italienischer und deutscher Text. Autorisierte Ausgabe mit einer Einleitung des Päpstlichen Nuntius Eugenio Pacelli in Berlin. Freiburg/Br. 1929.
Lécuyer, Joseph: Der Bischof und das Volk im Ritus der Bischofsweihe, in: Conc 16 (1980), SS. 492–495.
Leiber, Robert: Das preußische Konkordat, in: StdZ 118 (1930), SS. 17–31.
Leiber, Robert: Zur Konkordatsfrage, in: StdZ 113 (1927), SS. 401–421.
Legrand, Hervé-Marie: Welche theologischen Motive sind im Spiel bei der Wiederaufwertung der Ortskirchen?, in: Conc 8 (1972), SS. 21–27.
Legrand, Hervé-Marie: Der theololgische Sinn der Bischofswahl nach ihrem Verlauf der alten Kirche, in: Conc 8 (1972), SS. 494–500.
Lehmann, Karl: Zur dogmatischen Legitimation einer Demokratisierung in der Kirche, in: Conc 7 (1971), SS. 171–181.
Liebmann, Maximilian: Theodor Innitzer und der Anschluß. Österreichs Kirche 1938. Graz 1988 (= Grazer Beiträge zur Theologie-Geschichte und kirchlichen Zeitgeschichte, Band 3)
Lill, Rudolf: Die Beilegung der Kölner Wirren 1840–1842. Vorwiegend nach Akten des Vatikanischen Geheimarchivs. Düsseldorf 1962.

Lill, Rudolf: Der Bischof zwischen Säkularisation und Kulturkampf (1803–1885), in: Der Bischof in seiner Zeit, SS. 349–396.
Listl, Joseph: Sechzig Jahre Bayerisches Konkordat. Die historische Bedeutung des Konkordats zwischen dem Heiligen Stuhl und dem Freistaat Bayern vom 29. März 1924, in: Pro Fide et Iustitia. Festschrift für Agostino Casaroli zum 70. Geburtstag. Hrsg. von Heribert Schambeck. Berlin 1984, SS. 257–274.
Loidl, Franz: Geschichte des Erzbistums Wien. Wien 1983.
Loidl, Franz: Kardinal Franz Nagl. Fürsterzbischof von Wien (1911/13), in: Beiträge zur Wiener Diözesangeschichte 6 (1965), SS. 17–22, 25–29, 33–37 sowie 7 (1966), SS. 1–4, 9–14, 34–38, 41–46 und 8 (1967), SS. 1–7.
Link, Ludwig: Die Besetzung der kirchlichen Ämter in den Konkordaten Papst Pius' XI. Bonn (Kath. Theol. Diss. Münster) 1942.
Löhr, Joseph: Die Rechtsfrage betreffend die Geltung des Konkordats in Elsaß-Lothringen nach dem Jahre 1918 und die Reintegrationstheorie, in: ThQ 111 (1930), SS. 1-49.
Mangenschab, Hans: Die 2. Republik zwischen Kirche und Parteien. Wien 1968. (= Forschungen zur Kirchengeschichte Österreichs, Band VII)
Mahrenholz, Ernst Gottfried: Das Niedersächsische Konkordat und der Ergänzungsvertrag zum Loccumer Vertrag, in: ZevKR 12 (1966/67), SS. 217–282.
Maier, Eva-Maria: Bischofsernennungen – Prüfstein kirchlicher Legitimität, in: StdZ 206 (1988), SS. 447–460.
Maier, Hans, s. Ratzinger, Joseph.
Mantl, Wolfgang: Die Entwicklung des österreichischen Katholizismus in der Zweiten Republik, in: Religion und Kultur an Zeitenwenden. Hrsg. von Norbert Leser. Wien 1984, SS. 308–33.
Maritz, Heinz: Das Bischofswahlrecht in der Schweiz unter besonderer Berücksichtigung der Entwicklung im Bistum Basel nach der Reorganisation. St. Ottilien 1977. (= Münchner Theologische Studien. III. Kanonistische Abteilung, 36. Band)
May, Georg: Bemerkungen zu den Apostolischen Administratoren und Administrationen, in: ThGl 78 (1988), SS. 415–429.
May, Georg: Demokratisierung der Kirche. Möglichkeiten und Grenzen. Wien 1971.
May, Georg: Ludwig Kaas. Der Priester, der Politiker und der Gelehrte aus der Schule Ulrich Stutz. 2. Band. Amsterdam 1982. (= Kanonistische Studien und Texte, Band 34)
May, Georg: Das Kirchenamt, in: Handbuch des Kirchenrechts, SS. 141–153.
May, Georg: Die Konkordatspolitik des Heiligen Stuhls von 1918 bis 1974, in: Handbuch der Kirchengeschichte. Band VII: Die Weltkirche im 20. Jahrhundert. Hrsg. von Hubert Jedin und Konrad Repgen. Freiburg/Br. 1979, unveränderter Nachdruck 1985, SS. 179–229.
Mayer-Maly, Dorothea: Zur Frage der Gültigkeit des Konkordates vom 5. Juni 1933, in: ÖAKR 7 (1956), SS. 198–211.
Meisner, Joachim: Unsere Hoffnung stärke euch. Redaktion und Lebensbild Wolfgang Rollik. Köln 1989.

Mercati, Angelo: Raccolta di Concordati su materie ecclesiastiche tra la santa Sede e le Autorità civili. II: 1915–1954. Vatikan 1954.

Metz, René: Le choix évêques dans les récents concordats (1918–1954), in: AnnéeC 3 (1954/55), SS. 75–98.

Mikat, Paul: Das Verhältnis von Kirche und Staat im Land Nordrhein-Westfalen in Geschichte und Gegenwart. Köln 1966. (= Arbeitsgemeinschaft für Forschung des Landes Nordrhein-Westfalen, Heft 129)

Minnerath, Roland: L'église et les états concordataires (1846–1981). La souveraineté spirituelle. Préface de Jean Gaudemet. Paris 1983.

Mörsdorf, Klaus: Das neue Besetzungsrecht der bischöflichen Stühle unter Berücksichtigung des Listenverfahrens. Bonn 1933. (= Kölner Rechtswissenschaftliche Abhandlungen, Heft 6)

Mörsdorf, Klaus: Einleitung und Kommentar zum Dekret über die Hirtenaufgabe der Bischöfe der Kirche (Decretus de pastorali Episcoporum munere in Ecclesia „Christus Dominus"), in: Konzil Vatikanisches Zweites, SS. 128–248.

Mörsdorf, Klaus: Probleme des deutschen Konkordatrechts, in: MThZ 6 (1955) SS. 1–15.

Mörsdorf, Klaus, s. Eichmann, Eduard.

Morsey, Rudolf: Zur Vorgeschichte des Reichskonkordates in den Jahren 1920 und 1921, in: ZSavRGkan 44 (1958), SS. 237–267.

Mosiek, Ulrich: Verfassungsrecht der Lateinischen Kirche. Band I: Grundfragen. Band II: Der Bischof und die Teilkirche. Freiburg/Br. 1975/78.

Müller, Hubert: Der Anteil der Laien an der Bischofswahl. Ein Beitrag zur Geschichte der Kanonistik von Gratian bis Gregor IX. Amsterdam 1977. (= Kanonische Studien und Texte, Band 29)

Nay, Giusep: Bemerkungen zum Beitrag zur Ernennung eines Weihbischofs im Bistum Chur in ZGRG 3+4/88, in: ZGRG 8 (1989), SS. 16–18.

Neumann, Johannes: Wahl und Amtsbegrenzung nach kanonischem Recht, in: ThQ 149 (1969), SS. 116–132.

Nikolasch, Franz: Bischofwahl durch alle. Konkrete Vorschläge. Graz 1973.

Obermayer, Klaus: Die Konkordate und Kirchenverträge im 19. und 20. Jahrhundert, in: Staat und Kirche im Wandel der Jahrhunderte. Hrsg. von Walther Peter Fuchs. Stuttgart 1966, SS. 166–183.

Österreichischer Synodaler Vorgang. Dokumente. Hrsg. vom Sekretariat des Österreichischen Synodalen Vorgangs. Wien 1974.

Österreichisches Staatskirchenrecht. Nach dem Stande vom 1. August 1957. Hrsg. von Hans Klecatsky und Hans Weiler. Wien 1958. (= Handausgabe Österreichischer Gesetze und Verordnungen, Band 15)

Ohlemüller, G.: Reichskonkordat zwischen Deutschland und dem Vatikan vom 20. Juli 1933. Urkunden und geschichtliche Bemerkungen. Berlin 2. erw. Aufl. 1937.

Ostermann, Günter, Die Fortgeltung des Badischen Konkordats von 1932. Jur. Diss. Köln 1962.

Personalschematismus für das Erzbistum Köln 1987 nach dem Stande vom 1. Dezember 1986 und 1989 nach dem Stande vom 12. Februar 1989. Hrsg. vom Erzbischöflichen Generalvikariat. Köln 1987 und 1989.

Pesch, Rudolf: Neutestamentliche Grundlagen kirchlich-demokratischer Lebensform, in: Conc 7 (1971), SS. 166–171.
Plöchl, Willibald M.: Abschluß und Auflösung von Konkordaten. Die Rechtslage beim österreichischen Konkordat, in: ÖAKR 8 (1957), SS. 3–24.
Plöchl, Willibald M.: Geschichte des Kirchenrechts. Band II. Das Katholische Kirchenrecht der Neuzeit. Erster Teil. Wien 2. erw. Aufl. 1970.
Plöchl, Willibald M.: Wesen und Funktion der Konkordate am Beispiel des österreichischen Konkordats, in: Kirche und Staat. Fritz Eckert zum 65. Geburtstag. Hrsg. von Herbert Schambeck. Berlin 1976, SS. 209–214.
Plück, Susanne: Das Badische Konkordat vom 12. Oktober 1932. Mainz (Phil. Diss. Bonn) 1982. (= Veröffentlichungen der Kommission für Zeitgeschichte. Reihe B: Forschungen, Band 41)
Potz, Richard: Die inneren Angelegenheiten der anerkannten Kirchen und Religionsgesellschaften als Problem der Grundrechtsinterpretation, in: Ex Aequo et Bono. Willibald M. Plöchl zum 70. Geburtstag. Hrsg. von Peter Leisching u.a. Innsbruck 1977, SS. 409–422.
Raab, Heribert: Bischof und Fürst der Germania Sacra zwischen Westfälischen Frieden und Säkularisation (1650–1803), in: Der Bischof in seiner Zeit, SS. 315–348.
Rahner, Karl: Reform der Bischofswahl, in: StdZ 200 (1982), SS. 289–290.
Rahner, Karl – Ratzinger, Joseph: Episkopat und Primat. Freiburg/Br. 1961. (= Qaestiones Disputatae 11)
Ratzinger, Joseph – Maier, Hans: Demokratie in der Kirche. Möglichkeiten, Grenzen, Gefahren. Limburg 1970.
Reichskonkordat und Länderkonkordate. Mit Einleitung und Sachverzeichnis. Hrsg. von Joseph Wenner. 2 Bände. Paderborn 7. verb. Auflage 1964.
Remy, Jean: Beteiligung des Gottesvolkes an der Wahl und Ernennung eines Bischofs, in: Conc 16 (1980), SS. 507–514.
Rösch, Adolf: Der Einfluß der deutschen protestantischen Regierungen auf die Bischofswahlen. Freiburg/Br. 1900. (= Studien aus dem Collegium Sapientiae zu Freiburg im Breisgau. Vierter Band)
Rosmini, Antonio: Die fünf Wunden der Kirche. Kritische Ausgabe. Hrsg. und eingeleitet von Clemente Riva. Paderborn 1971.
Rothenbücher, Karl: Die bayerischen Konkordate 1924, in: AÖR NF 8 (1925), SS. 324–340.
Sägmüller, Johann Baptist: Die Bischofswahl bei Gratian. Köln 1908. (= Görres-Gesellschaft zur Pflege der Wissenschaft im katholischen Deutschland. Sektion Rechts- und Sozialwissenschaft 1. Heft)
Sagmeister, N. N.: Der österreichische Bischofseid, in: AkathKR 88 (1908), SS. 749–751.
Schambeck, Herbert: Kirche und Demokratie, in: Kirche und Staat. Fritz Eckert zum 65. Geburtstag. Hrsg. von Herbert Schambeck. Berlin 1976, SS. 103–128.
Scharnagl, Anton: Das königliche Nominationsrecht für die Bistümer in Bayern 1817–1918, in: ZSavRGkan 17 (1928), SS. 228–263.

Scharnagl, Anton: Das Reichskonkordat und die Länderkonkordate als Konkordatssystem, in: HJ 74 (1955), SS. 584–607.
Schatz, Klaus: Bischofswahlen. Geschichtliches und Theologisches, in: StdZ 114 (1989), SS. 291–307.
Scheffczyk, Leo – Ziegenaus, Anton: Nach dem „Kölner Ereignis" 1989, in: Forum Katholische Theologie 5 (1989), SS. 128–136.
Scheuermann, Audomar: Das Bayerische Konkordat 1924 bis 1974, in: Convivium utriusque iuris. Alexander Dordett zum 60. Geburtstag. Hrsg. von Audomar Scheuermann u.a. Wien 1976, SS. 399–416.
Scheuermann, Audomar: Die Konkordatspolitik Pius XII., in: Pius XII. zum Gedächtnis. Hrsg. von Herbert Schambeck. Berlin 1977, SS. 71–102.
Scheuermann, Audomar: Die Konkordatspolitik Pius XII., in: Pius XII. Friede durch Gerechtigkeit. Hrsg. von Herbert Schambeck. Kevelaer 1986, SS. 124–143.
Schima, Johann iun.: Zur Funktion der kirchlichen Autonomie nach Art. 15 des österreichischen Staatsgrundgesetzes über die allgemeinen Rechte der Staatsbürger, in: Convivium utriusque iuris. Alexander Dordett zum 60. Geburtstag. Hrsg. von Audomar Scheuermann u.a. Wien 1976, SS. 335–352.
Schimmelpfeng, Bernhard: Das Prinzip der „Sanior pars" bei Bischofswahlen im Mittelalter, in: Conc 16 (1980), SS. 473–477.
Schmidt, Wilhelm: Das Recht der Bischofswahlen in Preußen. Jur. Diss. Greifswald 1919.
Schmitz, Heribert: Der Diözesanbischof, in: Handbuch des Kirchenrechts, SS. 336–348.
Schmitz, Heribert: Relative Mehrheit bei Wahlentscheidungen. Zur Interpretation von c. 119 n. 1 CIC, in: AkathKR 157 (1988), SS. 39–72.
Schmitz, Heribert: Plädoyer für Bischofs- und Pfarrerwahl. Kirchenrechtliche Überlegungen zu ihrer Möglichkeit und Ausformung, in: TThZ 79 (1970), SS. 230–249.
Schmitz, Heribert: Tendenzen nachkonziliarer Gesetzgebung im verfassungsrechtlichen Bereich, in: Internationale Katholische Zeitschrift 6 (1977), SS. 524–539.
Schneider, Egon: Die heutige Rechtskraft der Bulle „De salute animarum", in: ThGl 18 (1926), SS. 803–828.
Schöppe, Lothar: Neue Konkordate und konkordatäre Vereinbarungen abgeschlossen in den Jahren 1964–69. Hamburg 1972. (= Veröffentlichungen des Instituts für internationales Recht an der Universität Kiel 65)
Schöppe, Lothar: Die gegenwärtige Lage der vertraglichen Beziehungen zwischen dem Heiligen Stuhl und Deutschland. Jur. Diss. Köln 1957.
Scholder, Klaus: Österreichisches Konkordat und nationalsozialistische Kirchenpolitik 1938/39, in: ZevKR 20 (1975), SS. 230–243.
Schwendenwein, Hugo: Das neue Kirchenrecht. Gesamtdarstellung. Graz 2. verb. Aufl. 1984.
Schwendenwein, Hugo: Der geschichtliche Weg der Neukodifizierung des Kanonischen Rechts, in: GuG 2 (1983), SS. 116–127 und 184–206.

Seeber, David: Strategien. Nachgedanken zu drei Bischofsernennungen, in: HerKorr 43 (1989), SS. 52–53.
Seibel, Wolfgang: Bischofsernennungen, in: StdZ 205 (1987), SS. 361 f.
Seidenschnur, Wilhelmine: Die Salzburger Eigenbistümer in ihrer reichs-, kirchen- und landesrechtlichen Stellung, in: ZSavRGkan 40 (1919), SS. 177–287.
Semmelroth, Otto: Demokratie in der Kirche?, in: Martyria. Leiturgia. Diakonia. Festschrift für Hermann Volk. Hrsg. von Otto Semmelroth u.a. Mainz 1968, SS. 399–415.
Socha, Hubert: „Helfer und Schützer der Bischöfe". Die Stellung des Nuntius nach geltendem Recht, in: ThGl 65 (1975), SS. 60–75.
Spatzenegger, Hans: Franz Rehrl und die Kirche, in: Franz Rehrl. Landeshauptmann von Salzburg 1922–1938. Hrsg. von Wolfgang Huber. Salzburg 1975, SS. 43–76.
Statuta Capituli Cathedralis ad S. Rupertum et S. Virgilium Ecclesiae Metropolitanae Salisburgensis. Beschlossen am 19. 9. 1983, rechtswirksam ab 1. 1. 1984. Salzburg (1984), als Manuskript vervielfältigt.
Statuten des Domkapitels des Bistums Basel. Authentische Dokumente. Solothurn 1979.
Statuten des Domkapitels unserer lieben Frau zu Chur. Am 2. Juni 1986 beschlossen und am 1. November 1986 in Kraft getreten. Chur 1986.
Staudenmaier, Franz Anton: Geschichte der Bischofswahlen mit besonderer Berücksichtigung der Rechte und des Einflusses christlicher Fürsten auf dieselben. Tübingen 1830.
Steinhausen, Matthias: Die Entwicklung der politischen Klausel in bezug auf die Besetzung der Bischofsstühle in den Vereinbarungen zwischen Staat und Kirche. Jur. Diss. Bonn 1956.
Stockmeier, Peter: Gemeinde und Bischofsamt in der alten Kirche, in: ThQ 149 (1969), SS. 133–146.
Stockmeier, Peter: Die Wahl der Bischöfe durch Klerus und Volk in der frühen Kirche, in: Conc 16 (1980), SS. 463–467.
Stutz, Ulrich: Konkordat und Codex. Berlin 1930. (= Sonderausgabe aus den Sitzungsberichten der preußischen Akademie der Wissenschaften. Phil. hist. Klasse 1930, XXXII)
Stutz, Ulrich: Der neueste Stand des deutschen Bischofswahlrechtes. Mit Exkursen in das Recht des 18. und 19. Jahrhunderts. Stuttgart 1909. (= Kirchenrechtliche Abhandlungen, Heft 58)
Stutz, Ulrich: Über das Verfahren bei der Nomination auf Bischofsstühle, in: Sitzungsberichte der Preußischen Akademie der Wissenschaften. Phil. Hist. Klasse, Jahrgang 1928. Berlin 1928, SS. 229–246.
Stutzinger, Georg: Das österreichische Konkordat vom 5. Juni 1933. Jur. Diss. Köln 1936.
Sybel, Friedrich von: Das Recht des Staates bei Bischofswahlen in Preußen, Hannover und der oberrheinischen Kirchenprovinz. Mit besonderer Berücksichtigung der Praxis. Nach amtlichen Quellen. Bonn 1873.
Trippen, Norbert: Im Dienst und Verantwortung eingetreten. Das Erzbis-

tum Köln, seine Bischöfe und die katholische Kirche Deutschlands von 1825 bis 1975, in: Ortskirche im Dienst der Weltkirche. Das Erzbistum Köln seit seiner Wiedererrichtung im Jahre 1825. Festgabe für die Kölner Kardinäle Erzbischof Joseph Höffner und Alt-Erzbischof Josef Frings. Hrsg. von Norbert Trippen u.a. Köln 2. Aufl. 1977, SS. 9–24.

Trippen, Norbert: Das Domkapitel und die Erzbischofswahlen in Köln 1821–1929. Köln 1972. (= Bonner Beiträge zur Kirchengeschichte, Band 1)

Trisco, Robert: Der demokratische Einfluß auf die Wahl von Bischöfen und Pfarrern und auf die Verwaltung von Diözesen und Pfarreien in den USA, in: Conc 8 (1972), SS. 548–551.

Ullmann, Walter: Die Bischofswahl und die französischen Könige im 9. und 10. Jahrhundert, in: Conc 8 (1972), SS. 520–523.

Ullmann, Walter: Die Machtstellung des Papsttums im Mittelalter. Idee und Geschichte. Graz 1960.

Vettin, Hans-Joachim: Die seit dem Inkrafttreten der Weimarer Reichsverfassung geschlossenen Konkordate der deutschen Länder und ihre Weitergeltung im Dritten Reich. Berlin (Jur. Diss. Erlangen) 1935.

Volk, Ludwig: Das Reichskonkordat vom 20. Juli 1933. Von den Ansätzen in der Weimarer Republik bis zur Ratifizierung am 10. September 1933. Mainz 1972. (= Veröffentlichung der Kommission für Zeitgeschichte. Reihe B: Forschungen, Band 5)

Walf, Knut, s. Huizing, Peter.

Weber, Franz Xaver von: Rechtliche Erwägungen zur päpstlichen Koadjutorenernennung im Bistum Chur, in: ZGRG 7 (1988), SS. 48–62.

Weber, Werner: Die politische Klausel in den Konkordaten. Staat und Bischofsamt. Hamburg 1939. (= Schriften der Akademie für Deutsches Recht. Gruppe Verfassungs- und Verwaltungsrecht Nr. 3)

Weber, Werner: Das Nihil obstat. Beiträge zum Verhältnis von Staat und katholischer Kirche, in: Zeitschrift für die gesamte Staatswissenschaft 99 (1938), SS. 193–244.

Weber, Werner: Das Reichskonkordat in der deutschen Rechtsentwicklung, in: ZADR 5 (1938), SS. 532–536.

Weinzierl, Erika: Kirche und Staat, in: Das neue Österreich. Geschichte der Zweiten Republik. Hrsg. von Erika Weinzierl und Kurt Skalnik. Graz 1975, SS. 241–258.

Weinzierl-Fischer, Erika: Die österreichischen Konkordate von 1855 bis 1933. Wien 1960.

Weise, Georg: Königtum und Bischofswahl im fränkischen und deutschen Reich vor dem Investiturstreit. Berlin 1912.

Wesemann, Paul: Münstersche Bischofswahl – heute und morgen, in: Bischof Heinrich Tenhumberg. Ein Gedenkblatt zu seiner Amtsübernahme am 14. September 1969. Münster 1969, SS. 22–24.

Will, Erich: Das Konkordat zwischen dem Heiligen Stuhl und dem Freistaat Baden von 12. Oktober 1932. Jur. Diss. Freiburg 1953.

Will, Erich: Die Konvention zwischen dem Heiligen Stuhl und der Krone Badens vom 28. Juni 1859, in: Baden im 19. und 20. Jahrhundert. Verfas-

sungs- und verwaltungsgeschichtliche Studien. Hrsg. von Karl S. Bader. Band III. Karlsruhe 1958, SS. 99–188.
Wille, Herbert: Staat und Kirche im Fürstentum Liechtenstein. Jur. Diss. Freiburg/Ue. 1972. (= Freiburger Veröffentlichungen aus dem Gebiete von Kirche und Staat, Band 15)
Zapp, Hartmut: Die Bischofsernennung nach dem geltenden Recht und nach dem Entwurf des „liber II de Populi Dei" von 1977, in: Conc 16 (1980), SS. 500–503.
Ziegenaus, Anton, siehe Scheffczyk, Leo.
Zeiger, Ivo: Das Reichskonkordat, in: StdZ 126 (1934), SS. 1–8.
Ziegler, Adolf Wilhelm: Kirche und Staat in der Schweiz, in: MThZ 20 (1969), SS. 269–287.
Zscharnack, Leopold: Das Preußen-Konkordat. Eine Beleuchtung des Preußischen Kirchenvertrages mit der Römischen Kurie vom 14. Juni 1929. Berlin 1929.

Zur Geschichte des Bischofswahl- und ernennungsrechtes

1 Stockmeier, Wahl, S. 463.
2 Dazu siehe Staudenmaier, Geschichte, S. 19, und Gelmi, Päpste, S. 20.
3 Stockmeier, Wahl, S. 464.
4 Deussen, Weisen der Bischofswahl, S. 125–131.
5 Ebda, S. 131–135.
6 Mit der Bischofswahl in der früheren Zeit beschäftigen sich in der Hauptsache: Stockmeier, Wahl; Stockmeier, Gemeinde und Bischofsamt; der Beitrag Stockmeiers in Geschichte der Katholischen Kirche, S. 38ff., und Müller, Anteil der Laien, SS. 9–19. Diese Arbeiten fassen die wesentlichen Grundlinien der Ämterbestellung der frühen Kirche zusammen, ihnen folgt diese Darstellung in der Hauptsache. Schon früh (1830) beschäftigte sich Staudenmaier, Geschichte, mit dieser Problematik. Weitere Darstellungen zu diesem Thema sind: Bartelink, Electio; Bauer, Bischofswahl; Biemer, Bischofswahl, S. 171–173; Congar, Laie, SS. 386ff.; Feine, Rechtsgeschichte, SS. 31–41 und 114ff.; Funk, Bischofswahl, SS. 23ff.; Granfield, Sensus fidelium; Hoffmann, Wahlen, S. 168; Kilmartin, Bischofswahlrecht; Kindermann, Ernennungsrecht, SS. 71ff.; Kottje, Wahl, S. 196f.; Legrand, Sinn; Mörsdorf, Besetzungsrecht, S. 1f.; Neumann, Wahl S. 117; Nikolasch, Bischofswahl, SS. 23ff.; Pesch, Grundlagen; Schatz, Bischofswahlen. Vgl. auch den Artikel von Heinz-Joachim Fischer in der *Frankfurter Allgemeinen* vom 13. 12. 1988 sowie der Artikel „Weltliche Gewalt, Domkapitel und Papst“ von Hartmut Brookmann, ebd. vom 7. 1. 1989 (etwas umständlich verfaßt).
7 Stockmeier, Wahl, S. 465f.; Kindermann, Ernennungsrecht, S. 71f.
8 Stockmeier, Wahl, S. 466.
9 Die folgende Darstellung orientiert sich weitgehend an: Claude, Bestellung; Feine, Rechtsgeschichte, SS. 209ff.; Kindermann, Ernennungsrecht, SS. 74ff.; Müller, Anteil, SS. 19ff.; Weise, Königtum. Weitere Literatur zu diesem Thema und dieser Zeit: Ganzer, Beschränkung I, II; Gaudemet, Bischofswahl; Glässer, Kirchenrecht; Kölmel, Bischofswahlen; Schimmelpfeng, Prinzip; Ullmann, Bischofswahlen. Siehe auch die unter Anm. 6 angegebene Literatur.
10 Ullmann, Bischofswahlen.
11 Müller, Anteil, S. 22; über die Entwicklung der päpstlichen Gewalt siehe Ullmann, Machtstellung.
12 Sägmüller, Bischofswahl; Ganzer, Beschränkung I, S. 33.
13 Ganzer, Beschränkung I; Glässer, Kirchenrecht, S. 5f.; Müller, Anteil, SS. 196ff.
14 Ganzer, Beschränkung II; Geselbrecht, Verfahren, SS. 44–49 und 68–72.
15 Dazu siehe besonders: Below, Entstehung; Feine, Rechtsgeschichte, S. 385; Ganzer, Beschränkung; Glässer, Kirchenrecht.

16 Below, Entstehung, SS. 38ff.; Ganzer, Beschränkung II.
17 Dazu siehe besonders: Ganzer, Papsttum; Gaudemet, Bischofswahl, S. 470f.; Glässer, Kirchenrecht, S. 6ff.; Feine, Rechtsgeschichte, S. 336; Mörsdorf, Besetzungsrecht, S. 5f.; Ullmann, Machtstellung.
18 Ebers, Devolutionsrecht, SS. 172–219; Ganzer, Papsttum, S. 24.
19 Glässer, Kirchenrecht, S. 7.
20 Gaudemet, Bischofswahl, S. 471.
21 Zur Entwicklung im 15. Jahrhundert und des Nominationsrechtes: Feine, Rechtsgeschichte, SS. 426ff.; Kindermann, Ernennungsrecht, SS. 86ff.; Mörsdorf, Besetzungsrecht, S. 6f.; Obermayer, Konkordate, S. 167; Plöchl, Geschichte III, S. 472; Stutz, Verfahren, SS. 229ff.
22 Dazu vor allem Bernhard, Konzil; Feine, Rechtsgeschichte, S. 474.
23 Feine, Besetzung, SS. 1ff.; Raab, Bischof, S. 321.
24 Raab, Bischof, S. 321.
25 Hegel, Geschichte III, SS. 77f.
26 Raab, Bischof, S. 323f.
27 Dazu siehe Braubach, Fürstenberg, SS. 426ff.; Feine, Besetzung, S. 125ff.; Hegel, Geschichte III, SS. 35ff. Einen Überblick über Kölner Wahlen im 16. Jahrhundert bietet Günther von Lojewski in der *Süddeutschen Zeitung*, 22. 12. 1988.
28 Über die Reichskirche siehe: Aretin, Reich, SS. 34ff.

Die konkordatären Regelungen des 19. Jahrhunderts

1 Obermayer, Konkordate, S. 169f.
2 Betr. Luxemburg André Heiderscheid, Brief vom 5. 7. 1989.
3 Über den Plan eines Reichskonkordats siehe: Doeberl, Konkordatsverhandlungen, SS. 24ff.; Friedberg, Staat, S. 4f.; Huber–Huber, Staat und Kirche I, SS. 22ff. Zu den Konkordaten nach 1815 siehe auch R. Lill in Ökumenische Kirchengeschichte Bd. 3, S. 143 ff.
4 Huber–Huber, Staat und Kirche, I. SS. 104ff. (hier ist die Denkschrift abgedruckt); Hürten, Geschichte, SS. 25ff.
5 Über die Verhandlungen und den Abschluß des bayerischen Konkordats: Doeberl, Konkordatsverhandlungen; Feine, Rechtsgeschichte, SS. 553ff.; Friedberg, Staat, SS. 12ff., 36ff. und 353ff.; Geiger, Konkordat; Kindermann, Ernennungsrecht, SS. 212ff.; Scharnagl, Nominationsrecht, SS. 228ff.; Stutz, Verfahren, S. 232.
6 Text des Konkordats bei Huber–Huber, Staat und Kirche I, S. 170f.
7 Dazu Kindermann, Ernennungsrecht, SS. 27–63; Mörsdorf, Besetzungsrecht, S. 9; Scharnagl, Nominationsrecht, SS. 240ff.
8 Scharnagl, Nominationsrecht, SS. 247ff., listet alle Fälle auf.
9 Zu den Vereinbarungen zwischen Preußen und Rom sowie zu den Verhandlungen siehe: Ebers, Recht; Feine, Rechtsgeschichte, SS. 556ff. und 568ff.; Friedberg, Staat, SS. 43–63, 211–263 und 356–394; Gatz,

Bischofsernennungen; Gatz, Domkapitel, Grisar, Konvention; Hirschel, Recht, SS. 26ff.; Rösch, Einfluß, SS. 69ff.; Ketteler, Recht; Schmidt, Recht; Stutz, Stand; Sybel, Recht, SS. 6ff.; Trippen, Domkapitel, SS. 3ff.

10 Huber–Huber, Staat I, S. 201f.

11 Bulle abgedruckt in Huber–Huber, Staat I, S. 201f.; siehe Köck, Stellung, S. 322.

12 Abgedruckt ebda. SS. 203ff.

13 Abgedruckt ebda. SS. 221ff.

14 Trippen, Domkapitel, S. 10.

15 Schreiben abgedruckt in Huber–Huber, Staat I, S. 248f. Dazu weiters Stutz, Stand, SS. 15ff., und Trippen, Domkapitel, SS. 337ff.

16 Zu den Verhandlungen und Vereinbarungen für die oberrheinische Kirchenprovinz: Feine, Rechtsgeschichte, SS. 559ff.; Föhr, Geschichte, SS. 6ff.; Föhr, Konkordat, SS. 1ff.; Friedberg, Staat, SS. 26–28, 90–207, 285–352 und 409–425; Hirschel, Recht, SS. 114ff.; Rösch, Einfluß, SS. 140ff.; Sybel, Recht, SS. 43ff.

17 Abgedruckt bei Huber–Huber, Staat I, SS. 241ff.

18 Abgedruckt ebda. S. 245.

19 Abgedruckt ebda. S. 246f.

20 Abgedruckt ebda. S. 246f.

21 Abgedruckt ebda. SS. 264ff.

22 Föhr, Konkordat, SS. 3 und 32ff.

23 Zu Württemberg: Konkordat abgedruckt in Huber–Huber, Staat I, SS. 183ff.; zu Baden: Konkordat abgedruckt ebda. SS. 229ff.; Will, Konvention.

24 Bulle abgedruckt in Huber–Huber, Staat I, SS. 299ff.; der König von Hannover, Georg IV., setzte sie für seinen Bereich am 20. 5. 1824 in Kraft. Weitere Literatur dazu: Feine, Rechtsgeschichte, S. 558; Friedberg, Staat, SS. 63–69, 264–284, 293–408; Hirschel, Recht, SS. 114ff.; Rösch, Einfluß, SS. 22ff.; Sybel, Recht, SS. 37ff.

25 Kindermann, Ernennungsrecht, SS. 219ff.; Feine, Rechtsgeschichte, S. 559.

26 Löhr, Rechtsfrage; Kindermann, Ernennungsrecht, SS. 205.

27 Hussarek, Tatbestand, SS. 181ff.; Kindermann, Ernennungsrecht, SS. 261ff.; Seidenschnur, Stellung; Stutz, Verfahren.

28 Zu den Konkordatsverhandlungen und zur kirchenpolitischen Situation dieser Zeit: Engel-Janosi, Österreich I, SS. 76ff.; Feine, Rechtsgeschichte, S. 566f. und 588ff.; Hantsch, Geschichte II, S. 347f.; Haring, Grundzüge, SS. 54ff.; Hussarek, Verhandlungen; Loidl, Geschichte, SS. 238ff.; Minnerath, L'Église, S. 281f.; Stutzinger, Konkordat, S. 14f.; Weinzierl-Fischer, Konkordate, S. 254.

30 Zitiert bei Weinzierl-Fischer, Konkordate, S. 117. Weitere Literatur dazu siehe: Engel-Janosi, Österreich I, SS. 170ff.; Hantsch, Geschichte I, SS. 382ff.; Haring, Grundzüge, SS. 58ff.; Hussarek, Krise; Loidl, Gechichte, S. 246f.

31 Hussarek, Tatbestand.
32 Wenn man die Ausführungen Hussareks liest und die Liste der österreichischen Bischöfe von 1848 bis 1918 durchgeht, darf spekuliert werden, ob unter solchen Prämissen Hermann Groër und Georg Eder Erzbischof von Wien bzw. Salzburg geworden wären.

Das kirchliche Recht und der CIC des Jahres 1917

1 Plöchl, Geschichte V, SS. 301 ff.
2 Mörsdorf, Besetzungsrecht, S. 68.
3 Zu den Bestimmungen über die Bischöfe siehe: Feine, Rechtsgeschichte, S. 647; Haring, Grundzüge, SS. 198 ff., 268 ff.; Mörsdorf, Besetzungsrecht, SS. 68 ff.; Eichmann–Mörsdorf, Lehrbuch I, SS. 287 ff., 406 ff.; Mosiek, Verfassungsgeschichte I, SS. 116 ff. und Verfassungsgeschichte II, SS. 40 ff.
4 Stutz, Konkordat, S. 5.

Die Konkordatsära nach 1918

1 Hütteroth, Konkordat; Kißling, Abschluß, SS. 29 ff.; über die völkerrechtliche Stellung des Heiligen Stuhles siehe Köck, Stellung.
2 Nach Deutschen Verfassungen und Bundesverfassungsrecht; vgl. dazu auch Bauer, Recht, SS. 10 ff.
3 Zum BayK gibt es auch umfangreiche Literatur, an die sich die Darstellung hält: Engel, Konkordat; Gaab, Konkordat; Haag, Recht; Hilling, Konkordat; Koeniger, Konkordate; Link, Besetzung; Listl, Jahre; May, Konkordatspolitik; May, Kaas, SS. 382 ff.; Metz, Choix; Minnerath, L'Église; Mörsdorf, Besetzungsrecht, SS. 108 ff.; Rothenbücher, Konkordat; Scharnagl, Reichskonkordat, 585 ff.; Scheuermann, Konkordatspolitik (1977), SS. 77 ff.; Scheuermann, Konkordatspolitik (1986), SS. 127 ff.; Scheuermann, Konkordat.
4 Abgedruckt in Huber–Huber, Staat IV, SS. 294 ff.
5 Das BayK ist abgedruckt in: Huber–Huber, Staat IV, SS. 299 ff.; Konkordate (Listl) I, SS. 287 ff.; Mercati, Raccolta I, SS. 18 ff.; Konkordate (Weber) I, SS. 40 ff.
6 Regierungserklärung abgedruckt in: Huber–Huber, Staat IV, SS. 306 ff.; Konkordate (Listl) I, SS. 303 ff.; Konkordate (Weber) I, SS. 52 ff.
7 Mörsdorf, Besetzungsrecht, S. 114.
8 Ebda. Anm. 431.
9 Wie bereits in Anm. 32 des Kapitels „Die konkordatären Regelungen des 19. Jahrhunderts“ vermerkt, kann auch hier spekuliert werden, ob die jetzigen Erzbischöfe von Wien und Salzburg nach den Regelungen des BayK auf solchen Listen gestanden wären.

10 Listl, Jahre, S. 257.
11 Ebda., SS. 271 ff.; Scheuermann, Konkordat, SS. 403 ff.; Böck, Änderung.
12 Konkordatsprozeß I, S. 119; Schneider, Rechtskraft, kannte 1926 offenbar noch nicht die betreffenden Päpstlichen Enuntiationen, so daß er ein Weitergelten der Bullen postulierte.
13 Zum PrK siehe: Bauer, Verhältnis; Bauer, Recht; Bredt, Konkordat; Danziger, Beiträge; Gatz, Domkapitel; Golombek, Vorgeschichte; Herzig, Systematik; Koeninger, Konkordat; Koeninger, Konkordate; Leiber, Konkordat; Leiber, Konkordatsfrage; Link, Besetzung; May, Kaas; May, Konkordatspolitik; Metz, Choix; Mikat, Verhältnis; Minnerath, L'Église; Mörsdorf, Besetzungsrecht, SS. 118 ff.; Scharnagl, Reichskonkordat; Scheuermann, Konkordatspolitik (1977); Scheuermann, Konkordatspolitik (1986); Zscharnack, Preußenkonkordat.
14 Golombek, Vorgeschichte, S. 116.
15 Das PrK ist abgedruckt in: Huber–Huber, Staat IV, SS. 322 ff.; Konkordate (Listl) II. SS. 797 ff.; Konkordate (Weber) I. SS. 67 ff.; Mercati, Raccolta II, SS. 133 f.
16 Regierungserklärung abgedruckt in: Konkordate (Listl) II, SS. 724 ff.; Konkordate (Weber) I, SS. 79 ff.
17 Link, Besetzung, S. 253 f.; Mörsdorf, Besetzungsrecht, S. 131.
18 Mörsdorf, Besetzungsrecht, S. 134.
19 Abgedruckt in Huber–Huber, Staat IV, S. 350 f.
20 Zum BadK: Föhr, Geschichte; Föhr, Konkordat; Grüninger, Besetzungsrecht; Hollerbach, Konkordat; Hollerbach, Streiflichter; Hove, Concordat (Bade); May, Konkordatspolitik; Metz, Choix; Minnerath, L'Église; Link, Besetzung; Mörsdorf, Besetzungsrecht, S. 143 f.; Plück, Konkordat; Scheuermann, Konkordatspolitik (1977); Scheuermann, Konkordatspolitik (1986); Will, Konkordat.
21 Das BadK ist abgedruckt in Huber–Huber, Staat IV, SS. 354 ff.; Konkordate (Listl) I, SS. 136 ff.; Konkordate (Weber) I, SS. 101 ff.; Mercati, Raccolta II, SS. 148 ff.
22 Konkordate (Listl) I, S. 164.
23 Akten Staatliche (Kupper), SS. 435 ff.; Huber–Huber, Staat IV, SS. 279 ff.
24 Über das RK siehe: Deuerlein, Reichskonkordat; Groppe, Reichskonkordat; Hove, Concordat (Reich); Jestaedt, Reichskonkordat; Krüger, Kommentar; May, Kaas, SS. 359 ff.; May, Konkordatspolitik; Metz, Choix; Minnerath, L'Église; Morsey, Vorgeschichte; Ohlemüller, Reichskonkordat; Scharnagl, Reichskonkordat; Scheuermann, Konkordatspolitik (1986); Volk, Reichskonkordat; Weber, Reichskonkordat; Reichskonkordat (Wenner); Zeiger, Reichskonkordat.
25 Das RK ist abgedruckt in: Huber–Huber, Staat IV, SS. 295 ff.; Konkordate (Listl) I, SS. 33 ff.; Konkordate (Weber) I, SS. 13 ff.; Mercati, Raccolta II, SS. 185 ff.

26 Über die Vorgänge in Mainz und Rottenburg sowie Meißen und Danzig siehe Mörsdorf, Besetzungsrecht, SS. 143ff.
27 Kremsmaier, Weg, SS. 275ff.; Spatzenegger, Rehrl, SS. 59ff.
28 Zum ÖstK: Engel-Janosi, Chaos, SS. 133ff.; Haring, Kommentar; Hove, Concordat (Autriche); Keith, Werdegang; Klecatsky, Kirchenfreiheit; Köstler, Konkordat; Kostelecky, Kirche; Kostelecky, Anerkennung; Kremsmair, Weg; May, Konkordatspolitik; Metz, Choix; Minnerath, L'Église; Mörsdorf, Besetzungsrecht, SS. 154ff.; Plöchl, Wesen; Stutzinger, Konkordat; Weinzierl-Fischer, Konkordate.
29 Das ÖstK ist abgedruckt in: Mercati, Raccolta II, SS. 160ff.; Österreichisches Staatskirchenrecht, SS. 230ff.; Weinzierl-Fischer, Konkordate, SS. 258ff.; Schöppe, Konkordate, SS. 155ff.
30 Dazu vor allem Schneider, Rechtskraft.

Weitere Konkordatsbestimmungen zur Bischofsbestellung

1 Einen Überblick über die geforderte Staatsbürgerschaft für kirchliche Ämter bietet Link, Besetzung, SS. 70ff.
2 Ebers, Staat, S. 347.
3 Für Nordrhein-Westfalen war die DDR-Staatsbürgerschaft Meisners kein Problem: Peer Steinbrück, Gedächtnisprotokoll vom 3. 5. 1989.
4 Dazu siehe *Die Welt,* 2. 3. 1989; *Kölnische Rundschau,* 1. 4. 89; *KNA-Informationsdienst* Nr. 10, 9. 3. 1989 und Nr. 12, 23. 3. 1989.
5 In einem Gespräch Kardinal Meisners mit dem Autor am 20. 6. 1989 vertrat jener die Meinung, daß für Berlin sicherlich kein bundesdeutscher oder polnischer Kandidat aufgrund der politischen Situation in Frage komme. Aber warum sollte nicht z.B. ein tüchtiger Kurienbischof aus der Schweiz oder Österreich, neutrale Staaten also, nach Berlin transferiert werden.
6 Siehe dazu Heinz-Joachim Fischer in der *Frankfurter Allgemeinen,* 21. 3. 1989.
7 Zur „Politischen Klausel": Albrecht, Klausel; Becker, Klausel; Fischer, Klausel; Kaiser, Klausel; Mörsdorf, Besetzungsrecht, SS. 148ff.; Plöchl, Geschichte III, S. 482f.; Weber, Nihil obstat; Weber, Klausel; Steinhausen, Entwicklung.
8 Albrecht, Klausel.
9 Huber, Staat, SS. 163ff.
10 Huber, Verfassungsrecht, S. 505.
11 Albrecht, Klausel, SS. 134ff.; siehe auch Gruß, Klausel.
12 Weber, Klausel, S. 37f.
13 Über den Bischofseid siehe: Hofmeister, Bischofseid; Link, Besetzung, SS. 171ff.; Mörsdorf, Besetzungsrecht, SS. 148ff.
14 Dazu Huber–Huber, Staat I, S. 177f.
15 Dazu ebda. SS. 223ff.

16 Über Österreich siehe Hussarek, Tatbestand; Sagmeister, Bischofseid.
17 Akten Staatliche (Kupper), S. 450.

Die Staatskirchenrechtliche Situation nach 1945

1 Vettin, Inkrafttreten.
2 Born, Problem; Gebhart, Rechtslage; Groppe, Reichskonkordat; May, Konkordatspolitik; Mörsdorf, Probleme; Schöppe, Lage.
3 Konkordatsprozeß II, SS. 670ff.
4 Konkordatsprozeß III, S. 1021.
5 Konkordatsprozeß IV, SS. 1669ff.
6 Mörsdorf, Probleme, S. 5.
7 Bauer, Verhältnis; Haude, Fortgeltung; Haugg, Staat; Herzig, Systematik.
8 Beide abgedruckt in Konkordate (Listl) II, SS. 3ff. und 228ff. Das Niedersächsische Konkordat noch in Konkordate (Weber) II, SS. 67ff.; zu diesem siehe auch Mahrenholz, Konkordat.
9 Ostermann, Fortgeltung.
10 Keith, Werdegang; Liebmann, Innitzer, S. 211f.; Scholder, Konkordat; Weber, Reichskonkordat.
11 Zu dieser Problematik siehe: Kostelecky, Anerkennung Konkordat; Kostelecky, Anerkennung Rechtsgültigkeit; Kostelecky, Handlungen; Kostelecky, Kirche; Magenschab, Republik, S. 20; Mayer-Maly, Frage; Plöchl, Abschluß; Weinzierl, Kirche und Staat, S. 243f.
12 Nach *KNA-Informationsdienst* 51/52, 22. 12. 1988, soll Bischof Reinelt direkt vom Heiligen Stuhl ernannt worden sein.
12 André Heiderscheid, Brief vom 5. 7. 1989.
14 Lateranverträge abgedruckt in Lateran-Verträge. Zu Südtirol Josef Gelmi, Brief vom 15. 3. 1989; weiters Kindermann, Ernennungsrecht, SS. 226.
15 Neues italienisches Konkordat abgedruckt in AAS 77 (1985), SS. 521–535.

Konzil und neues Kirchenrecht

1 Müller, Anteil, SS. 225ff. Diese Arbeit erschien 1977 in deutscher Sprache in einem niederländischen Verlag im Rahmen einer wissenschaftlichen Reihe, so daß die Verbreitung des Buches im deutschsprachigen Raum nur sehr beschränkt war.
2 Interview mit Theodor Detter in der *Österreichischen Academia*, 40. Jg., Heft 1, 1989. Auf Seite 7 bringt er seine Ablehnung gegenüber innerkirchlichen demokratischen Vorschlägen mit der historischen Erfah-

rung staatlicher Einmischungen in Verbindung. Desgleichen auch Scheffczyk–Ziegenaus, Ereignis, S. 131.

3 Text abgedruckt lateinisch-deutsch in Konzil Vatikanisches Zweites II, SS. 185 ff.

4 Hollerbach, Entwicklung, S. 125; Mörsdorf, Einleitung, S. 186.

5 Staudenmaier, Geschichte; Hünermann, Staudenmaier, S. 12; Rosmini, Wunden.

6 Congar, Laie, SS. 386 ff.

7 Rahner–Ratzinger, Episkopat.

8 Semmelroth, Demokratie.

9 Broucker, Dossier, S. 29.

10 Gerhartz, Demokratisierung; Hoefnagels, Demokratisierung; Kaiser, Kirche.

11 Biemer, Bischofswahl; Küng, Mitentscheidung; Stockmeier, Gemeinde; Brief Schoiswohls in: ThQ 149 (1969), SS. 166 ff.

12 Ratzinger–Maier, Demokratie, bes. SS. 35 ff.

13 Chadwick, Praxis; Kottje, Wahl; Kölmel, Bischofswahlen; Lehmann, Legitimation; Trisco, Einfluß; Legrand, Motive.

14 Kötting, Bischofsamt; May, Demokratisierung. Die Argumentation Mays ist insofern bedenklich, als daß sie sich abschreckender Beispiele aus der staatlichen Demokratie bedient und somit auch die parlamentarische Demokratie als solche in Frage stellt. Siehe dazu auch Hartmann, Mitbestimmung, S. 4.

15 Nikolasch, Bischofswahl; Dordett, Kirche; Schambeck, Kirche.

16 Cereti, Bedeutung; Harouel, Ernennung; Huizing/Walf, Ortskirche; Kilmartin, Bischofswahlrecht; Remy, Beteiligung; Stockmeier, Wahl.

17 Grafl, Prinzip; Hartmann, Mitbestimmung.

18 Rahner, Reform; Seibel, Bischofsernennungen.

19 Motu Proprio „Ecclesiae Sanctae" in AAS 58 (1966), SS. 757–782; autorisierte Übersetzung in Akten Papst Paul VI. (= Nachkonziliare Dokumentation Band 3). Siehe dazu auch: Hollerbach, Entwicklung, S. 125; Mörsdorf, Einleitung, S. 186; Schmitz, Tendenzen.

20 Autorisierte Übersetzung in Akten Papst Paul VI. (= Nachkonziliare Dokumentation Band 10).

21 Lécuyer, Bischof.

22 AAS 61 (1969), SS. 473–484; autorisierte Übersetzung in Akten Papst Paul VI. (= Nachkonziliare Dokumentation Band 21). Siehe weiters dazu Kurienform II (= Nachkonziliare Dokumentation Band 47), S. 25; Mosiek, Verfassungsrecht III, SS. 42 ff.; Socha, Helfer.

23 AAS 64 (1972), SS. 386–391; autorisierte Übersetzung in Kleriker- und Weihrecht (= Nachkonziliare Dokumentation Band 38); siehe auch Harouel, Désignations, SS. 66 ff.

24 Kleriker und Weiherecht (= Nachkonziliare Dokumentation Band 38), S. 130 f. Siehe dazu auch Herrmann, Neuordnung; Seibel Bischofsernennungen.

25 Man stelle sich z.B. vor, der sowjetische Botschafter in einem Land holt in derselben Weise wie ein Nuntius Erkundigungen für die Bestellung des Vorstandsvorsitzenden für die in diesem Land sich befindliche sowjetische Außenhandelsbank ein!
26 Dazu Müller, Anteil, S. 220; Schmitz, Diözesanbischof, S. 307f.; Zapp, Bischofsernennung; Schwendenwein, Weg.
27 Zapp, Bischofsernennung, S. 503.
28 La Curia Romana.
29 Müller, Anteil, S. 224f.; Schmitz, Plädoyer, S. 233.

Probleme bei Bischofswahlen und -ernennungen vor 1914

1 In einem Interview in HerKorr 43 (1989), S. 467.
2 Zu den Kölner Erzbischofswahlen siehe vor allem Trippen, Domkapitel; weitere Literatur: Bischöfe (Gatz); Gatz, Bischofsernennungen; Gatz, Domkapitel; Lill, Bischof; Mikat, Verhältnis.
3 Dazu siehe vor allem Lill, Beilegung. Weiters auch: Eßer, Kirche; Grisar, Kölner Ereignis; Lill, Bischof; Trippen, Im Dienst, SS. 11–13.
4 Trippen, Domkapitel, S. 37f.
5 Ebda., S. 325.
6 *Kirchenzeitung des Erzbistums Köln,* 27. 5. 1988; *Rheinische Post,* 12. 11. 1988.
7 Scharnagl, Nominationsrecht.
8 Dazu Hartmann, Nagl; Hussarek, Nominationsrecht, S. 214f.; Loidl, Nagl.
9 Loidl, Nagl, S. 34. Wer den legendären, leider schon verstorbenen Wiener Kirchenhistoriker Franz Loidl gekannt hat, wird ohne Zweifel ein „klassisches Zitat" hinter dem Begriff „drastischer Ausdruck" vermuten.

Die Besetzung des Kölner Erzbischofstuhles 1987/88

1 Zur Geschichte Kölns siehe vor allem Hegel, Erzbistum; Der Bischof in seiner Zeit; Mikat, Verhältnis; Kurköln.
2 Die Darstellung basiert auf einem Brief des Kölner Dompropstes Bernard Henrichs an den Verfasser vom 25. 2. 1989, dem in Kopie die genannten beiden Schreiben beilagen.
3 Peer Steinbrück, Gedächtnisprotokoll vom 3. 5. 1989.
4 Mitte 1986 erfolgte die Ernennung des Wiener Erzbischofs Hermann Groër, die wegen verschiedener Umstände Überraschung aber auch Unruhe auslöste. Wie weit dies mit den Gerüchten um einen Kölner Koadjutor zusammenhängt, bleibt offen.
5 *Kölnische Rundschau,* 11., 12./13. und 14. 9. 1987; *Kölner Stadt-Anzei-*

ger, 11., 12./13. 9. 1987; *Die Welt*, 14. 9. 1987; *Frankfurter Allgemeine*, 14. 9. 1987; *Rheinische Post*, 14. 9. 1987; *Rheinischer Merkur*, 11. 9. 1987.

6 DBK. Pressearchiv. Protokoll der Herbst-Vollversammlung der Deutschen Bischofskonferenz vom 9.–22. September 1983 in Fulda, Nr. 21.

7 Prälat Bernard Leo Martin Henrichs, geboren am 10. 11. 1928 in Opladen, 23. 2. 1956 Priesterweihe, danach Seelsorge und Religionslehrer, 1963–79 Studentenpfarrer in Bonn, 1970 Pfarrer und ab 1972 Stadtdechant in Düsseldorf. Seit 1977 nichtresidierender Domkapitular. Seit 1. 3. 1985 Dompropst und erster stellvertretender Generalvikar (Persönliche Mitteilung).

8 Dr. theol. Hubert Luthe, geboren am 22. 5. 1927 in Lindlar, Priesterweihe am 2. 7. 1953, zum Titularbischof von Egabro ernannt am 28. 10. 1969, Bischofsweihe am 14. 12. 1969, Mitglied des Domkapitels. Zum Bischofsvikar für Fragen der Glaubenslehre und des Diözesanrates ernannt am 18. 4. 1970, neuerlich ernannt am 12. 2. 1989, für den Pastoralbezirk Nord beauftragt am 15. 12. 1975 (Personalschematismus der Erzdiözese Köln 1987, 1989).

9 *Kölnische Rundschau*, 16. 9. 1987.

10 Norbert Feldhoff, Prälat, geboren am 3. 11. 1939 in Düsseldorf, Priesterweihe am 11. 2. 1965. Zum Generalvikar ernannt am 30. 4. 1975 und am 12. 2. 1989, zum Moderator der Kurie ernannt am 27. 11. 1983 und am 12. 2. 1989, zum Ökonomen der Erzdiözese ernannt am 20. 12. 1983 und am 17. 2. 1989 (Personalschematismus der Erzdiözese Köln, 1987, 1989).

11 Dompropst Henrichs, Gedächtnisprotokoll vom 17. 4. 1989.

12 Dompropst Henrichs, Gedächtnisprotokoll vom 17. 4. 1989; Fragebogen und Auswertung des Fragebogens, von Dompropst Henrichs zur Verfügung gestellt.

13 Dompropst Henrichs, Brief vom 25. 2. 1989.

14 *Kölner Stadt-Anzeiger, Kölnische Rundschau*, jeweils 14., 15. und 16. 10. 1987.

15 Joseph Höffner wurde am 24. 12. 1906 in Horhausen (Westerwald) geboren. 1926 Abitur am Friedrich-Wilhelm-Gymnasium in Trier (bekannt wegen seines Weinkellers, berühmte Schüler dieses Gymnasiums waren u. a. Karl Marx, Oswald Nell-Breuning und der Zentrumsführer Prälat Ludwig Kaas). Danach Studium in Rom, 1929 Dr. phil., 1934 Dr. theol., 30. 10. 1932 Priesterweihe in Rom, ab 1934 in Seelsorge und Studium in Freiburg, 1938 nochmals Dr. theol. Dort Studium der Wirtschaftswissenschaften, 1940 Dr. sc. pol., 1944 Habilitation in Freiburg, 1945 Professor für Pastoraltheologie und Christliche Sozialwissenschaften in Trier, 1951 Professor für Christliche Sozialwissenschaften in Münster. Nach erfolgter Wahl wurde er am 9. 7. 1962 zum Bischof von Münster ernannt und am 14. 9. geweiht. Am 20. 12. 1968 zum Bischof-Koadjutor mit dem Recht der Nachfolge für Köln ernannt, 6. 1.

1969 Ernennung zum Titularbischof von Aquileia. Nach dem Tode von Frings (17. 2. 1969) Amtsübernahme am 23. 2. 1969. Am 28. 4. 1969 zum Kardinal-Priester ernannt (Titelkirche S. Andrea della Valle). Am 22. 9. 1976 zum Vorsitzenden der Deutschen Bischofskonferenz gewählt. *Kölnische Rundschau* (dort umfangreicher Lebenslauf von Hartmut Kriege), *Kölner Stadt-Anzeiger*, *Frankfurter Allgemeine* (Nachruf Peter Schilder), *Die Welt* (Nachruf Gernot Facius), *Rheinische Post*, *Münchner Merkur* (Nachruf Bernhard Vogel), jeweils 17./18. 10. 1987.

16 *Kölner Stadt-Anzeiger*, *Kölnische Rundschau*, *Die Welt*, *Frankfurter Allgemeine*, *Münchner Merkur*, jeweils 23. 9. 1987.

17 DBK. Pressearchiv.

18 *Kölner Stadt-Anzeiger*, 19. und 26. 10. 1987; *Kölnische Rundschau*, 19., 22., 24. und 26. 10. 1987; *Rheinischer Merkur*, 23. 10. 1987; *Deutsches Allgemeines Sonntagsblatt*, 25. 10. 1987; *Rheinische Post*, 26. 10. 1987; *Die Zeit*, 23. 10. 1987; *Die Welt*, 26. 10. 1987; *Frankfurter Allgemeine*, 26. 10. 1987.

19 Bei einer Durchsicht der Kandidaten-Nennungen in der Presse seit dem Ableben Höffners bis in den Sommer 1988 ergibt sich folgendes Bild: Am häufigsten wurden Kurien-Bischof Paul Josef Cordes, Erzbischof Johannes Dyba (Fulda), Franz Kardinal Hengsbach (Essen), Bischof Karl Lehmann (Mainz), Bischof Reinhard Lettmann (Münster), Diözesanadministrator Hubert Luthe und Prälat Norbert Trippen (Regens des Priesterseminars) genannt. Im „Mittelfeld“ lagen: Viktor Dammertz (Abt-Präses der Benediktiner), Prälat Norbert Feldhoff (Generalvikar), Prälat Bernard Henrichs (Dompropst), Bischof Josef Homeyer (Hildesheim), Joseph Kardinal Ratzinger und Bischof Hermann Josef Spital (Trier). Weiterhin wurden noch genannt: Bischof Klaus Hemmerle (Aachen), Prof. Walter Kaspar (Tübingen, jetzt Bischof von Rottenburg–Stuttgart) und Friedrich Kardinal Wetter (München). Interessant ist, daß in der Öffentlichkeit Joachim Kardinal Meisner erst Ende des ersten Halbjahres 1988 genannt wurde, obwohl nach Aussage von Dompropst Henrichs bereits Ende 1987 von einem Gerücht Meisner bekannt wurde. Im Herbst 1988 „verdichtete“ sich in der Berichterstattung eine Dreier-Liste, die Meisner, Dyba und Cordes lautete.

20 Die ereignisgeschichtliche Darstellung beruht auf Dompropst Henrichs, Brief vom 25. 2. 1989, sowie Gedächtnisprotokoll vom 17. 4. 1989. Dompropst Henrichs stellte auch den Wortlaut des § 39 des Kapitelstatuts zur Verfügung.

21 *Kölnische Rundschau*, 9. 9. 1988.

22 Die ereignisgeschichtliche Darstellung folgt, wenn nicht anders angegeben, Dompropst Henrichs, Brief vom 25. 2. 1989, und Gedächtnisprotokoll vom 17. 4. 1989; Peer Steinbrück, Gedächtnisprotokoll vom 3. und 5. 5. 1989.

23 Dazu siehe auch Hollerbach, Verträge, S. 249f.

24 Schreiben Hollerbachs an den Verfasser vom 21. 4. 1989. Die Namen der beiden anderen Gutachter sind dem Verfasser bekannt, der eine hat gebeten, von der Nennung seines Namens Abstand zu nehmen, der andere wurde diesbezüglich nicht angefragt.

25 So im *Kölner Stadt-Anzeiger,* 13. 10. 1988, wo er behauptet, daß 1975 in Aachen eine ergänzte Liste durchgesetzt wurde, nachdem der Gewählte nicht die Wahl angenommen hat. Der *Kölner Stadt-Anzeiger,* 14. 12. 1988, behauptet dies auch für Münster 1962 (Wahl Höffners). Bezüglich Aachen beantwortete am 22. 3. 1989 der Leiter der Pressestelle, Joachim Widera, auf Anfrage: „Den Inhalt dieser Meldung können Sie getrost in das Reich der Spekulation und der Fabel verweisen." Ähnlich reagierte das Bistumsarchiv Münster am 6. 4. 1989: „Zum angezogenen Vorgang, daß anläßlich einer Bischofswahl in Münster 1962 von Rom eine zweite Liste zugeschickt wurde, sind im Archiv keine Materialien vorhanden." Abgesehen davon, daß die negativen Äußerungen aus Aachen und Münster wegen der Archivsperre keine bindenden Aussagen darstellen, wird auf die Meinung vewiesen, daß im Falle einer Nichtannahme eines Gewählten eine Wahlnichtigkeit vorliegt und die Wahl wiederholt werden muß, und zwar aus einer neuen oder ergänzten Dreierliste, s. S. 72ff.

26 Siehe dessen Artikel im *Rheinischen Merkur,* 9. 12. 1988.

27 *Kölner Stadt-Anzeiger,* 22./23. 10. 1988.

28 *Die Welt,* 7. 11. 1988. Schreiben der SPD, Parteivorstand, Referat für Kirchenfragen, 17. 4. 1989.

29 Landtag Nordrhein-Westfalen, 10. Wahlperiode, Drucksache 10/3722.

30 *Kölnische Rundschau,* 16./17. 11. 1988; *Die Welt, Frankfurter Allgemeine* und eine Reihe anderer Tageszeitungen, jeweils 17. 11. 1988.

31 KNA Nr. 230, 25. 11. 1988; *Kölnische Rundschau,* 25. 11. 1988.

32 *Berliner Morgenpost,* 24. 11. 1988; *Kölner Stadt-Anzeiger,* 25. 11. 1988; *Rheinische Post,* 4. 12. 1988; *Die Welt,* 3./4. 12. 1988; *Süddeutsche Zeitung,* 28. 11. 1988; *Rheinischer Merkur,* 23. 12. 1988. Der Nuntius wurde von Erzbischof Dyba gestützt (KNA Nr. 288, 10. 12. 1988) und nahm selber öffentlich Stellung, KNA Nr. 292, 15. 12. 1988, Nr. 580, 13. 12. 1988; Nr. 40, 17. 12. 1988.

33 *Kölner Stadt-Anzeiger, Rheinische Post,* jeweils 29. 11. 1988.

34 May, Bemerkungen. Ernsthaften Gerüchten zufolge soll Dyba als Apostolischer Administrator vorgesehen gewesen sein.

35 Landtag Nordrhein-Westfalen, 10. Wahlperiode, Drucksache 10/3862.

36 CDU-Fraktionsvorsitzender im nordrhein-westfälischen Landtag, Bernhard Worms, Brief vom 9. 3. 1989; Peer Steinbrück, Brief vom 1. 8. 1989.

37 *Frankfurter Allgemeine, Kölner Stadt-Anzeiger, Kölnische Rundschau, Die Welt,* jeweils 7. und 8. 12. 1988.

38 *Bild-Zeitung, Die Welt, Kölner Stadt-Anzeiger, Kölnische Rundschau,* jeweils 8. 12. 1988, Interview Ministerpräsident Rau am 7. 12. 1988 in

WDR II „Morgenmagazin", am 6. 12. in „Heute Journal", ZDF, und in den „Tagesthemen" ARD. Schriftliche Niederschrift vom Landespresse- und Informationsdienst Nordrhein-Westfalens zur Verfügung gestellt.

39 Vollständiger Text angedruckt in *Rheinischer Merkur,* 9. 12. 1988.

40 Text der Erklärung in Übersetzung abgedruckt in *Frankfurter Allgemeine,* 12. 12. 1988.

41 Dompropst Henrichs, Gedächtnisprotokoll vom 17. 4. 1989.

42 Abgedruckt in Meisner, Hoffnung, S. 76. Joachim Meisner wurde am 25. 12. 1933 in Breslau-Lissa geboren, mußte 1945 Schlesien verlassen und lebte ab da in Thüringen. Über das Nobertuswerk in Magdeburg erlangte er 1956 das Abitur, wo er auch anschließend Theologie studierte. Am 22. 12. 1962 erhielt er die Priesterweihe, 1969 wurde er zum Dr. theol. (Päpstliche Universität Gregoriana) promoviert. Am 25. 3. 1975 erfolgte die Ernennung zum Weihbischof für Erfurt-Meiningen (Bischofsweihe 17. 5.) und am 25. 4. 1980 die zum Bischof von Berlin. 1982 wurde er zum Vorsitzenden der Berliner Bischofskonferenz gewählt, am 5. 1. 1983 erfolgte die Ernennung zum Kardinal. Zum Lebenslauf siehe Meisner, Hoffnung.

43 Protokoll über die Vereidigung des ernannten Erzbischofs von Köln, Joachim Kardinal Meisner, am 10. 2. 1989 in Düsseldorf, Haus des Ministerpräsidenten, Haroldstraße 2. Zur Verfügung gestellt vom Presse- und Informationsamt der Landesregierung Nordrhein-Westfalen.

44 So z. B. das Interview von Dompropst Henrichs in KNA, 8. 10. 1988. Der Vorwurf von Martin Kriele in der *Frankfurter Allgemeinen* vom 21. 1. 1989 an das Domkapitel entbehrt jeder sachlichen Grundlage. Im übrigen ist dieser Artikel sehr einseitig, unsachlich und polemisch, so daß es sehr verwundert, daß er in der sonst angesehenen *Frankfurter Allgemeinen* aufgenommen wurde. Dompropst Henrichs entgegnete in einem Leserbrief am 27. 1. 1989.

45 Siehe dazu etwa den Artikel von Martin Lohmann im *Rheinischen Merkur,* 14. 10. 1988; das Interview mit Dompropst Henrichs in der *Kölnischen Rundschau,* 3. 10. 1988; den Kommentar von Harald Biskup im *Kölner Stadt-Anzeiger,* 3./4. 12. 1988. In diesem Zusammenhang ist auch die Äußerung Kardinal Ratzingers in Wien im November 1988 interessant, daß der Bischof kein Lokalpolitiker sei, siehe dazu *Die Welt,* 25. 11. 1988.

46 Die Statistik wurde zusammengestellt nach Bischöfe (Gatz) und ergänzt durch Informationen von der DBK. Pressearchiv. Zu dieser Thematik siehe dazu folgende Arbeiten von Gatz: Bischöfe; Bischofsernennungen; Domkapitel; Herkunft.

47 Siehe dazu Anm. 12 dieses Kapitels.

48 So auch der Kommentar von P. Basilius Streithofen OP im *General-Anzeiger,* 13. 12. 1988.

49 Den Vorwurf einer Rechtsverletzung erhob Georg May im *Rheinischen Merkur,* 9. 12. 1988. Vgl. noch dazu Äußerungen des Nuntius Josip

Uhac in der KNA, 13. 12. 1988 und die Anfang April gemachten Äußerungen des Kirchenrechtlers Joseph Listl, KNA 19. 4. 1989.

50 Dompropst Henrichs, Brief vom 5. 7. 1989.

51 Ebers, Devolutionsrecht, S. 270.

52 Ebda. SS. 396 ff.

53 May, Kirchenamt, S. 145.

54 Siehe das Interview mit Dompropst Henrichs mit der KNA, 8. 10. 1988.

55 Für eine neue Liste sprachen sich aus: Martin Lohmann in *Rheinischer Merkur,* 14. 10. 1988, Harald Biskup in *Kölner Stadt-Anzeiger,* 3./4. 12. 1988, Prof. Alexander Hollerbach laut *Kölner Stadt-Anzeiger,* 13. 10. 1988 sowie Hans Heigert, *Süddeutsche Zeitung,* 28. 11. 1988

56 Der Rechtsstandpunkt des Heiligen Stuhls wird deutlich im Artikel von Georg May im *Rheinischen Merkur,* 9. 12. 1988, in der Erklärung des Nuntius gegenüber der KNA vom 13. 12. 1988, seinem Brief an den ZDF, abgedruckt in der KNA, 17. 12. 1988, in dem Vortrag bei einer Konferenz der katholischen Juristenarbeit von Joseph Listl Anfang April 1989, siehe KNA 19. 4. 1989, und einer Erklärung des Nuntius gegenüber der KNA am 22. 6. 1989, abgedruckt in *Deutsche Tagespost* 24. 6. 1989. Der Standpunkt des Heiligen Stuhles auf Beharrung des Devolutionsrechtes wird auch in der Erklärung des Pressesaales vom 11. 12. 1988 deutlich, abgedruckt in *Frankfurter Allgemeine,* 12. 12. 1988. Martin Kriele sukurrierte die Haltung des Heiligen Stuhles im *Rheinischen Merkur,* 9. 12. 1988 und *Frankfurter Allgemeine,* 21. 1. 1989. In der ganzen Auseinandersetzung wurde auch deutlich, daß es seitens des Staates ein Defizit staatskirchenrechtlicher Argumentation und Experten besteht, was sicherlich auch auf die Zurückdrängung des Faches Kirchenrecht auf den Juridischen Fakultäten zurückzuführen ist. Über die Experten des Nuntius bzw. des Heiligen Stuhles urteilt der ehemalige Münsteraner Kirchenrechtler Horst Herrmann: „Hinzu kommt, daß es ebenso seit jeher willfährige (Staats-)Kirchenrechtler in Deutschland gibt, die dem Vatikan und dessen Interpretationskünsten zuarbeiten." (*Stern,* 15. 12. 1988) Besonders augenfällig ist in diesem Zusammenhang die Äußerung des Mainzer Kirchenrechtlers Georg May: „Seine (gemeint des Heligen Stuhles, Anm. d. Verf.) Auslegung des Preußischen Konkordats ist vielmehr die einzige, die mit Wortlaut und Sinn übereinstimmt." *Rheinischer Merkur,* 9. 12. 1988.

57 *Rheinischer Merkur,* 23. 12. 1988.

58 Der Nuntius beklagt in seiner Stellungnahme vom 13. 12. 1988 gegenüber der KNA, daß zwischen seiner Bereitschaftserklärung zu den Gesprächen mit den Ministerpräsidenten am 26. 10. und dem tatsächlichen Termin am 16. 11. rund drei Wochen verstrichen sind. Daß der Nuntius erst zwölf Tage später auf den Brief der Ministerpräsidenten antwortete, verschweigt er. Zwei Ministerpräsidenten und einen Nuntius auf einen Termin einigen zu lassen, ist sicher keine Leichtigkeit.

59 Siehe Anm. 43 dieses Kapitels.
60 Abgedruckt in *Frankfurter Allgemeine,* 26. 1. 1989.
61 In *Academia* 82 (1989), S. 92. Zum Quorum siehe Schmitz, Mehrheit.
62 Telefongespräch mit Joseph Listl, 3. 10. 1989.
63 Dompropst Henrichs, Brief vom 5. 7. 1989.
64 *Rheinischer Merkur,* 23. 12. 1988.
65 *Die Welt,* 10. und 17. 11. 1988; *Frankfurter Allgemeine,* 17. 11. 1988. Obwohl Eberhard Diepgen am 28. 4. 1989 gegenüber dem Verfasser es abgelehnt hat, aus Gründen der Vertraulichkeit in dieser Sache eine Stellungnahme abzugeben, weiß dieser aus Gesprächen mit einem ehemaligen Mitglied des Berliner Senats sowie aus der Düsseldorfer Staatskanzlei, daß es doch erhebliche Gespräche dieser Art von politischer Seite gegeben haben muß.
66 *Frankfurter Allgemeine,* 14. 12. 1988; *Die Welt,* 15. 12. 1988; Otto B. Roegele im *Rheinischen Merkur,* 23. 12. 1988; *KNA-Informationsdienst* Nr. 3, 19. 1. 1989.
67 *Frankfurter Allgemeine,* 21. 1. 1989; *Kölner Stadt-Anzeiger,* 16. 12. 1988.
68 Peer Steinbrück, Gedächtnisprotokoll vom 3. 5. 1989.
69 *Kölner Stadt-Anzeiger,* 28. 10. 1989.

Die Besetzung des Salzburger Erzbischofsstuhls 1988

1 Zur Geschichte des Salzburger Erzbistums siehe das betreffende Stichwort von Friedrich Hermann in LThK[2] IX, Sp. 286f.; weiters die Präambel zu „Statuta Capituli Cathedralis ad S. Rupertum et S. Virgilium Ecclesiae Metropolitanae Salisburgensis“; Seidenschnur, Bedeutung.
2 Zum kirchenpolitischen Klima in Österreich siehe vor allem Kirche in Österreich; Mantl, Entwicklung (mit weiterführender Literatur); weiters die Artikel von Fritz Csoklich in der *Herder-Korrespondenz* 40 (1986) und 43 (1989).
3 Die ereignisgeschichtliche Darstellung der Vorgänge in Salzburg folgt Briefen des Domdechanten Sebastian Ritter vom 8. 9. 1989 sowie der Domkapitulare Johannes Neuhardt vom 13. 3. 1989 und Hans Paarhammer vom 24. 4. 1989.
4 „Statuta Capituli...“ Nr. 5.3 (siehe Anm. 1).
5 *Kathpress,* Nr. 257, 30. 12. 1988.
6 Laut telefonischer Information des Gesandten Winfried Lang, Wien.
7 Über Erledigung siehe May, Kirchenamt, S. 149f.

Die Ernennung eines Koadjutors für Chur 1988

1 Nach Bischöfe (Gatz). SS. 847, 859, 860, 874, 876 und 878; Maritz, Bischofswahlrecht, SS. 3f.

2 Mörsdorf, Besetzungsrecht, S. 157.

3 Zu Basel siehe: Carlen, Kirche, S. 586; Harouel, Ernennung, S. 504; Küng, Freiheit; Lampert, Kirche I, S. 68 f.; Maritz, Bischofswahlrecht, SS. 36 ff.; Statuten Domkapitel Basel; Ziegler, Kirche.

4 Zu St. Gallen siehe: Carlen, Kirche, S. 586; Cavelti, Grundlage; Lampert, Kirche I, S. 69; Maritz, Bischofswahlrecht, SS. 97 ff.; Mörsdorf, Besetzungsrecht, S. 158 f.; Ziegler, Kirche.

5 Zu Sitten siehe: Maritz, Bischofswahlrecht, SS. 97 ff.; Mörsdorf, Besetzungsrecht, S. 157.

6 Mörsdorf, Besetzungsrecht, S. 159; Lampert, Kirche I, S. 70.

7 Carlen, Kirche, S. 58 f.

8 Wille, Staat.

9 Zu Chur siehe: Bonnemain, Kompetenz; Gut, Ernennung; Lampert, Kirche III, SS. 53 ff.; Maritz, Bischofswahlrecht, S. 104 f.; Mörsdorf, Besetzungsrecht, S. 158; Statuten Domkapitel Chur; Weber, Erwägungen. Von diesen Studien ist wohl die von Gut am trefflichsten, was die rechtliche und historische Darstellung anbelangt. Ausführlich wird zur Rechtslage und zur ereignisgeschichtlichen Abfolge auch Stellung genommen in: Bericht zu einem Postulat betreffend Ernennung des neuen Weihbischofs der Diözese Chur, Regierungsrat des Kantons Schwyz. Auszug aus dem Protokoll. Regierungsratsbeschluß Nr. 976 vom 23. 5. 1989.

10 Siehe Weber, Erwägungen, SS. 49 ff., dem sich auch Bonnemain, Kompetenz, angeschlossen hat. Die Darstellung von Gut, Ernennung, versucht Weber zu widerlegen, bedient sich jedoch noch nicht des historischen Vergleichs.

11 Köck, Stellung, S. 322, behandelt diese „paktierten Gesetze".

12 Köck, Aspekte, S. 32.

13 Die ereignisgeschichtliche Darstellung fußt, wenn nicht anders angemerkt, auf eine Information seitens eines Mitglieds des Churer Domkapitels, auf Gut, Ernennung, sowie dem in Anm. 9 zitierten Regierungsratsbeschluß Nr. 976 vom 23. 5. 1989. Siehe auch *Weltwoche* vom 22. 6. 1989.

14 Karl Imfeld, in *Kirche intern*, Nr. 8/1989.

15 Nach einem bischöflichen Dekret vom 2. Juni 1986 hat in Chur diese Funktion das sog. „Erweiterte Residentialkapitel", bestehend aus den sechs residierenden sowie weiteren sechs nicht residierenden Kapitelmitgliedern. Der Erlaß ist abgedruck in den Statuten Domkapitel Chur. Siehe auch Art. 35 der Statuten.

16 *KNA-Informationsdienst*, Nr. 9, 2. 3. 1989.

17 Im Priesterrat verlangten von 42 Mitgliedern 35 den Verzicht auf das Nachfolgerecht, 226 Priester und kirchliche Mitarbeiter protestierten gegen die Ernennung von Wolfgang Haas, verschiedene Pfarren weigern sich, Haas als Firmspender zu akzeptieren (so z. B. Altdorf). Über diese und ähnliche Vorfälle siehe *Neue Zürcher Zeitung*, 9. 9. 1988;

Bündner Zeitung, 15. 6. 1989; *Pubilk-Forum,* Nr. 5, 10. 3. 1989; *KNA-Informationsdienst,* Nr. 9, 2. 3. 1989; *Glattaler,* 30. 6. 1989.

18 Siehe dazu vor allem Hofmeister, Koadjutoren.

19 *Kölner Stadt-Anzeiger,* 28. 10. 1989.

20 Hofmeister, Koadjutoren, S. 383.

21 Bonnemain, Kompetenz, S. 6, erliegt daher einem Irrtum, wenn er diese Koadjutoren-Ernennungen als Beweis für das päpstliche Ernennungsrecht bringt.

22 Hofmeister, Koadjutoren, S. 384.

23 Die Reihenfolge nach dem Datum des Erscheinens: Weber, Erwägungen; Nay, Bemerkungen; Gut, Ernennung; Bonnemain, Kompetenz. Weber und Bonnemain (und damit auch die Meinung des Heiligen Stuhls) mißachteten die Entwicklung des Koadjutorenwahlrechts vor und nach 1803. Es ist anzumerken, daß Weber und Bonnemain in ihren Untersuchungen jene Passagen von Hofmeister, Koadjutoren, die die Wahl des Koadjutors vor 1803 beweisen, negieren.

24 Die Stellungnahme des Heiligen Stuhls findet sich im Bericht des Regierungsrates von Schwyz vom 23. 5. 1989, siehe Anm. 9.

25 Bericht des Regierungsrates von Schwyz vom 23. 5. 1989, siehe Anm. 9.

26 Die Diözesankonferenz des Bistums Basel ist die Konferenz der Vertreter der zehn Stände, die das Territorium des Bistums Basel bilden. Das sind die Kantone Luzern, Bern, Solothurn, Zug, Aargau, Thurgau, Basel-Sadt, Basel-Land, Schaffhausen und Jura. Diese Konferenz der zehn Stände, ein staatsrechtliches Organ, ist der völkerrechtliche Vertragspartner des Heiligen Stuhles beim Baseler Konkordat.

27 Protokoll der Diözesankonferenz des Bistums Basel. Sitzung vom 7. 9. 1989.

Wie kann die Zukunft aussehen?

1 Wie etwa die Ernennung eines Apostolischen Administrators und nicht die Wahl eines Diözesanadministrators in Salzburg 1988 und die Einschränkung des Kapitelwahlrechts in Chur 1948.

2 Siehe dazu Gampl, Angelegenheiten; Köck, Kirche; Potz, Angelegenheiten; Schima, Funktion.

3 Wenn der Staat z.B. ein Gesetz über den Aufbau von Körperschaften des öffentlichen Rechts erläßt, das die demokratische Wahl der Amtsträger normiert.

4 Auwerda, Bischofsernennungen; Biemer, Bischofswahl, S. 175 f.; Kottje, Wahl, S. 196; Wesemann, Bischofswahl; zu Münster siehe auch *forum,* Organ des Presbyteriums im Bistum Münster, Nr. 3 Januar 1969.

5 Gemeinsame Synode, S. 667 f.

6 So z.B. Trier, siehe dazu Krämer, Bischofswahl, S. 243.

7 Österreichischer Synodaler Vorgang, S. 28.

8 So z. B. Biemer, Bischofswahl, S. 175 ff.; Hartmann, Mitbestimmung, S. 35 f.; Nikolasch, Bischofswahl; SS. 50 ff.; Müller, Anteil, SS. 235 ff.; Schmitz, Plädoyer; Wesemann; Bischofswahl.

9 Interview mit dem *Kölner Stadt-Anzeiger,* 22./23. 10. 1988.

Zusammenfassung

1 Stockmeier, Gemeinde, S. 133.

2 Stockmeier, Wahl, S. 463.

3 So z. B. der Präsident der Arbeitsgemeinschaft Katholischer Verbände Österreichs, Theodor Detter, in *Österreichische Academia,* 40. Jg. 1989, Heft 1, SS. 6 ff.; der Erzbischof von Paderborn, Johannes Joachim Degenhardt, in seiner Silvesterpredigt am 31. 12. 1988, *pressedienst paderborn,* 1. 1. 1989; Lothar Roos in der *Deutschen Tagespost* 25. 2. 1989 „Der Papst ist kein Ehrenpräsident der Diözesen"; der Kurienbischof Paul Josef Cordes in *Academia* 82 (1989) SS. 92–94.

4 Dazu siehe Maier, Bischofsernennungen; Seeber, Strategie.

Personenregister

Grazer Beiträge zur Theologiegeschichte und Kirchlichen Zeitgeschichte

Herausgegeben von Maximilian Liebmann

Band 1
Maximilian Liebmann
Kardinal Innitzer und der Anschluß
Kirche und Nationalsozialismus in Österreich 1938
1982, 162 Seiten, vergriffen

Band 2
Gerhard Hartmann
Im Gestern bewährt. Im Heute bereit
100 Jahre Carolina. Zur Geschichte des Verbandskatholizismus
Unter Mitarbeit von Dieter A. Binder
1988, 678 Seiten, ISBN 3-222-11831-0

Band 3
Maximilian Liebmann
Theodor Innitzer und der Anschluß
Österreichs Kirche 1938
1988, 327 Seiten, ISBN 3-222-11814-0

Band 4
Kirche in Österreich. 1938/1988.
Eine Dokumentation
Herausgegeben von Maximilian Liebmann
1990, 448 Seiten, ISBN 3-222-11927-9

Band 5
Gerhard Hartmann
Der Bischof
Seine Wahl und Ernennung. Geschichte und Aktualität.
1990, 256 Seiten, ISBN 3-222-11945-7

Verlag Styria Graz Wien Köln